海外直接投資の
実務本シリーズ

クロスボーダーM&A

新興国における成長戦略 投資動向・外資規制

TCG出版

はじめに

　企業を経営していると、ある時期から「このままでいいのではないか」という感覚に陥ることがあります。特に、売上の伸びは鈍化しているものの、利益は安定している「成熟期」にある企業では、組織全体に漠然とした安心感が広がり、変革への意識が薄れがちです。

　しかし、企業が現状維持を続ける限り、下図のライフサイクルにあるように「衰退期」に突入するのは時間の問題です。

【企業のライフサイクル】

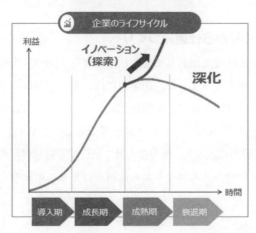

　これは決して特定の企業に限った話ではなく、多くの成功企業が、成熟期の「罠」に陥り、変革を怠った結果、衰退の道を歩んできました。企業の歴史を振り返ると、成長期には積極的な投資が行われ、新しい市場の開拓や製品開発に注力されます。

　しかし、成熟期に入ると、企業は安定した収益を背景に現状維持の姿勢を取りやすくなります。その結果、組織の活力が低下し、変革の機会を逃してしまうのです。

　本来、企業は「成長期の最後」にイノベーションを起こし、次の成長ステージへ移行するべきです。しかし、売上がまだ伸びている段階では、

経営者も従業員もその必要性を実感しにくく、結果として変革のタイミングを逃しがちです。成熟期に入ると、利益が出ているため「会社を変えなければならない」という危機感が生まれにくくなります。そのため、変革の機会を逃し、衰退期に入ってから慌てて新しい取り組みを始めても、すでに優秀な人材が離れ、資金的な余裕もなくなっているという悪循環に陥ってしまうのです。

　では、企業が持続的に成長し続けるためには、どうすればよいのか。

　その答えは、「深化（既存事業の深掘り）」と「探索（新規事業の開拓）」を両立させることにあります。

深化：人づくりから仕組みづくりへ

　企業の成長には段階があります。私はこれを下図の「企業家クワドラント」として考えてみました。創業期には、企業家が自ら事業を立ち上げ、成長期には幹部を育て、組織を拡大していきます。この成長期の重要なポイントは、「人づくり」のフェーズであることです。

　しかし、成熟期に入ると、優秀な人材に依存する経営は限界を迎えます。

　そこで必要なのが、「人づくりから仕組みづくりへの転換」（図の右側）です。

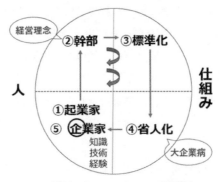

【企業家クワドラント】

仕組みづくりの第一歩は、業務の標準化です。例えば、トヨタの生産方式のように、業務をシステム化・マニュアル化することで、属人的な仕事を減らし、効率性を高めることができます。

しかし、多くの企業では「うちの業務は標準化できない」と考えがちです。実際には、業務を細かく分類すると、全体の約87％が手順化可能であるというデータがあります。

業務は大きく「判断業務」と「手続業務」に分かれます。

①手続業務

下図のB、Cの部分です。マニュアル化しやすく、Cは定型の単純作業でAIやRPA（ロボティック・プロセス・オートメーション）を活用すれば、さらに効率化が可能です。Bは多少複雑な業務ですが、ここもマニュアルによって標準化が可能な領域です。

②判断業務

経験が必要であり、単純なマニュアル化が難しい業務です。

しかし、例えば熟練技術者の知識を動画で記録し、教育ツールとして活用することで、次世代の人材育成が可能になります。

【判断と手続】

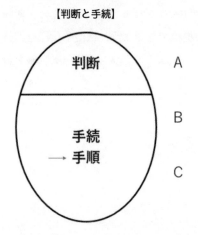

また、業務改善を進める上で欠かせないのが、「報・連・相（報告・連絡・相談）」の仕組み化です。多くの企業では、従業員が問題を抱えても、「自分で解決しなければならない」というプレッシャーから報告をためらいがちです。その結果、問題が表面化する頃には手遅れになってしまうケースが多く見られます。この「報・連・相の遅れ」が、組織の成長を阻害する大きな要因になっているのです。

探索：海外市場への挑戦

　深化と並行して、新たな市場を開拓する「探索」も不可欠です。特に、日本市場が縮小する中で、海外市場への進出は避けて通れません。

　私は2007年から海外展開を始め、中国市場に挑戦した後、インドへ進出しました。インドでは、日本初の会計事務所を設立し、現在では4拠点に拡大。その後、ASEAN諸国へ展開し、20カ国以上で事業を展開するまでに至りました。こうした経験から、新興国市場にはまだ大きな成長の余地があることを実感しています。

　しかし、日本企業が海外市場に進出する際に直面する最大の課題の一つが、「ダウングレード戦略」です。

　日本の製品やサービスは高品質ですが、そのままでは価格が高すぎて新興国市場で受け入れられません。そのため、新興国のニーズに合わせ、適切なコストで提供できるよう、機能や仕様を調整する必要があります。

　しかし、日本企業はこのダウングレード戦略を苦手とする傾向があります。

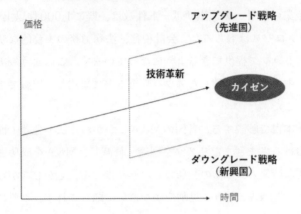

【新興国で求められるダウングレード戦略】

　ここで有効なのが、「ファブレス（工場を持たない生産方式）」を活用した参入方法です。すでに現地に存在する企業と提携し、小規模な形で市場に参入することで、大きな投資をせずに事業を展開できます。さらに、少額のマイノリティ出資を行いながら、技術移転やブランド浸透を進めることで、市場の拡大とともに影響力を強め、最終的にマジョリティ化を狙う戦略が有効です。

　また、新興国市場も日本と同様に少子高齢化が進み、後継者不足の問題に直面します。そのため、早い段階で市場に参入し、現地企業との関係を構築しておくことで、将来的にM&Aを通じて市場を獲得する道も開けてきます。

　2013年に、一度当社はクロスボーダーのM&A本を出版していますが、そこからさらに新興国に対してのクロスボーダーM&Aのニーズは急激に増加してきています。増加の主な理由としては、大企業だけでなく、日本の中堅・中小企業が海外企業のM&Aを成長戦略、ノベーションの1つとして掲げ始めてきていることがあげられます。

　また、当社自身も2007年に、未知の市場であったインドに本格的に海外進出を始めてから、15年以上たち、26カ国39拠点まで拠点規模を広げ、各国で現地の企業とのコネクションを築き、ローカル市場に入り

込んだ多くの案件を紹介できる体制が整ってきました。

　日系企業の海外への進出サポート件数は、既に1,000件以上を超え、M&Aのプロセスはもちろん、会計税務、法務労務の実務的なサポートもワンストップで提供できるようになっています。このような実務を数多く行う中で当社が蓄積したノウハウを本書に集約し、出版できるまでになりました。

　当社が本書で解説する、各国のM&Aにかかわる法・会計・税制度は、各国におけるさまざまなリスクを回避・軽減し、M&Aを成功させるために必要な情報の、ほんの一部でしかありません。しかしながら、クロスボーダーM&Aという一見華やかな言葉に踊らされず、不慣れな土地での事業の成功というゴールに至るための道標として、本書が皆様の一助となれば幸いです。

東京コンサルティンググループ
代表　公認会計士　久野康成

クロスボーダー M&A
新興国における成長戦略 投資動向・外資規制

はじめに	1
深化：人づくりから仕組みづくりへ	2
探索：海外市場への挑戦	4

序章

日本企業のグローバル化（海外進出）の歴史	12
海外子会社の辿るライフサイクル	19
新興国クロスボーダー M&A の動向	21
海外進出は「スモール・スタート」で成功させる	23
100％子会社が前提という思考回路を捨てよう	33
親会社による海外展開の設計なくして成功は不可能	40

クロスボーダー M&A の実務概論

クロスボーダー M&A の目的	42
新興国における M&A の留意点	47
M&A のプロセス	52
バリュエーション（企業価値評価）	63
デュー・デリジェンス（Due Diligence）	75
M&A の最終契約書	89

シンガポール M&A

シンガポールにおける M&A の動向	94
投資規制	96
会社法および M&A スキーム	98

関連する各種規制・法律　　　　　　　　　107
M&Aに関する税務　　　　　　　　　　　116

タイM&A

タイにおけるM&Aの動向　　　　　　　　122
投資規制　　　　　　　　　　　　　　　125
会社法およびM&Aスキーム　　　　　　　133
関連する各種規制・法律　　　　　　　　　141
M&Aに関する税務　　　　　　　　　　　144

ベトナムM&A

ベトナムにおけるM&Aの動向　　　　　　150
投資規制　　　　　　　　　　　　　　　152
会社法およびM&Aスキーム　　　　　　　166
関連する各種規制・法律　　　　　　　　　170
M&Aに関する税務　　　　　　　　　　　178

マレーシアM&A

マレーシアにおけるM&Aの動向　　　　　186
投資規制　　　　　　　　　　　　　　　188
会社法およびM&Aスキーム　　　　　　　191
関連する各種規制・法律　　　　　　　　　200
M&Aに関する税務　　　　　　　　　　　204

インドネシアM&A

インドネシアにおけるM&Aの動向　　　　208
投資規制　　　　　　　　　　　　　　　211
会社法およびM&Aスキーム　　　　　　　216
関連する各種規制・法律　　　　　　　　　228

| M&Aに関する税務 | 232 |

フィリピンM&A

フィリピンにおけるM&Aの動向	238
M&Aに関する法律・規制	241
M&Aに関する税務	259
M&Aスキームの基本	263

インドM&A

インドにおけるM&Aの動向	268
投資規制	272
会社法およびM&Aスキーム	291
関連する各種規制・法律	310

バングラデシュ M&A

バングラデシュにおけるM&Aの動向	314
投資規制	316
会社法およびM&Aスキーム	320
関連する各種規制・法律	332
M&Aに関する税務	336

エピローグ

| クロスボーダー M&A後のPMIの重要性 | 340 |
| 当社クロスボーダー M&Aサポート体制 | 347 |

| 海外情報サイト【WIKI INVESTMENT】のご紹介 | 355 |

序 章

序章

日本企業のグローバル化（海外進出）の歴史

どのように日本企業は海外展開してきたのか？

　日本企業のこれまでの海外進出の歴史を振り返ってみたいと思います。日本企業の海外進出の形態は大きく4つのフェーズに分けることができます。

　まず、第1フェーズとして、すべての会社は日本で製造し、日本で販売するというモデルからスタートします。

　次に、第2フェーズは、日本で製造したものを海外で販売する、輸出型のモデルです。

　第3フェーズは、日本での製造コストの高騰に対応すべく、多くの企業が製造拠点を海外に移し、海外で製造して日本に輸入するという形です。

　第4フェーズは、海外で生産して海外で販売するという、いわゆる地産地消型のビジネスモデルです。

　しかし、多くの日本企業は、新興国向けの製品企画で成功しているとはいいがたい状況で、中国、韓国や台湾企業に水をあけられているというのが現状です。

■第1フェーズ　国内製造・国内販売モデル

　最初のフェーズは戦後の焼け野原の時代から始まります。その時代は日本でモノを作り、日本でそのモノを販売するということを経験してきました。

　たとえばかつてのトヨタ自動車も車はフォード車と比較して、約5倍の生産性の差をつけられており、日本では車を作ることはできないと言われてきた時代でした。

　この時代における日本と海外との経済的背景を考察していくと、為替

は固定レートで1ドル＝360円という時代でした。つまり、現在の変動レートの時代と比較すれば、3倍近くの円安であり、日本の労働者の賃金もその当時の先進国と比較すると安価な時代でした。

これらの状況は日本側から見ると、輸入品は非常に高価な状況にありましたが、輸出するには利となりました。そして、徐々に日本の生産性が向上し、欧米の先進国に対して、モノが売れるようになりました。戦後経済が復興してきて、第2フェーズに移行していくこととなります。

■**第2フェーズ　輸出モデル**

第2フェーズの輸出モデルでは、その多くが輸出先は欧米諸国でした。戦後、日本の賃金は欧米諸国に対して低く、また為替相場も円が現在より安く固定相場であったこともあり、低コストで日本国内にて製造し、欧米諸国に輸出するメリットは大きかったのです。

自動車のメーカーが台頭し、販売力も上がっていき、海外でも必要な兆しが見えてきて、日本は経済大国と姿を変貌させていきます。また"改善"という文化に基づき、高い品質の製造技術を発展させてきたことにより、徐々に日本製品は安いだけでなく、高品質といった点で"Made in Japan"のブランドが構築され始めました。しかしながら、これを原因にアメリカとの間で1970年代から貿易摩擦が発生することになります。

この貿易摩擦の影響で、トヨタ自動車が米国トヨタをアメリカに作ったという事例もあるように、日本企業が先進国に進出し、製造も欧米先進国、そして販売も欧米先進国となり、マーケットを先進国に置いたということが大きな変換点となりました。

■**第3フェーズ　現地生産モデル**

高度成長を遂げた日本は、賃金水準が戦後よりも格段に上がります。また、為替相場も変動相場制へと移行し、国内生産によるコストメリットに限界が訪れます。

そして、中国が台頭してきたことが大きな影響を与えます。日本国内

序章

に対して、安価な商材が徐々に入ってくる時代になりました。

　このときに何が起きたかというと、日本国内で今まで製造してきたモノが海外市場において、相対的に高くなっていくことになります。これは日本国内の製造拠点での人件費が中国を筆頭とする新興国に比べて高くなったことに起因します。

　この経済的背景に端を発し、次の海外進出のモデルが製造する場所を中国やアジアの新興国とし、それを日本に輸入するというモデルへと変化していくこととなります。

　しかしながら、販売先は引き続き日本国内や欧米諸国がほとんどで、海外拠点はただ指示に従ってモノを作る工場、コストセンターとしてのみの機能を持つことが多い状況でした。

　このことは日本企業を結果的に大きな成功へと導くこととなります。なぜなら、中国の安い製品に対抗していくためには、コストダウンを図って、原価の構造を変容させていく必要性に迫られたのです。

　ここで重要なポイントは、第2フェーズや第3フェーズにおいては、販売出口にある商材はどれも日本や先進国向けのハイエンドモデルでの商材だったということです。

■第4フェーズ　地産地消型モデル

　右肩上がりの経済はやがて終息を迎えることになります。これまで日本企業にとって、競争相手は、同じ日本企業や販売先である欧米の企業が中心でしたが、その勢力図が大きく変わることになりました。中国や韓国メーカーの台頭です。

　中国は、共産党の一貫した経済指導体制と豊富な国内資源を背景に急速に成長しました。また日本を含む海外企業の持つ製造技術を吸収し、技術的にも引けを取らないようになります。韓国企業も、半導体や情報技術といったハイテク分野に集中した国家的成長戦略を描き、市場シェアを高めてきました。

　併せて、これまで日本が生産拠点としてのみ位置付けていた新興国が、

マーケットとしての位置づけに変わってきたのも第4フェーズの大きな特徴です。

その中で、日系海外子会社は大きく2極化が始まりつつあります。M&Aなども戦略の1つに掲げ、現地でのマーケットに参入し、拡大を進めていく企業。一方で、既存のビジネスのみで如何に生き延びるかのみを考え、コスト削減を進め、縮小していく企業。

これにより、新興国を相手にどのように販売していくのかといった、製品戦略や販売戦略、根本的に構造を変えていくイノベーションが求められるようになってきたのです。

■ 競合は日本企業だけにあらず

このように、世界経済の変化に伴い、海外進出の形態は変わってきましたが、多くの日本企業が海外で失敗している原因として、第3フェーズのビジネスモデルの発想から脱却できていないということが挙げられます。

世界のマーケットの成長は、先進国から新興国へとその中心は変わっています。その中で、新興国でいかに市場シェアを伸ばしていくかという発想が必要になっているのにも関わらず、日本企業は明確な戦略を打てていないケースが多いというのが実情です。

新興国市場において、日本企業の競合は、もはや同じ日本企業だけではありません。先述の中国や韓国の企業もそうですし、現地ローカル企業も競合になり得るということを忘れてはいけません。

こうした非日系の競合企業に対して自社がどのように優位な立ち位置でいられるか？ここを考えていかなければ、これからの海外ビジネスでの成功は難しいと考えるべきです。

第2フェーズの輸出モデル、第3フェーズの現地生産モデルを使用し、先進国への販売、つまり、ハイエンド製品の販売を生業としている日本は、持続的改善を繰り返しながら品質を追求し、先進国への販売モデルを確立してきました。

しかし新興国へのハイエンド製品の販売は、価格帯や需要が合っておらず、日本企業が新興国でマーケットを拡大できない要因の1つになっています。

では、日本企業が新興国でマーケットを取っていくためにはどうしていくべきか。ここで必要となってくるのが"破壊的イノベーション"です。

■ 破壊的イノベーション

日本企業が新興国でマーケットを拡大していくためには、今後ハイエンドモデルを追求していくのではなく、ローエンドモデルに注力していかないといけません。

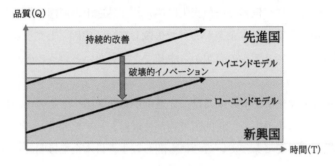

【破壊的イノベーション】

日本企業がどのようにローエンドモデルに参入するのか。

ここで考えるべきことが"価格競争力"です。

日本企業はハイエンドモデル市場を拡大していくに当たり、持続的改善を繰り返し、品質を高め市場比率を高めてきましたが、ローエンドモデルの市場を取るためには、品質だけでなく、1円当たりの品質を高めていくことに注力する必要があります。

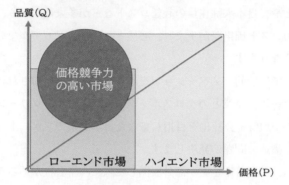

【価格競争力＝品質（Q）÷価格（P）】

　ここで価格競争力の高い市場に参入するために、日本企業がぶつかる問題がコスト構造であり、このコスト構造の壁を乗り越えるために、必要なことが破壊的イノベーションです。

　このコスト構造を変えるためには、新興国に進出し、製造拠点を設ければ実現できる、といったものではありません。第3フェーズの現地生産モデルであれば、実質はハイエンドモデルのため、品質を求めればうまくいっていましたが、ローエンド市場に参入するためには、競合となる企業がローカルの現地企業になります。

　その際に、ローカル企業と日本企業の現地子会社のコスト構造で大きく異なる点が、土地代です。日本企業が土地を使用するためには、外国企業が保有できない国もあるため、借地権として権利を購入し、多額の金額を支払う必要があります。また、保有できる場合であっても、土地の保有者から購入する必要があるため、大きな投資が必要となります。

　他にも、ほとんどの日本企業は工業団地や経済特区に工場を設立するため、水道や、電気などのインフラが整備された土地を購入するため、このコストも製品原価に上乗せしなければなりません。

　しかし、ローカル企業であれば、ほとんどの企業が既にオーナーが保有している土地を使用することから、日本企業との大きなコスト差が生まれます。

序 章

　また、従業員においても英語や日本語が喋れる人材を雇う必要性があることや、日本人駐在員の赴任コストなどが多大にかかり、ローカル企業とのコスト価格差が生まれ、必然とローエンドモデルでの価格競争力が弱くなります。

　ここで破壊的イノベーションを起こすために、検討され始めてきたのが、ローカル企業とのクロスボーダーM&Aです。グリーンフィールド投資で100%子会社化を目指してきた日本企業ですが、上述したようなコスト構造の問題が発生します。

　では、一旦日系企業が海外展開した際に、子会社が辿るライフサイクルの中での4つのフェーズを説明していきながら、イノベーションを起こす必要がある企業はどのようなフェーズにいるのか説明していきたいと思います。

海外子会社の辿るライフサイクル

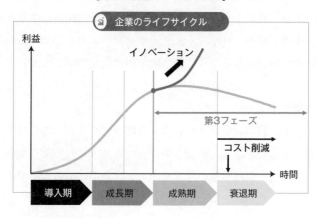

■ 導入期

　まず、はじめに導入期です。ここでは、コストセンターとしての進出、もしくは、まだ新興諸国には市場がない前提での新規事業として進出し、本社主導にマーケットを拡大していく時代です。スピード感を重視する企業、また現地マーケットまで視野に入れた形で進出を検討している企業は、この段階でM&Aをする事案が近年増えてきています。

■ 成長期

　続いて導入期が終わり、成長期のフェーズへと移ります。生産ラインも安定しはじめ、マーケット自体も成長が始まり、企業として成長期に入る時代です。

　この段階は、本社主導から駐在員に管理のバトンが渡され、内部統制も含め、組織体制を構築していくことが求められます。

　しかしながら、特に中小、中堅企業の場合は、駐在員の経営力の力量

序章

に属人化してしまう企業も多く、経営管理体制を構築できず、成長曲線を描けない企業が、進出後、数年で撤退してしまう事例がよくあります。

■ 成熟期

　成長期を超えた企業は成熟期の時代に入ります。ここでは、マーケット自体の成長も緩やかとなり、既存事業の成長の鈍化が始まります。

　また、中国や韓国だけでなく、タイやマレーシアなどでは新興諸国の企業も徐々に競合対象となり、価格競争が激化していきます。

　そして第3フェーズ現地生産モデルをとっている、日系企業の多くがこの成熟期で止まっています。

　一見、売上、利益は安定しているように見えますが、この段階で次の一手を考える必要があり、両利きの経営でもあげられるような既存事業のさらなる深化、新規事業の探索を求め、成熟期にいる企業でイノベーションを起こすために、M&Aを検討する企業が増えてきています。

■ 衰退期

　そして、ここでイノベーションが起こせなかった企業が、価格競争、または現地の人件費のコストアップのうちに飲み込まれ、コストダウン戦略をとるしかなくなり、衰退期の時代に突入します。この時代に突入してしまうと、イノベーションを起こすための時間確保や、投資を検討することが難しくなり、海外事業自体の撤退を強いられてしまいます。

　以上が、海外子会社の辿る企業のライフサイクルとなりますが、これは子会社のみに限る話ではなく、本社を含めた企業グループ全体で、考える必要がある事項となります。

新興国クロスボーダーM&Aの動向

次に新興国へのクロスボーダーM&Aの動向を説明していきます。

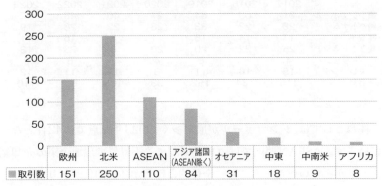

【2023年地域別日系企業In-Outクロスボーダー取引数】

	欧州	北米	ASEAN	アジア諸国(ASEAN除く)	オセアニア	中東	中南米	アフリカ
取引数	151	250	110	84	31	18	9	8

(参照元:株式会社レコフ　https://www.recof.co.jp/crossborder/jp/market_information/)

　現状のクロスボーダーM&Aの動向ですが、2023年の日本企業の海外M&A数は、欧米、北米に続いて、ASEAN諸国が公表ベースで110件、アジア諸国が84件となります。

　こちらは公表ベースの案件となるため、どちらかというとプレスリリースなどを行っている大手企業の案件になると考えられます。中小企業、中堅企業のスモールM&A数も含めると新興国での案件数はより多いと考えられます。

　続いてASEAN主要国のM&A推移の動向です。

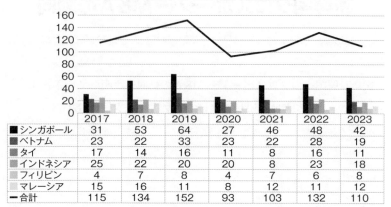

【ASEAN主要国のIn-Out M&A年度別推移】

	2017	2018	2019	2020	2021	2022	2023
■シンガポール	31	53	64	27	46	48	42
■ベトナム	23	22	33	23	22	28	19
■タイ	17	14	16	11	8	16	11
■インドネシア	25	22	20	20	8	23	18
■フィリピン	4	7	8	4	7	6	8
■マレーシア	15	16	11	8	12	11	12
―合計	115	134	152	93	103	132	110

　件数としては、シンガポールが最も多く、2023年時点では42件となっています。ASEAN諸国ではコロナ期間に、不景気で現地企業の売却価格も下がっていたこともあり、全体的に件数が多い印象があります。

　また、ASEANの中ではベトナムがシンガポールに次いで比較的件数が多いです。

　当社で取り扱っている案件でもベトナムが圧倒的に件数としては多く、市場として、日本同様、ベトナムの中小、中堅企業がM&Aを使用し、企業売却や、事業拡大を検討している市場があるというのが要因で挙げられます。

海外進出は「スモール・スタート」で成功させる

■ 海外進出のスキーム

　続いて海外進出の形態に関して記載し、当社の考えるスモールスタートでの海外進出方法を説明します。

　現在、海外進出の方法は大きく分けて4つのカテゴリに分けられます。

[GEO（Global Employment Outsourcing：海外雇用代行）]

　まずは、近年トレンドになりつつあるGEOという進出形態です。GEOを活用すると、自社の人員を形式上は、提携先やコンサルティング会社などの海外子会社の社員として勤務しているという形式をとることで、その海外子会社の社員として通常の活動もできるようになりますが、メインは進出前の市場調査となります。

　このように自社で現地法人を作らずに、とある海外子会社に出向してもらい、そこで活動していく中で、ビジネスが成立しそうであれば、自社で子会社を作る、もしくは駐在員事務所を作るといったビジネスモデルも可能です。現地で会社を設立する必要がないため、最も初期投資が低い形での進出形態です。

　当社へのGEOに関しての問い合わせも近年増えつつあります。

[駐在員事務所]

　次に、駐在員事務所です。駐在員事務所を設置すると、人を配置することができ、市場調査を行い、外注先の技術支援を行うことができます。

　ただし、駐在員事務所自体で営業活動を行うことができません。仮に駐在員事務所の人間が顧客に見積書を提出することがあると、将来駐在員事務所を閉鎖するときに、PE（Permanent Establishment：恒久的施設）として、支店や支社と同じ活動をしていたと認定され、多額の税

金を払うように命じられるケースがあります。

　当局からPEであると疑われると、送受信メールもすべてチェックされることもあるためで、駐在員事務所を置く場合は、あくまでも市場調査や、外注先の技術支援などが目的である必要があります。

[**自社独自での海外進出（グリーンフィールド投資）**]

　次に、自社で独自に拠点を設立する方法です。海外進出を検討する場合、まずはこの方法が、一番に検討にあげられることが多いでしょう。ここで、最も迷うところは、100％子会社か、もしくは海外支店にするかです。

　しかし、海外支店の進出方法を選択することはやめておいた方が無難だといえます。これは、海外支店で利益が出たときに、現地側でまずその利益に対して課税されることになりますが、日本側においても、日本の税金を払う必要がある場合があります。

　もちろん現地側で課税されたものは外国税額控除という手法を取って、日本において調整することができるのですが、新興国と日本の税率を比較すると、日本の方がやはり高税率となっています。最終的な納税額を考えると、海外支店の方が高くなる、というのが第一の理由となります。

　そして、第二の理由としては、法的な責任が親会社に帰属するという点です。海外支店での法的責任は誰に問われるかというと、日本の親会社の社長になってしまい、社長が知らない間にその国の法律に基づく法的責任を負っているということになります。

　そうなると、100％子会社の方が税率も低くなりますし、法人格が親会社とは別になるので、子会社を設立するケースが多くなります。注意することは、海外に子会社を設立すると、多くの場合、最初は赤字スタートとなります。そうすると、現金がなくなり、増資もしくは貸付を繰り返す状態になりがちです。その部分では、海外支店の方が資金を送りやすいというのは事実です。

　しかし、100％子会社であっても出資、融資ではない方法で子会社に

資金供給をする方法もあります。たとえば、この子会社の役割を現地のマーケティング機能という形にして、毎月現地の市場に関する情報を親会社に提供するということで、それに対する対価を親会社から子会社に渡すという契約を親子間で結びます。

そして現地で発生する人件費相当額を、親会社がマーケティングの調査費用として支払うようにします。そうすると、融資、増資を繰り返さなくても、最初の海外子会社の運転資金部分を親会社がサポートできます。

送金がしやすいからという理由の資金面において、必ずしも支店形態で進出しなければならないという理由はないので、上述のメリット・デメリットを考慮すると、支店を作るよりも、子会社を作る方が有利なことが多いと考えられます。

[**クロスボーダー M&A**]

最後に本著のテーマでもあるクロスボーダー M&A です。M&A というと大きなものに聞こえがちですが、いわゆる現地にある企業との資本提携といった形での進出です。

M&A の中にも進出方法もやり方は複数あります。

まず 100％で買収する方法です。100％株式、もしくは事業をすべて譲渡してもらい、経営権含め、手中に入れる方法です。

メリットとしては経営権を 100％保有できるため、自社のみでの経営管理が可能であり、また得た収益をすべて自社の収益とすることができます。

デメリットとしては 100％買収のため、マジョリティー出資やマイノリティー出資に比べ投資コストが高い可能性があります。売却側は 100％売却する場合、なるべく高く売りたいと考えるため、企業価値評価も高い金額で出してくることがあります。

また、買収後に関しては、条件によっては経営陣が抜けることもあるため、自社で経営陣を育てなおさないといけないといったことも起こります。

そのため、資金力があり、また買収後の販売計画や自社とのシナジーなどで事業計画がある程度見込める状態、また、買収後にPMIなどを行える幹部層が十分に確保できている企業などは100％買収の方法のメリットが高いかと考えられます。

逆に、資金としてはなるべく抑えたい、買収後の計画にはまだ具体性はない、現地に派遣できるような十分な幹部層がいないなどの企業にはあまりお勧めはできません。

次にマジョリティー出資です。

株式のマジョリティー（50％を超える株式）を取得し、買収企業より強い経営権を保有する手法です。

メリットとしては、経営権をパートナー企業より原則強く持つことができます。デメリットとしては、100％買収に比べ、経営権に制限がかかることや、また外資規制の対象となる場合もあります。

また、マジョリティーを渡す、つまり経営権を渡すことに近い意味となるので株価の算定方法により投資コストがかかるなどのこともあげられます。

100％買収とまではいかない場合で、具体的な事業計画、自社とのシナジーが見込めている企業、また、現地で経営者となれる十分に海外で活躍できそうな見込みのある人材がいる企業であれば、検討の余地はあります。

最後にマイノリティー出資です。

株式のマイノリティー（50％を超えない株式）を取得し、提携などを前提に出資する手法です。

メリットとしては、現地側から見ると、自分の会社に投資をしてもらうということになるので、企業価値算定もそこまで高くなく、投資初期コストを抑えることができます。

また、現地の経営層に経営をある程度任せることができるため、自社で駐在員として社長業ができる優秀な幹部人材を探さなくてもよいケースが考えられます。

デメリットとしては、原則出資先企業より強い経営権を持つことができません。ただし、この点は株主間契約書などの締結の仕方により一部リスクヘッジを取ることが可能です。

また、マイノリティー出資に近い方法として、出資を行わない業務提携も考えられます。業務提携で考えると製造の外注先として、OEMを行ってもらうための業務提携と、販売を委託するという販売代理店の提携というものがあります。

しかし、業務提携の場合の問題点は、まず外注先との業務提携の場合は、クオリティーの問題が発生しやすいという点があります。外注先に対して、自社側から品質を高めていくように働きかけることは困難です。

また、困難な状況の中で、それでもクオリティーを上げていくために、いろいろと自社側から技術指南をしていき、外注先に技術移管したとしても、そうした技術やノウハウが漏洩してしまうという問題も生じます。

販売代理店の提携も、代理店が本気で自社の商品販売に向けて動いてくれないことが多く、折角提携してもなかなか売れないという問題が発生します。

これらを解消する方法は、まず"資本提携"をし、マイノリティー出資をすることです。出資の代わりに、たとえば日本にある設備や工場の一部の機械などをローカル企業側に購入してもらうということも可能です。

資本提携を行うと、自社の社員を役員として派遣することも可能です。こうすることによって、毎月の役員会で決算書を開示してもらい、出資している日本の会社と一緒に決算書の中身をチェックすることも可能になります。そうすれば、提携相手が勝手に日本の企業の技術を外に漏洩させるということも防止できます。

このように、海外に進出する上で、業務提携という形態から、資本提携に提携関係を発展させて、マイノリティー出資から始めることが最もリスクが低く、非常に有効だと考えられます。"スモール・スタート"としてはうってつけの策です。

27

序章

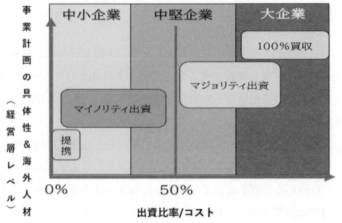

次にこのマイノリティー出資の問題点を挙げるのであれば、マイノリティーなのだから、経営のコントロールが非常に困難であるということになりますが、外注先との業務提携も販売代理店との業務提携も困難という点では同じだといえます。

このマイノリティー出資によるコントロールが困難である理由として、資本比率が低いために、相手がいうことを聞かずに、コントロールが難しいという考え方もあります。

しかし、この問題は、根本的にはリーダーシップの問題に起因していると当社は考えます。自社から派遣した人間のリーダーシップが足りないということが実は本質的な原因で、自社の商材が本当に良いモノだという想いを持って、ローカル企業と関わっていけば、相手も理解してくれるはずです。

一旦業務提携や資本提携をやってみて、相手がなかなかいうことを聞いてくれなかったから、M&Aで100％子会社化する、あるいはマジョリティー出資するという発想もできるかもしれませんが、真実は、出資比率の多寡で成功するかどうかではなく、海外に出る人材のリーダーシップに依拠しているというのが実情です。

100％子会社で行ったとしても、駐在員の能力に依存した形となった場合、駐在員のリーダーシップが発揮できなかったら撤退に追い込まれてしまいます。

下図は、当社の考える海外駐在員に求められる人財マトリックスです。

【人財マトリックス】

海外での事業展開において、要求される人材は上図の第1象限（右上）にある「エース」の人財である必要があります。「エース」の人財とは心（コミュニケーション能力・リーダーシップ・マネジメント能力など）と技（知識・技術・経験など）を兼ね備えた人財です。第4象限（右下）の「職人」の人材は自分自身にその業界の知識・経験・技術力が備わっているので、多くの技術指導はできますが、リーダーシップやマネジメント能力が高くない傾向にあります。

本来、100％子会社やM&Aのマジョリティー出資の進出形態においては、知識・技術・経験だけの人材ではなく、リーダーシップとマネジメント能力をも兼ね備えたエースが必要なのです。

しかしながら、エースの人財というのは、そもそも会社の中にも少ないのが実情です。また、海外で働ける人材となるとさらにごく一部の人材のみとなり、中小企業では特にそのような人財を探すのは困難です。

では、どのように対応していくかというと、やはり先述したマイノリ

ティー出資を利用することが得策だと言えるでしょう。そして、「職人」を役員として派遣することが一番おすすめの方法で、会社の運営自体は相手方の社長に任せておくのです。そうすることで、相手方の社長のリーダーシップをそのまま利用して事業運営ができるようになります。そして、まず自社は技術的なところの要諦に入ることで、技術シナジーを発揮することが可能となります。

【出資比率と発揮される駐在員に求められるリーダーシップの関係】

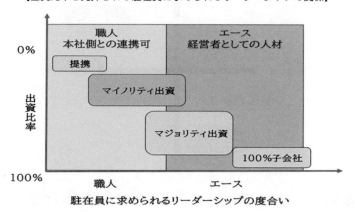

配当の決議や、事業の決議などは、マイノリティー出資であったとしても出資時の契約形態や条件により、ある程度設定することが可能です。ただ、エースとなる人材を探し出し、現地で社長業を行わせることは、その人物の力量により事業が左右されてしまうため、より大きな潜在的リスクを抱えているといえます。

以上、海外進出は大きく分けて4つの方法がありますが、第1のステップとして、市場調査や、現地の提携先を探すといった観点では、①のGEOがおすすめです。ただし、GEOだけでは、事業を成り立たせるのはできないため、次のステップとして、最もおすすめであるのは④の資本提携によるマイノリティー出資です。

事例を挙げると、株式会社リクルートホールディングスは現在海外のM&Aでかなり成功しています。その手法は、一気にマジョリティーに

なっての買収ではなくて、必ずマイノリティー出資から始めています。マイノリティー出資をして、うまくいくかどうかを見極めた上で、後から増資をして、買い取っていくパターンです。

なぜいきなりマジョリティー出資のM&Aが良くないかという理由も挙げておくと、ローカル企業の売却価格はDCF（Discounted Cash Flow）法やマルチプル法で多くが決定されることになります。これらの算定方法を使用し、ローカル企業も高く売り切りたいという思惑があります。

しかし、マイノリティー出資であれば、とりあえずローカル企業側も日系企業のブランドをつけたいという思惑があり、そもそもマイノリティーなのだから高く売ろうという気にはならず、少額出資を受け入れ、さらに、彼らにとっては役員も派遣してもらえるというメリットがあります。

まずは、マイノリティー出資を代理店もしくは製造の外注先に行い、彼らの経営状況をチェックして、販売指導する営業担当や技術指導する技術者を派遣するだけでも成立します。仮に、100％子会社を作ったとしても、現地で提携するローカル企業が必要です。

100％子会社を設立したあとも、提携する先として、現地企業に少額出資して、それを販売代理店や外注先にするかを決定し、さらに、製造子会社を持つにしても、生産は外注先に任せるというファブレス化をする方が得策です。

なぜなら、自社で土地や工場を購入して投資リスクを負うことなく、OEMでマイノリティー出資した会社に生産を任せることによって、技術漏洩をなくし、相手側企業の決算情報を見ることによって、コスト構造もチェックできるという点で有効といえます。

このように、上述の組み合わせによって、一気にマジョリティー出資として展開するのではなく、まずはスモールスタートを考え、製造業に関しては、ファブレス化を実行することが重要です。

また、販社であれば100％子会社を作っても良いのですが、まずは代

31

序章

理店を開拓し、その代理店に少額出資してコントロールすることが重要です。その一社とは総代理店契約にはせず、複数社を使って競わせることが有効でしょうし、最終的には自社の100％子会社として、取り込んでしまっても良いでしょう。

こうした形でスモールスタートによって海外ビジネスを成功させることが、最も有効な海外事業戦略の一つであるといえるでしょう。

100％子会社が前提という思考回路を捨てよう

　自前主義という言葉がありますが、VUCAの時代とも呼ばれる変化のスピードが速い現代において、すべての経営を自前で行うというのは、正直のところ現実的ではありません。海外進出においても、まずは100％子会社として進出できることを目指す企業がまだまだ多くありますが、それが果たして成功への最短ルートといえるかというと疑問符が付きます。

　これまで述べてきたように、海外展開をめぐる環境変化によって、製造拠点としての進出から現地での販売も踏まえて考えていく必要性が多くの企業にとって増しています。

　しかし、まったくのゼロから販路を開拓するというのは、新たに創業するのに近く、非常に難しいものです。どれだけ頑張って営業をしても、現地の顧客のニーズをどう掴むのはすぐにはわかりませんし、ゼロから立ち上げた場合の営業力には限界があります。

　製造業の場合も、"日本企業のグローバル化（海外進出）の歴史"で述べたように海外で製造する目的自体が、日本や先進国に安い価格で製品を供給するというところから、新興国自体の現地市場で競合に負けない価格競争力で製品製造するということに変化してきています。価格競争力を持った製造会社を今から日本企業がゼロベースで100％子会社として設立するというのは現実的ではありません。

　また、ローカル企業を安く買うことができる場合では、完全買収型のM&Aであっても、コスト構造を手に入れることができます。反対に、自社で1から海外拠点を設けるパターンにすると、ローエンド市場に通用するようなコスト構造を通常は手に入れることができません。販社として子会社を設立して海外進出するのはまだ良いのですが、製造子会社として海外進出するのは、少し立ち止まって考える必要があります。

序章

このように、業種を問わず、100％で海外展開するのがベストだという妄信を私たちは捨てる必要があるのではないでしょうか。

以下、自前主義で最初からコストをかけるのではなく、現地の既にある企業を使ってのスモールスタートを具体的にどのように行うのかを解説していきます。

■ サプライチェーンマネジメントから考える海外M&A戦略

具体的には、製造業はファブレスでスモールスタートを考えなければなりません。それをうまく実現しているのが、ユニクロを展開するファーストリテイリングです。ファーストリテイリングは、海外の工場を自前で建設するのではなく、現地縫製企業に外注することで製造を行いました。さらに、それぞれの外注先を競争させ、外注先が価格競争をしてくれることで、安い価格で適切な品質の製品を作らせることができたのです。

ファーストリテイリングのように、外注先に生産をさせる場合、品質や納期の管理能力を高めなければうまくいきません。自社の外注先への管理能力が高ければ良いが、すべての企業がファーストリテイリングのようにうまくいくほど外注の管理は簡単ではないのです。

では、どうすればよいのでしょうか。

それは、①業務提携、②マイノリティー出資、③M&Aでマジョリティーの支配権を取得 の3つの方法が考えられます。いずれの方法も、製造業が独資で進出するよりはコストはかかりません。現地の外注先からすれば、日本の企業と提携した会社、もしくは日本の資本が入った会社としてブランド力が上がることになり、相手にもメリットがあるといえます。

さらに、M&Aでその会社を買収してしまえば、少なくとも元からその会社にいる経験者をそのまま活かすことができます。

こうした外注先をコントロール下に収めるというのは、いわゆる上流の垂直統合という形になります。

一方で、100％出資で会社を設立する場合はどうでしょうか。まず、

土地を購入して工場を建てなければなりません。そして、そこで働く工員を集める必要があります。

しかし前述の通り、日系企業が取得できる工業用地というのは、かつては何もない場所であるケースが多く、そこに住んでいるのは、ついこの間まで農業従事者だった人たちであるという場合も珍しくありません。そのような人材を集めたとしても、最初からクオリティーが高い仕事ができるというのは高望みにすぎません。

さらに、100％子会社を設立したとしても、その後は日本から出向する駐在員に権限が移ることになります。駐在員は、多くの場合もともと日本で経営をしてきたわけではありません。マネジメントスキルやリーダーシップが十分でないにも関わらず、子会社社長としての役割を任せるということになります。また、現地の社員から見たら、日本本社の社長より、駐在員の代表として赴任される社員が、社長となります。

しかし、大半の駐在員は、日本で行っていた仕事の延長で、現地での仕事も考えてしまうものです。そのため、社長業ではなく、課や部単位での仕事の組み立て方をしてしまうことが多いです。

また、製造業の場合、自社工場を建設しても、加工などは現地の外注先に委託するようなケースも多くあります。しかし、駐在員にこうした外注先に出資するという権限は与えられていないのが通常ですし、そもそもそのような発想が海外駐在員から生まれることの方が稀有です。

その結果、委託先の外注で品質問題が起きるというようなマネジメント上の問題が噴出し、コスト高で生産性も悪くなり、苦労はすれどもそれが報われず、資金が枯渇して増資を繰り返すというような形に追いやられてしまうのです。

かつての、コストセンターとしての製造子会社を設立し、工場機能をただ海外に移管するという目的であればその方法でもうまくいきましたが、今の海外拠点の経営者に求められるのは、まさに「経営」能力です。上述でも記載したような"エース"と呼ばれる人材が必要となります。現地市場に合わせて商品や製品企画を行い、以前と比べて人件費や家賃

序章

などの高騰するスピードが速まっている中で、海外コスト削減に向けてさらなる改善、改革するといった、トップマネジメントとしての迅速で最適な意思決定が、海外拠点の経営者には求められているのです。

そこで、駐在員のリーダーシップやマネジメントスキルに頼らない別の方法を考えてみたいと思います。日本企業の中で最もリーダーシップを持っているのは誰かというと、それは本社の社長に他なりません。本社が成長してこられたのは、社長がリーダーシップを発揮して高いマネジメント能力で会社を引き上げてきた結果です。海外においてもこれを利用しない手はありません。

しかし、社長が本社と同時に子会社の経営を同時に行うというのは、現実的ではありません。それでは、どうすればよいのでしょうか。それは、現地企業との提携をうまく使うということです。

製造業であれば、海外の外注先と、サービス業や物販業であれば、現地の代理店と手を組むのです。そのときに、双方のトップ同士でミーティングを行い、お互いの経営者が、この提携に対して本気で取り組むという姿勢を持つということに大きな意味があります。

提携は、本社の社長の意向で進んでいるということで、提携先の社長をはじめとする現地リソースに対しても、本社の社長の影響力を生み出すことが可能になります。

もちろん、現地での販売を考える中で、代理店契約も考えうる手段です。

しかし、代理店による販売が成功するのは、もともとの商品力が高く、差別化されている場合であることが多く、売れる商品というのは、すぐにその模倣品や廉価品が出回ってしまうものなので、商品の優位性だけで成功が長続きしない可能性も多くあります。

だからこそ、単なる代理店として海外企業と付き合うのではなく、もう一歩深い提携という関係を作り、現地でもまた顧客のニーズや競合他社の動向を見定めて差別化がけいぞくするような商品開発をできるようにしていく必要があるのです。

さらにまた、ここで重要なのが、本社から送り出される駐在員が現地

拠点の経営のかじ取りを行うわけではないということです。

　あくまでも、現地拠点はそのまま現地の経営者がマネジメントするという体制を維持することが大きなポイントです。現地企業も経営者の能力によってここまで成長しているわけですから、そのマネジメント能力とリーダーシップをそのまま活用し続けていくということが重要になります。

　提携関係は、業務提携だけで行うことも可能ですが、少額でも良いので日本企業が現地企業に出資するという資本提携を行うとより効果的になると考えられます。それは、現地企業からしてみれば、日本の企業の資本が入るというブランド上のメリットを享受できるという点があります。

　また、少額でも株主になることで、相手方との合意の上で、日本から役員を派遣することが可能になります。役員であれば、形式上経営の意思決定に参画でき、その中で販売における戦略立案や戦略修正といった部分にも積極的に日本企業が関与することが可能になります。

　ここまでできれば、代理店契約だけを締結して任せっぱなしにするのとは大きな違いを生むことが可能です。経営者の影響力を使って、現地の相手先をより自社と協力する方向にコミットさせることもできるのです。

　なお、役員派遣をする上で、役員報酬といった人件費については、日本企業が全額負担するのが望ましいと考えられます。日本人の人件費は海外の人間からしてみれば高額であり、また現地側からすると追加コストとして捉えられ、一般的には歓迎されることはありません。

　しかし、これを日本側が負担してあげるという形で相手方に説明することで、現地企業からすれば、日本企業のマネジメント上のノウハウを無償で獲得することができるというメリットになるわけなので、役員派遣に反対されたり煙たがられたりするということも少なくなります。

　少額出資モデルでまずはスモールスタートを行うことで、日本企業としてもリスクを抑えた海外展開が可能になります。そこでうまくいった

後で、もっと自分たちの影響力を増やしたいと考えれば、出資比率を高めていく、もしくは相手方企業を買収し傘下に収める、それとも自社で別の会社を設立して、本格的に自社リソースを投下して海外ビジネスを展開していくというオプションを考えることも可能です。

　最初から、自前ですべてやろうとする方が、むしろハイリスク・ハイコストになってしまうということも、海外ビジネスではよくある話なのです。

■「M&Aはお金がかかる」は間違い

　M&Aというと、中には、経済ニュースなどで取り上げられる規模の大きな企業買収をイメージされる方も多いと思います。また、「時間をお金で買う」のがM&Aだという論調もあり、一般的には自分たちで独自に進出するモデルよりもコストがかかるという印象を持っている方が多いのではないでしょうか。

　しかし、本書で我々が使っているM&Aという概念は、子会社化するような買収モデルだけではなく、少額の出資だけを行って現地企業と提携していくというモデルも含んでいます。

　下表は、100％子会社で海外進出する独資モデル、一般的なM&Aによる海外現地企業を完全に買収するモデル、少額での出資による事業提携モデルでそれぞれのコストを比較しています。

　ここでは、投下する資本については、決算書上はコストとして認識されませんが、キャッシュアウトを伴うということで、ここも比較するポイントに含めています。

【出資モデル別のコストメリット・デメリット】

	独資モデル	完全買収モデル	少額出資モデル
資本	▲	▲ or ×	○
イニシャルコスト	○ or ▲ 設立費用	▲ or × デューデリジェンス 契約費用	▲ or × デューデリジェンス 契約費用
ランニングコスト	駐在員人件費 オフィス家賃 住居費用 会社維持費	駐在員人件費 オフィス家賃 住居費用 会社維持費	○ 駐在員人件費 住居費用 親会社管理コスト

（○＞▲＞×の順に出資者側にとって有利）

　独資モデルと完全買収のM&Aモデルの比較で見ると、M&Aモデルは、買収先の価値算定を行う手続きとしてデュー・デリジェンス（対象会社の、法務上、財務上その他のビジネス上のリスクを洗い出し、開示されている財務情報の信憑性を評価する手続き）や、基本合意書・株式譲渡契約といった契約実務、企業価値の算定プロセス（DCF法：Discounted Cash Flow Methodなどが一般的に用いられる）などを行う費用が多額になります。

　それに対し、少額出資モデルは、出資先の企業の信頼性を評価するという上で、完全買収モデルに近い手続きも必要とはされますが、出資規模が小さいということで、コストとリスクとを比較して、完全買収のモデルよりもそうした手続きを簡略化させてコストを抑えることが可能です。

　また、少額出資モデルは、相手の企業の経営組織を引き継いでそのまま運営させることができるため、日本企業側でランニングコストの発生を、他の2パターンに比べてかなり少なく抑えることが可能です。日本から役員などを現地に派遣する場合でも、その赴任者の人件費の負担だけで、現地企業をコントロールしていくことが可能なので、コスト上は有利だといえます。

序章

親会社による海外展開の設計なくして成功は不可能

海外進出に係る親会社が果たすべき役割

　海外進出において、現地側に拠点を設立した後には、多くの場合、現地に赴任する駐在員に権限移譲が行われることになります。確かに、備品の購入や従業員の教育、評価、取引先との交渉などは、ある程度現地の状況がわかっている駐在員でなければ正しい判断ができないということもあります。

　しかし、海外進出をどのように進めていくのかという大枠のテーマについては、駐在員任せにするということはできません。特に独資での進出なのか、これまで述べてきた現地企業と連携しながら進めていくスモールスタートの手法を取るのかというのは、親会社の意思でしか決定できません。

　通常は、海外進出の入り口で親会社がどのように海外展開していくのかということを意思決定し、その後の事業については現地任せにするということが多くの企業で行われてきました。しかし、現地でどのような戦略で事業展開し、成長していくのかといった部分は、本来は経営者としての仕事になります。ここを現地任せにしてはうまくいかなくなるものです。

　スモールスタートのモデルは、最初から事業の成長までを一気通貫で親会社がマネジメントするということになります。海外拠点のマネジメントだけではなく、親会社のリーダーシップが成功のカギとなるのです。

クロスボーダーM&Aの実務概論

クロスボーダーM&Aの実務概論

クロスボーダー M&Aの目的

　M&Aは「時間を買う」と比喩されるとおり、迅速な事業展開や海外進出が主たる目的です。グローバル競争で優位に立つための有効な戦略の1つです。

　特に、東南アジアやアフリカ地域の発展途上国に対する、中国・韓国企業の影響力の拡大スピードには目を見張るものがあります。彼らは国策の後押しなども得て、機動的に海外へ進出を行っています。

　一方で、日本企業は現地企業から、"NATO"と呼ばれています。"Not Action Talk Only"（口ばかりで行動しない）を略したものです。日本企業はリスク判断や社内検討に時間を費やすことが多く、現地でパートナーとなる企業が苛立ちを募らせる傾向があります。当社がサポートしてきた案件でも、日系企業特有の社内検討に時間がかかるといった文化を現地オーナー企業側は理解ができず、成約まで至らなかったケースや、また、日本企業は、規模が大きい企業になればなるほど、現地企業側との面談の際に、決定権を保有していない実務担当者を出席させ、情報のヒアリングのみを行い、その場で話が具体的に進まないケースがあります。このことが、現地企業側からすると不満に思われ、M&Aがスムーズに進まないなどの実例も存在します。

　もちろんリスク判断は重要です。しかし、グローバル経営に不慣れで意思決定権が何段階にも分かれているなど、現在のグローバル・スタンダードから考えると、機動力の劣る組織となっている企業が多く存在します。クロスボーダーM&を戦略として取り入れる際には、M&A特有の機動性を生かせる意思決定プロセスを構築しておくなど、事前準備が必要です。また、現地ビジネスやそのリスクに明るいアドバイザーを活用することも必要となります。

　日本企業には、M&Aを駆使して迅速に海外展開を行うことが求めら

れています。海外進出は短期的にはリスクがあるかもしれませんが、長期的には世界の市場で競争できる大きなチャンスを生みます。一方、縮小を続ける国内市場の中に留まることは、長期的かつ重大な衰退リスクを孕んでいるからです。

■M&Aの形態

迅速な事業展開という主目的の他、M&Aの目的によって、水平統合、垂直統合、機能獲得型、地域獲得型という4形態に分類できます。

［ 水平統合 ］

水平統合とは、同一業種の他社を取り込むM&A形態です。主にスケールメリットによるコスト優位を目的とします。スケールメリットとは、規模が大きくなるに従って、製品1個当たりの生産費用が低下することをいいます。これは、生産費用に固定費が含まれているためです。

生産費用は変動費と固定費に分けることができます。変動費とは、製品の生産量に従って増える費用のことで、原材料費、販売手数料、運送費などがあります。これに対して、固定費は製品の生産量にかかわらず発生する費用をいいます。たとえば、減価償却費、賃貸料、保険料などがあります。そのため、M&Aによって企業の規模が拡大し、生産量が増えるほど製品1個当たりの固定費が低下するのです。

［ 垂直統合 ］

自社の仕入先や販売先とのM&Aを行うことで事業領域を拡大することを垂直統合といいます。既に、ある程度のグローバルシェアを持っている企業にとっては、競争法上の規制があるため、残されたシェア拡大による事業拡大は困難を伴います。そこで、バリューチェーン（付加価値連鎖）を拡大することによって事業の拡大を図ります。タイやマレーシアなど日系企業が昔から進出していたような新興国では、近年、中小・中堅企業によるこの垂直統合のM&Aの件数が増えてきています。

クロスボーダーM&Aの実務概論

　また、シナジー効果による経営効率の向上も主な目的として考えられます。たとえば、販売業務と生産業務を同時に行うことで、販売部門の情報がより生産部門に伝わりやすくなります。このため、より顧客のニーズに合った製品を生産することが可能になります。自動車メーカーが自動車販売会社、部品供給会社をM&Aにより取得することなどが例として挙げられます。

［ 機能獲得型 ］

　機能獲得型は、製品やサービスを供給するために、販路やサービス網、生産設備など必要な機能を取り込むM&A形態です。日本企業がグローバル市場でさらなる拡大をする際に、販路やサービス網の確立が問題となり得ます。しかし、一朝一夕で確立することは困難なため、M&Aによってこれらを取り込むことで、迅速に自社製品やサービスの拡大を狙うことができます。

［ 地域獲得型 ］

　これまでに進出していない市場や顧客を取り込むM&A形態が地域獲得型です。日本の国内市場を主なターゲットとしてきた企業が、成長性の高い海外市場の獲得を狙う際に見られます。新興国でのM&Aでは、多くがこの形態です。

■イノベーションの種類×M&A手法

　序章で説明したように、企業のライフサイクルで、成熟期にある企業には総じてイノベーションが必要となります。その中で主にM&Aと関連するようなイノベーションの種類は大きく分けて4種類に分けられます。

［ プロダクト・イノベーション ］

　まだ世の中に存在しない「製品」や「サービス」を開発して、消費者

に新たな価値をもたらすことを「プロダクト・イノベーション」と呼びます。全く新しい技術の開発だけでなく、既存の技術やサービスを組み合わせ、画期的な製品を生み出す場合もこれに相当します。例としては、テレビや冷蔵庫、自動車など　昨今ではパソコン、スマートフォン、液体洗剤、電気自動車などがあげられます。

主に機能獲得型M&Aと掛け合わせて考えることができます。

[プロセス・イノベーション]

製品作りにおける生産工程や流通をこれまでとは異なる革新的な仕組みに改善することを「プロセス・イノベーション」と呼びます。生産性や生産効率の大幅な向上が見込めます。例としては、アパレル業界のSPA（Specialty store retailer of Private label Apparel）モデルや、製造ロボット、ファブレス経営などがあげられます。

水平統合や、垂直統合のM&Aと合わせて検討可能です。

[マーケット・イノベーション]

これまでターゲットとしていなかった新たなマーケットに参入し、新規販路、新規顧客、新規ニーズの開拓を行うことをマーケット・イノベーションと呼びます。既存の商品やサービスをもとに売上増や利益拡大を期待できます。例としては専用ゲーム機が不要なスマートフォンのゲームアプリ、店舗販売のみだった小売店によるECサイト、また海外の他のマーケットに既存商品の販売を行うなどがあげられます。

主には地域獲得型と掛け合わせて考えることができます。

[サプライチェーン・イノベーション]

製品の原材料を見直したり、供給ルートや配送方法などを新たに開拓したりすることをサプライチェーン・イノベーションと呼びます。例としては、ECサイト物流機能の強化、ファストフード店のモバイルオーダーなどがあげられます。これは最近主流になってきている海外のIT

クロスボーダーM&Aの実務概論

会社などを買収し、EC化を進めるなどのことも考え、垂直統合/機能獲得型と掛け合わせることができると考えられます。

　上記のような形でどのようなイノベーションを起こすかを検討し、M&A手法と掛け合わせ、自社の戦略を立てていくことができます。

新興国におけるM&Aの留意点

クロスボーダーM&Aは、国内のM&Aと大きく異なるものではありません。M&Aというプロジェクトを進めるに当たり必要な心構えや留意点には共通するものが多く、異なる点はテクニカルな部分が中心です。

■ 日本国内のM&Aとの共通点

M&Aの成功とは、M&Aにかかわる手続がスムーズに進捗したことを指すのではありません。M&Aをすること自体が目的となりがちですが、あくまで1つの過程にすぎません。M&Aの目的は、手続（クロージング）後、被買収企業が買収企業の期待した業績を上げ、買収企業のグループ全体に期待したとおりのシナジーをもたらすことです。

そこで、クロスボーダーM&Aにより達成すべき目標を当初から明確にしておく必要があります。

たとえば、進出国に販売網を構築するための時間を買いたいのか、外資系企業にとってハードルの高い許認可を得るためにそのような許認可を得ている企業を手に入れたいのか、マーケットシェアを取りに行くために低コストで生産できる製造拠点を手に入れたいのか、といった点をはっきりさせる必要があります。期待するシナジーについても定量的に把握しておくとよいでしょう。

つまり、目標達成のために最も効果的な買収のストラクチャーを考え、適切な買収契約を結ぶことにより、リスクやコストの低減を図るのです。また、当初計画したM&A後のシナジーを獲得するための統合プロセスとマネジメント（PMI：Post Merger Integration）を着実に実施し、買収前に想定していた事業価値を実現する必要があります。こうした点は日本国内のM&Aと共通するところです。

クロスボーダーM&Aの実務概論

■ 日本国内のM&Aとの相違点

国内のM&Aと異なる点は以下のとおりです。

[日本の法制度、税制度、会計基準との違い]

　日本と異なる法制度、税制度、会計基準に基づいているため、手続を行うのにそれらを考慮する必要があります。このことが、買収ストラクチャーや契約を締結するための制約になるとともに、買収後の事業活動やPMIにも影響します。特に外資規制により、外国の株主が出資できる比率が決まっている場合や、外資資本が入った場合、最低限必要となる資本金額が変動するなどのことが必要となるため、外資規制、投資規制はしっかりと確認しておく必要があります。

[複雑な規制への対応]

　国によって規則内容に大きな違いがあります。各国の規制当局から出されているさまざまな規制に準拠しなければなりません。また、税務も国により異なり、日本では考えられないような税制の仕組みなどもあるため、留意が必要です。

[交渉時間の長期化]

　M&Aの契約締結までに、想定以上の時間を要する場合が多くあります。なかなか交渉相手の譲歩を引き出せないなど、細かいポイントを解決するのに相当の時間を要すると考えておくべきです。

[困難なネゴシエーション]

　買収交渉時に、大抵の場合日本側は実務家が担当するのに対し、相手国側は企業トップと弁護士、会計士が当事者となる場合が多いです。日本側にとってはハードネゴシエーションを強いられることを覚悟しておいた方がよいでしょう。可能であれば、面談時に言葉の壁があったとしても、日本側もトップの幹部層が現地側に赴き、案件に対する本気度の

姿勢を見せ、面談を行い、交渉を行うことがネゴシエーションを潤滑に進めるためのポイントとなります。

[**トップの意向による方向性の変化**]

実務家同士で交渉してきた場合でも「本当の最終交渉はトップ同士で」と考える現地経営者も多く、実務レベルで決めたことが、トップ同士の会談にて簡単に覆され、最終調印の際にも決着済みの事項が変更になることもあります。

[**内部情報へのアクセスが困難**]

契約書など法的に拘束力のあるものにサインするまでは内部情報を提供しない場合がよくあります。双方の信義誠実の原則に基づき、というような日本の商慣行とは大きく隔たりがあります。

[**曖昧な移転価格ポリシー**]

買収対象企業に適切な移転価格ポリシー（海外子会社との取引価格設定の基本方針）が設定されておらず、現地の税務調査で指摘されるリスクがあります。

[**心理的な抵抗に対する対応**]

従業員のリテンションにつき、社会的・文化的背景のギャップが存在します。また、外国の会社に買収されることに対し心理的な抵抗を感じる場合があるため、買収対象企業の経営陣を引続きマネジメントに関わらせるなど、特別の対応が必要となります。

[**買収後の資金調達が困難**]

融資慣行や規制などが日本と異なるため、資金調達手段が日本と同列で考えられません。買収後、資金が必要になる場合は、あらかじめ対策を立てておいた方がよいでしょう。

クロスボーダーM&Aの実務概論

[透明性の低さ]

　特に新興国では、情報の管理が不十分で、検討に必要な情報が集まりにくい場合があります。また、財務諸表のクオリティや透明性の水準は日本に比べると低いと考えた方がよいでしょう。インドネシアやラオスなどでは、財務諸表自体作成したことのないような企業も存在するのが実情です。買収対象企業に会社の財務情報や、事業に関する情報を要求しても、デュー・デリジェンスを受けた経験がないことから、どのような情報を求めているのかが伝わらず、欲しい情報が集まらないことがよくあるため、現地の専門家を活用しながら、こちらから情報を取りに行くといった心構えで挑むことが必要になります。

[事業評価、企業評価が困難]

　買収対象企業が作成している事業計画のクオリティが低い場合が多く、ディスカウント・キャッシュ・フロー（DCF）法による事業価値評価が困難です。さらに、買収対象企業が、売却価格を引き上げるために、将来、達成困難な事業計画を提出する場合があるため、買収対象企業の作成した事業計画をもとに企業価値を算定する場合には注意が必要です。事業計画が実現可能であるかを代表者へのヒアリングを通じて、市場の動向なども含めて、慎重かつ念入りに確認し、場合によっては買収対象企業の作成した事業計画を使用するのが妥当かどうかを検討する必要があります。また、マーケットアプローチを用いた企業評価も、公開情報が限定されているため類似会社情報が少ないといった制約があります。

[資産の時価評価が困難]

　買収対象企業の保有資産として遊休資産や非効率な資産が存在していたり、所有権の不明な資産や、土地使用権の範囲について制限が付いている不動産があったりするため、資産の時価評価が困難な場合があります。

[**日本より高いEV/EBITDA倍率**]

　DCF法などで算定される企業価値には、新興国経済が高い割合で成長することが事前に織り込まれている場合が多く見られます。このことは、買収交渉の過程で時間をかけすぎると、交渉成立までにさらに高い買収価格になる可能性があることを意味しています。なお、現在のEV(企業価値)/EBITDA(利払前税引き前償却前利益)倍率は、日本では4〜5倍程度であるのに対して、成長性の高い新興国市場においては7〜12倍程度になります。

【日本国内のM&Aとの相違点一覧】

1	日本の法制度、税制度、会計基準との違い
2	複雑な規制への対応
3	交渉時間の長期化
4	困難なネゴシエーション
5	トップの意向による方向性の変化
6	内部情報へのアクセスが困難
7	曖昧な移転価格ポリシー
8	心理的な抵抗に対する対応
9	買収後の資金調達が困難
10	透明性の低さ
11	事業評価、企業評価が困難
12	資産の時価評価が困難
13	日本より高いEV/EBITDA倍率

クロスボーダーM&Aの実務概論

M&Aのプロセス

　M&Aの実行段階においては、「新興国におけるM&Aの留意点」で挙げた要素を十分に考慮し、できる限り迅速に取組む必要があります。意思決定に多大な時間を要した結果、経済情勢の変化によって条件の見直しを余儀なくされる事例も散見されます。

　本節では、タイムスケジュール策定の参考になるよう、M&Aの実行プロセスを解説します。

【M&Aの実行プロセス】

意思決定フェーズ
① M&A戦略の策定／取締役会の承認
② 対象企業の情報収集及び選定

初期交渉フェーズ
③ 買収対象企業／出資先企業との接触・打診
④ プレ・バリュエーション
⑤ 基本合意条件交渉、基本合意書（MOU）の締結

最終交渉フェーズ
⑥ デューデリジェンス・バリュエーション
⑦ 最終交渉および最終契約書締結の締結
⑧ 各種登記手続き

プロセスと各フェーズのポイント

■意思決定フェーズ

[M&A戦略の策定/取締役会の承認]

　トップマネジメントによる新市場への進出の意思決定プロセスにおいては、まず以下の項目を熟慮し、整理する必要があります。

　この段階では、目的・評価が定性的になりやすく、関係者の情報共有を阻害しがちです。各人の情報の理解に食い違いが起こると、社内に不要な軋轢が発生し、タイムスケジュールの大幅な見直しを余儀なくされます。できるだけ各項目を定量化して合理的な判断を可能にしていく努力が必要です。また、外部に対する情報の機密性の観点からもフィージビリティー・スタディー（事前の調査・検討）段階から外部のアドバイザーを活用し、情報を管理することも1つの手段です。

クロスボーダーM&Aの実務概論

　下記、当社が各項目を定量化する際にアドバイザーとして使用しているM&A検討ステータス段階での事例の1部です。

【M&A検討項目（例）】

No	項目	説明	条件
1	産業	自動車業界	グローバルな経験や技術があれば尚良いです。
2	事業	株式の保有	60%～100%
3	事業	グループポリシー	ビジネスと現顧客の成長をサポートし、全員がWin-Winの状況を達成できるよう、同じ経営陣、スタッフ、ポリシーを維持します。
4	事業	CEO退任	現代表が引き続き、継続する形が望ましい。ただし、継続しない場合、後継者のために社内および社外のリソースから新しいCEOを見つけること。
5	事業	先方提案メリット	グループの一員になってもらえれば管理部門および事業戦略など優れた経営と将来の成長を見込めます。
6	事業	取得後	グループファイナンス、国内と海外のグローバルネットワークを活用して、企業の事業計画をサポートしながら、最適な解決策を見つけて一緒に実行していきます。

No	項目	説明	条件
8	財務	取得サイズ	譲渡金額80億円までを考えています。
9	財務	購入価格	EBITDAマルチプルで10倍まで検討可能です。
10	財務	支払条件	純資産での算定による価格をイニシャルコストにて支払います。
11	財務	のれん	希望売却価格と純資産価格の差額は、5%アップまで一括払いします。それ以外の額はその会社の将来の利益連動で分割払いとするのが望ましいです。
12	財務	長期保有目的	保有した会社を売却することはありません。
13	財務	純利益	EBITDAベースで1億円以上。
14	財務	純利益%	EBITDA率で10%以上を安定的に維持している会社が望ましいです。
15	財務	資産	土地および自社工場を保有していること。
16	財務	売掛金	総売上高の15%未満の会社が望ましいです。
17	財務	在庫	総売上高の20%未満の会社が望ましいです。
18	財務	有形資産	純利益の50%未満の会社が望ましいです。
19	財務	無形資産	純利益の10%未満の会社が望ましいです。

また、海外事業担当、プロジェクトメンバーおよび外部アドバイザーの報告を受け、自社の市場参入目的に適う投資額・時期をトップマネジメントが取締役会にて承認します。このとき、自主的進出か、大手取引先などに追随しての進出かにより大きく条件は異なりますが、回収性の評価方法と撤退条件についても共有しておきます。

[**対象企業の情報収集**]

トップマネジメントの承認を受け、担当者はM&A戦略に沿う買収対象企業/ジョイント・ベンチャーパートナー候補の情報を、広範な情報ソースを利用して入手する段階に入ります。一般的に、経済環境の成熟した欧米や日本国内においては、業界団体・行政などのリストが既にあり、公開されていることも多いのですが、新興国においては、一般公開されている企業情報に利用可能な情報に制限があるため、企業自らが情報収集に当たる必要があります。また、経済環境の変化が激しいため、既存の情報が判断材料となりにくい例も見受けられます。特に黎明期にある業界においては、対象先を数多く挙げたロングリストが作成できない場合もあるので、リスト自体の情報精度にあまり神経質にならず、一定の割り切りのもとで絞り込みに入る必要があります。こうして対象企業を数社に絞ったショートリストが作成され、これを基にさらに現地情報の収集に当たることになります。

この際、一次情報の入手には公用語や現地語に堪能な担当者を確保することが必要です。担当者が現地に赴き裏付けを取ることも必要なコストと理解し、投資しなければなりません。

一方で、一定の情報を常にプールしている金融機関からは、多くの候補先の紹介を受けることがあります。ただし、選別が行われていないものも多く、自社の情報咀嚼能力が問われます。

他方、コンサルティング会社やM&Aアドバイザーの活用は一定のスクリーニングを経た情報のリストが入手できるほか、ローカライズされ判断をしやすい情報になっていることも多く、意思決定プロセスにおい

ては一定のメリットがあります。

第一次的情報源
- 既得の情報
- 競合他社、顧客、仕入先などへのインタビュー
- アドバイザー／専門家（ノンネームシートなど）

第二次的情報源
- 上場企業に関する公開情報
- 産業調査報告書
- インターネットの活用
- 産業刊行物

■ 初期交渉フェーズ

[買収および投資対象企業／との接触・打診]

　前述のショートリストを作成後、いよいよリスト上の企業と接触し、候補先の外国企業との買収／ジョイント・ベンチャーについての可能性を企業ごとに確認していきます。

秘密保持契約書（NDA）

　交渉の初期においては、会社名を伏せて匿名での接触も可能ですが、候補先に買収／ジョイント・ベンチャーに関して交渉の余地がある場合は、秘密保持契約を締結し、公開情報を提示して交渉に当たります。

自社情報の開示

　秘密保持契約締結後は、最低でも会社規模、事業内容、会社の物的基盤、株主構成、沿革、M&Aによる進出の目的を記載したレジュメを用意し、まず自社の意思を相手に表明して打診します。

交渉手順の明示

　一般的に候補先との交渉開始に当たっては、秘密保持契約書の締結に始まって、一連の交渉手順をあらかじめ明示します。これは、交渉が進むにつれて候補先との手順やタイムスケジュールが合わなくなり、交渉が頓挫するのを避けるためです。

M&Aアドバイザーの存在

　交渉フェーズにおいては、機動力のあるM&Aアドバイザーの存在が重要です。一般に日本企業が現地の文化まで理解し、言語能力・交渉能力に長けた人材を保有している例は稀であり、交渉人の選定に苦慮している状況が多く見受けられるからです。さらに、同族企業が多く売却・資本参加に理解のあるオーナーが少ない新興国においては、M&Aアドバイザーはローカル・ルールに精通し、同時に複数の機会を活用して、機会損失を防ぐメリットも提供してくれます。

[**プレ・バリュエーション**]

　候補先との接触・交渉において、両者のプロセス進行への意思確認ができれば、買収企業は簡易的なデュー・デリジェンス（DD）およびバリュエーションを実施し、買収候補先の実態およびM&A後の将来を見極める必要があります。

[**意向表明書（LOI）の提出／基本合意書（MOU）の締結**]

　プレ・バリュエーション結果を踏まえた買収価格の基本的考え方を双方で確認し、M&A実行の意思表示を通常まずは買い手側から行います。その際に提出される意思表示の文書を意向表明書（LOI：Letter Of Intent）といいます。その後、意向表明書を受領し、売り手側との基本的条件やスケジュールなどを詰め、双方の基本的な合意を示した書面を基本合意書（MOU）として契約を交わします。

記載内容は以下のとおりです。

【MOU記載内容例】

1	スキームの概要（Transfer Scheme）
2	買収価格（Purchase Price）
3	重要な買収条件 （Significant Purchase Conditions）
4	スケジュール（Schedule）
5	秘密保持義務（Duty of Confidentiality）
6	表明・保証 （Representations and Warranties）
7	重要論点の合意形成 （Consensus building on Key Issues）
8	独占交渉権の設定 （Establishment of Exclusive Rights）
9	デュー・デリジェンスの範囲（Due Diligence）

　当該MOU以前に得た情報が事実に反する場合には、提示側の表明・保証違反となり相手側による当該契約の解除や損害賠償などの請求を可能とする補償条項が規定される場合があります。この規定は買収・売却双方に適用されるため、株式交換によるM&Aの場合には、株式の値下がりリスクを回避したい売却側が買収側に現在から将来に渡る事業内容と成長性に関する表明・保証を要求できます。表明・保証の対象となる事項は、株式譲渡契約の場合、買収対象企業の株主関係、財務状況、保証債務、訴訟の係属などがあります。

デュー・デリジェンスの範囲
　財務・税務、ビジネス、法務、人事、IT、知的財産、環境などの案件ごとに、着目するポイントはさまざまあるため、案件に応じてデュー・デリジェンスを行う領域を設定しておきます。

情報統制
　両社間の交渉については、最終契約書の取り交わしまでは交渉の当事

者を固定し、他言の禁止を課して交渉を進めます。株主・従業員・金融機関・取引先などのステークホルダーへの情報公開については、その時期・方法・公開内容について、両社間で設定しておきます。

優先（独占）交渉権の制定

　M&Aの交渉においてはデュー・デリジェンスなど、多くの時間と費用を伴うため、同時期に複数の買収企業が参加すると経済的損失が大きくなります。この交渉期間中の他者参入リスクを回避するため、第三者への条件交渉の禁止を含む優先交渉権の規定を設ける場合があります。

■最終交渉フェーズ

［ デュー・デリジェンス、バリュエーション ］

　LOIの締結後、デュー・デリジェンスおよびバリュエーションを行い最終条件を作成します。デュー・デリジェンスの目的は、ターゲット企業について詳細な調査を行うことで、M&A取引にかかわるさまざまなリスク要因を事前に特定・評価し、対応策を考えることです。

　通常、M&A取引の初期段階において、買い手は情報量に関して、売り手より不利な立場にあります。しかし、デュー・デリジェンスを通して収集した情報によって、初期調査で算定した企業価値評価の正確性の検証、リスク評価による買収価格低減、交渉上の立場の改善などの利益を得ることができます。

　ターゲット企業を取り巻くリスク要因は幅広く、財務、税務、法務を中心にその他、環境、ビジネス、人事、ITなどの観点からデュー・デリジェンスは行われます。

　買収/ジョイント・ベンチャー設立の際に一般的にデュー・デリジェンスの対象となる項目は下記図のとおりです。基本的には、財務税務DDおよび法務DDは必ず行うことをお勧めします。

クロスボーダーM&Aの実務概論

【デュー・デリジェンスの典型的な調査対象リスト】

1	株主
2	異常な取引などの有無
3	コーポレート・ガバナンス
4	内部統制システム
5	収益および収益獲得手法のクオリティ
6	資産／負債および運転資金の管理のクオリティ
7	一般会計原則
8	税務上の問題
9	法令整備状況などの環境

　また、この段階で最終的なバリュエーションを行います。

　バリュエーション（企業価値評価）とは、「企業または事業の価値を評価し、適正価格を算定する作業」のことです。企業価値評価のアプローチとしては、「マーケットアプローチ」「インカムアプローチ」「コストアプローチ」の3つの方法が一般的に用いられます。企業価値を的確に把握するためには、複数の方法を用いて多面的に評価することが有用であるといえます。

[**最終交渉および最終契約書締結**]

　デュー・デリジェンスに基づき、最終的な詳細条件が双方合意のもと整理されます。このとき買収側が最終契約書（DA：Definitive Agreement）のドラフトを作成し、売却側に提示します。最終契約書とは、株式譲渡がある場合は株式譲渡契約書を指します。M&Aでの最終契約書の主項目は次のとおりです。

【最終契約書（DA）の主な記載項目】

1	定義
2	取引対象物の特定
3	クロージングの前提条件
4	クロージング内容
5	表明および保証
6	誓約事項
7	補償
8	解除
9	雑則

■ 統合後の人事の重要性

　M&Aには多くの不確定要素が伴います。そして、その不確定要素は社員の職業安定性の問題に結び付き、合併後の社員のモラル低下を導く恐れがあります。一般に、M&Aの8割がM&A後に少しの価値も生み出せず、むしろ合併前の企業価値の半分以上を失っているといわれています。こうした状況を避けるために、注意すべき点は次のとおりです。

[**人事的要素**]

　定量的に評価できる財務分析、経済分析などに注目が集まりがちですが、むしろ、定性的に評価されることが多い人事的要素が、M&Aの成功に重大な影響を与えている場合が多いです。

[**心理的要素**]

　M&Aに伴う職場環境・仕事の変化、管理体制、同僚との関係、そして、ヒエラルキーの変化は社員に大きなストレスをもたらします。また、M&Aは社員がこれまで社内で担当し、積み重ねてきた仕事を失い、今後のキャリアプランを再考させられるきっかけにもなり、これらが続くと、社員の会社変革に対する抵抗、会社に対する貢献度合いへの著しい低下などが表面化することになります。

クロスボーダーM&Aの実務概論

[**文化的要素**]

　文化的なギャップはM&Aを失敗に導く大きな原因の1つです。これは、社員の帰属意識の低下を招き、M&A後の組織作りにおいて大きな障害となります。文化的な違いは双方の会社の文化的多様性に根ざしているので、これらを理解することがM&Aを成功させるための鍵となります。

バリュエーション（企業価値評価）

　バリュエーション（企業価値評価）とは、「企業または事業の価値を評価し、適正価格を算定する作業」のことです。企業価値評価のアプローチとしては、「マーケットアプローチ」「インカムアプローチ」「コストアプローチ」の3つの方法が一般的に用いられます。企業価値を的確に把握するためには、複数の方法を用いて多面的に評価することが有用であるといえます。

【バリュエーションの3つの手法】

	マーケットアプローチ
1	財務上の細かい情報などが入手しずらい場合や、比較的容易にバリュエーションを行う場合に使用
	インカムアプローチ
2	詳細な財務情報や事業計画などを入手できる場合に使用する方法より将来的な投資メリットなどを算定できるが計算が煩雑となる
	コストアプローチ
3	現状の財務状態から試算する方法市場の変化が大きい新興国のM&Aではあまり使用されない

■事業価値、企業価値、株主資本価値

　企業には、事業価値、企業価値、株主資本価値の3つの価値が存在します。事業価値とは、ある事業から創出される価値のことをいいます。貸借対照表上の純資産価値だけでなく、貸借対照表に計上されない無形資産や知的財産を含めた価値のことです。後述する各種評価法を使用して、評価されるべきものです。

　この事業価値に、非事業用資産と非事業用負債を加えたものが企業価値です。非事業用資産と非事業用負債は、事業に直接使用されるものではないため、時価によって評価されます。非事業用資産には、遊休資産や余剰資金などがあります。さらに、この企業価値から純有利子負債を

除いたものを株主資本価値といいます。純有利子負債は、有利子負債から余剰現預金を除くことによって算定されます。

■マーケットアプローチ

　マーケットアプローチとは、実際のマーケットで取引されている株式の価格を直接または間接的に使用して株主資本価値を評価する方法です。主に市場株価法、類似上場会社法、類似取引法の3つに分けられます。この方法は、後述するDCF法（インカムアプローチ）のように多くの財務分析を必要とせず、ファイナンスの専門知識がなくとも、比較的容易に実施できます。

[**市場株価法（株式市価法）**]

　市場株価法は、上場企業に対して用いる評価方法です。株式市場で取引された株価の一定期間の平均値を使用して、一株当たりの株主資本価値を算定します。

　実際のマーケットで取引されている株式の価格は、投資家のさまざまな視点が反映された価格であると考えられるため、一般的に客観性の高い評価方法であるといえます。

[**類似上場会社法（倍率法、乗数法、マルチプル法）**]

　類似上場会社法とは、上場企業の市場株価を使用して、非上場企業の

株主資本価値（または事業価値）を算定する方法です。

算定手順としては、まず評価対象企業と類似する上場企業を複数選定します。その後、選定企業の株式時価総額（または事業価値）を財務数値（経常利益、売上高など）で除して株価倍率を算定します。そして、その株価倍率を評価対象企業の財務数値に乗じて株主資本価値（または事業価値）を算定します。株価倍率は、株式時価総額に対する株価倍率と、事業価値に対する株価倍率の2つに分けることができます。事業価値は、株式時価総額に少数株主持分と有利子負債を加算して、そこからさらに現預金と非事業用資産を減算することで算定できます。

株式時価総額に対する株価倍率の算定には、財務数値として経常利益、当期純利益、簿価純資産を使用します。これは、経常利益と当期純利益は、株主資本ではない有利子負債の利息支払を控除した後の利益であり、株主にとっての利益を表しているためです。簿価純資産額は会計上の株主の持分を表しています。

事業価値に対する株価倍率の算定には、財務数値として売上高、EBIT、EBITDAなどを使用します。これは、売上高、EBIT、EBITDAなどが、営業外損益である支払利息や受取利息を含んでいない、事業が生み出す収益力を表しているためです。

市場株価法と同様に、実際のマーケットで取引されている株式の価格を使用するため、客観性の高い方法といえます。

【主なマルチプル法の計算方法】

EV/EBITDA倍率	企業価値（EV）÷EBITDA（利払い,税引き、減価償却前利益）
EV/EBIT倍率	企業価値（EV）÷EBIT（利払い,税引き前利益）
売上高倍率	企業価値（EV）÷売上高
PBR	株式時価総額÷簿価純資産
PER	企業価値÷売上高

クロスボーダーM&Aの実務概論

【EBIT/EBITDA類似上場会社法計算例】

(単位：100万円)	類似公開会社				
	A社	B社	C社	D社	E社
①事業価値	10,000	25,000	54,000	42,000	38,000
②EBIT	2,500	4,000	6,000	5,000	7,000
③EBITDA	2,800	6,000	9,000	5,600	10,000

						平均値
④株価EBIT倍率 (①÷②)	4.0	6.3	9.0	8.4	5.4	6.6
⑤株価EBITDA倍率 (①÷③)	3.6	4.2	6.0	7.5	3.8	5.0

(単位：100万円)	評価対象会社
⑥評価対象会社のEBIT	1,400
⑦評価対象会社のEBITDA	1,900
⑧EBITによる評価額 ④×⑥（1,400×6.6）	9,262
⑨EBITDAによる評価額 ⑤×⑦（1,900×5.0）	9,514
⑩評価対象会社の事業価値 ⑧，⑨の平均値	9,262～9,514

[類似取引法（類似取引批准法）]

　類似取引法とは、類似する株式取引事例を使用して株価倍率を算定し、その株価倍率を対象企業の財務数値に乗じて株式価値を算定します。M&Aに関するデータを正規に収集する組織・機関が存在しないことから、一般的に利用できる可能性は少ないと考えられます。

■ インカムアプローチ

　インカムアプローチとは、将来生み出される利益やキャッシュ・フローに基づいて企業を評価する方法です。代表的な方法としてエンタープライズDCF（Discounted Cash Flow）法、その他にエクイティ・キャッシュ・フロー法、収益還元法、配当還元法、調整現在価値法などがあります。

[エンタープライズDCF法]

　エンタープライズDCF法とは、事業によって生み出されるフリー・キャッシュ・フローを株主資本と負債の加重平均資本コスト（WACC：Weighted Average Cost of Capital）で割引くことによって、現在の事業価値を算定する方法です。

　フリー・キャッシュ・フローとは債権者と株主に分配可能なキャッシュ・フローのことをいい、以下のような式で算定できます。

フリー・キャッシュ・フロー
EBIT×（1－法人税率）＋減価償却費－（設備）投資など±運転資本増減額

　加重平均資本コスト（WACC）とは、債権者と株主が評価対象企業に求める期待投資利回りの加重平均値のことをいい、以下のような式で算定できます。

WACC
株主資本比率Ⓐ×株主資本コストⒸ＋負債比率Ⓑ×負債コスト×（1－実効税率）

　株主資本比率および負債比率はそれぞれ以下のように算定できます。

Ⓐ株主資本比率＝株式時価総額／（株式時価総額＋純有利子負債）
Ⓑ負債比率＝純有利子負債／（株式時価総額＋純有利子負債）

　株主資本コストは一般的にCAPM理論（Capital Asset Pricing Model）を用いて算定することが多いと考えられます。CAPM理論とは数理ファイナンスにおける数理モデルの1つで、リスク資産の均衡市場価格に関する理論です。市場が均衡している状態では、リスク負担に見合うリターンを得ることができることを、理論的に明らかにしたものです。

株主資本コストはCAPM理論を用いて、以下の式で算定できます。

ⓒ **株主資本コスト**
リスクフリーレート＋エクイティ・リスクプレミアム×ベータ値

　リスクフリーレートとは、リスクをほとんど負うことなく得ることのできる利回りのことで、長期国債の利回りを用いて推定することが一般的です。エクイティ・リスクプレミアムとは、もし株式市場全体に投資しようとした場合、投資家がリスクフリーレートに追加して求める期待投資利回りです。実務上、日本では4～6％前後の数値が用いられることが多いです。ベータ値とは、評価対象企業の株式に対する投資が、株式市場全体に対する投資と比較して、どれだけリスク（ボラティリティ）があるかを表す係数です。算定方法としては、上場企業の場合は対象企業のベータ値を用いる方法、非上場企業の場合は上場している類似企業のベータ値を用いる方法が考えられます。また、実務においては、エクイティ・リスクプレミアムとベータ値には反映されていない追加のリスクプレミアムを考慮する場合があります。特に、新興国へのクロスボーダーM&Aにおいては、新興国固有のリスクプレミアムを考慮する必要があります。

　エンタープライズDCF法によって算定した事業価値に非事業用資産負債の価値を加算することで、企業価値を算定できます。

[**エクイティ・キャッシュ・フロー法**]
　エクイティ・キャッシュ・フロー法とは、株主に帰属するキャッシュ・フローを株主資本コストで現在価値に割引くことによって、株主資本価値を直接算定する方法です。金融機関など、ファイナンスに関連のある事業を行う企業の価値評価には、原則としてエクイティ・キャッシュ・フロー法を使用します。

[**収益還元法**]

　収益還元法とは、将来の予想収益を永久還元することによって株主資本価値を算定する方法です。評価対象企業に事業計画がない場合に使用することがあります。

クロスボーダーM&Aの実務概論

【エンタープライズDCF法計算例】

(単位：100万円)	計画	2024年度	2025年度	2026年度	2027年度	2028年度
①EBIT		3,000	3,400	3,800	4,500	6,000
②法人税等（減算）		900	1,000	1,200	1,300	1,800
③EBIAT（1-2）		2,100	2,400	2,600	3,200	4,200
④減価償却費（加算）		800	1,000	1,300	1,700	2,200
⑤設備投資（減算）		1,000	1,000	1,500	2,000	2,500
⑥運転資本の増減 （増加：減算、減少：加算）		100	200	300	500	800
⑦フリーキャッシュフローFCF （③+4-5-6）		1,800	2,200	2,100	2,400	3,100

⑧加重平均資本コスト WACC	8%					
⑨現価係数（$1 \div (1+⑧)^n$） （nは経過年数）		0.9259	0.8573	0.7938	0.735	0.6806
⑩FCFの割引現在価値（⑦×⑨）		1,667	1,886	1,667	1,764	2,110

⑪継続成長率（計画期間以降のキャッシュフローの成長率として設定）	4%
⑫永続価値（⑩計画期間最終年度のFCF×(1+1)÷(8-6) ※7	80,600
⑬永続価値の現価係数（$1 \div (1+⑧)^n$）（nは計画期間の年数、今回の例ではN＝5）	0.6806
⑭永続価値の現在価値	54,856

⑮事業計画期間の現在価値の合計（⑩の計画期間合計）	9,094
⑯事業価値（⑭＋⑮）	63,950

※さらに非事業用資産（加算）や有利子負債（減算）を行い、株主資本価値を導出する

■ コストアプローチ

　コストアプローチとは、企業の純資産額を基準に株主資本価値を評価する方法であり、「簿価純資産法」と「時価純資産法（修正純資産法、修正簿価純資産法）」の2つがあります。

［ 簿価純資産法 ］

　簿価純資産法とは、貸借対照表における簿価純資産額を基準に株主資本価値を評価する方法です。会計上の帳簿価格を基準とするため、客観性に優れています。しかし、各資産の簿価と時価は乖離していることが多いため、簿価純資産法を企業価値評価に使用することは、一般的に少ないと考えられます。

［ 時価純資産法（修正純資産法、修正簿価純資産法） ］

　時価純資産法（修正純資産法、修正簿価純資産法）とは、貸借対照表における資産負債を時価で評価し直して純資産額を算定し、株主資本価値を算出する方法です。時価純資産法と修正純資産法、修正簿価純資産法は厳密な定義はありませんが、すべての資産負債を時価評価し直す方法を時価純資産法、主要な資産負債のみを時価評価し直す方法を修正簿価純資産法と呼ぶのが一般的なようです。ただし、すべての資産負債を時価評価することは困難であることから、通常、実務では修正簿価純資産法を使用します。

　時価には、主に再調達原価と処分価額があります。時価純資産法では、原則として再調達原価を使用します。再調達原価は、新規に事業を開始した場合と同じ価値を算定するという考え方です。事業が継続するという性質（M&A）を踏まえ、再調達原価を使用することが目的に沿うと考えられます。ただし、解散や売却を前提とする場合や事業の継続に関係のない非事業用資産負債の場合は、処分価額を使用するのが妥当です。

【修正簿価純資産法計算例】
評価対象企業の貸借対照表

		簿価	含み損益	修正残高
流動資産				
	現預金	800		800
	棚卸資産	1,200	▲100	1,100
	売掛金	600	▲50	550
	その他	500		400
	計	3,000	▲150	2,850
固定資産				
	土地	600	250	850
	建物	900		900
	機械	1,100		1,100
	無形固定資産	200	70	270
	投資有価証券	100	▲50	50
	計	2,900	270	3,170
資産計		5,900	120	6,020

		簿価	含み損益	修正残高
流動負債				
	買掛金	600		600
	未払金	200	100	300
	短期借入金	470		470
	その他	100		100
	計	1,370	100	1,470
固定負債				
	長期借入金	2,000		2,000
	長期性引当金	700	200	900
	その他	0	300	300
	計	2,700	500	3,200
負債計		4,070	600	4,670
純資産				
	株主資本	1,830	▲480	1,350
負債・純資産計		5,900	120	6,020

■ 新興国クロスボーダー M&A 特有の論点

　日本国内と新興国での企業価値評価の方法論は基本的には変わりませんが、新興国特有の論点としては、カントリーリスク、会計基準、割引率の算定方法が考えられます。これらを考慮するため、インカムアプローチにおけるフリー・キャッシュ・フローやWACCの算定は、国内での企業価値評価と比べて、複雑な作業になると考えられます。

[カントリーリスク]

　新興国には、資本市場のボラティリティの高さ、マクロ経済、政治環境などが引き金となる、その国固有のリスクがあります。これらを総称してカントリーリスクと呼びます。カントリーリスクを企業価値に反映する方法として、カントリーリスクが実際に実現することを想定して予想キャッシュ・フローに反映させる方法とカントリーリスクプレミアムとして割引率（WACC）に上乗せする方法があります。

[会計基準]

　クロスボーダー M&Aでは、財務諸表の互換性や信頼性に留意が必要です。必ずしも監査を受けた財務諸表が入手できるとは限らず、また、国によっては会計基準が整備されていないため、たとえば、リース取引やデリバティブ取引などが、簿外に存在する可能性があります。当該国の専門家と協力してデュー・デリジェンスを行うことで、このようなリスクを回避することが重要です。

[割引率の算定方法]

　エンタープライズDCF法によって企業価値評価をする際、まず予測事業計画から将来フリー・キャッシュ・フローを求め、それをWACCで現在価値に割り引いて企業価値を算定することが一般的です。

　株主資本コストを算定する際に用いるCAPMには、主にグローバルCAPMとローカル・マーケットCAPMがあります。グローバルCAPM

がグローバル市場の各種データ（リスクフリーレート、株価指数、ベータ値など）を使用するのに対して、ローカル・マーケットCAPMでは対象企業の所属国のデータを使用します。

通常、予測事業計画は現地通貨建で作成されることが多く、その場合、現地のデータを利用したローカルCAPMに基づくWACCにより割り引けば、現地通貨ベースの企業価値が算定されます。これを自国通貨に換算する場合も、スポットレートに基づく換算でよく、特殊なレートは用いません。

しかし、新興国のデータは、資本市場の未成熟に伴うデータの信頼性の低さやそもそも該当する市場データがないなどといった要素から、合理的な資本コストの算定が困難であるという弱点があります。

そのため、グローバルCAPMを基にしたWACCを用いる場合があります。通貨の信頼性の高いUSドルベースのリスクフリーレートやMSCIインデックスなど、より信頼性の高い株価指数データにより算定したグローバルCAPMに基づく株主資本コストをベースにしたWACCにより割り引きます。ただし、割引率には対象国のカントリーリスクプレミアムを上乗せする必要がある他、現地通貨建の事業計画をUSドル建に換算する際には、現地通貨の対USドルフォワードレートに基づくなどの注意点があります。

デュー・デリジェンス (Due Diligence)

デュー・デリジェンスの目的は、ターゲット企業について詳細な調査を行うことで、M&A取引にかかわるさまざまなリスク要因を事前に特定・評価し、対応策を考えることです。

通常、M&A取引の初期段階において、買い手は情報量に関して、売り手より不利な立場にあります。しかし、デュー・デリジェンスを通して収集した情報によって、初期調査で算定した企業価値評価の正確性の検証、リスク評価による買収価格低減、交渉上の立場の改善などの利益を得ることができます。ターゲット企業を取り巻くリクス要因は幅広く、財務、税務、法務を中心にその他、環境、ビジネス、人事、ITなどの観点からデュー・デリジェンスは行われます。

■ 財務デュー・デリジェンス

財務デュー・デリジェンス（以下、財務DD）の目的は主に以下の2つになります。

①財務上のリスクを定量的に把握すること
②企業価値評価の基礎となる情報を取得すること

財務DDを実施するに当たり、通常はチェックリストと呼ばれる調査資料のリストを基に、ターゲット企業から調査資料を入手します。下図はチェックリストの一例です。

クロスボーダーM&Aの実務概論

【財務DDチェックリスト一覧】

項目名	No	資料名
会社概要	1	会社案内資料
	2	年次報告書
	3	会社組織図
	4	従業員配置図
	5	経営陣および主要社員の経歴
	6	労使関係の状況
	7	主要顧客リストおよび各社との取引状況および契約書
	8	主要顧客との間で、特殊な取引条件の取り決め、インセンティブ、リベートなどがあればその詳細がわかる資料
	9	主要仕入先リストおよび各社との取引状況および契約書（特に、価格改定の考え方がわかる情報）
	10	長期購入契約、大量値引きなどの取り決めがある場合には、その詳細がわかる資料
	11	主要業務委託先リストおよび各社との取引状況および契約書
	12	外部との技術提携・業務提携の状況および契約書
	13	定款
	14	登記簿謄本
	15	会社規則類（就業規則、給与賞与規程、退職金規程、その他主要なもの）
	16	株主総会議事録
	17	取締役会議事録
	18	会計士による監査報告書
	19	税務監査報告書
	20	株式および株主の状況に関する資料
事業戦略・財務情報	21	最新の事業戦略の説明資料
	22	財務情報
	23	損益計算書
	24	貸借対照表
	25	キャッシュ・フロー計算書
	26	設備投資・減価償却スケジュール
	27	借入・返済スケジュール
	28	資金調達計画
	29	営業推進計画
	30	人員計画
	31	その他の関連する予測
	32	上記財務情報の詳細な前提・説明資料（特に、原材料価格・販売価格見通しとその根拠など）
	33	設備投資計画の詳細

会計・税務	34	主要な会計方針
	35	実績財務諸表
	36	損益計算書
	37	貸借対照表
	38	キャッシュ・フロー計算書
	39	勘定科目明細
	40	製造原価明細（原価計算規程とも）
	41	販管費明細
	42	営業外損益・特別損益項目の内容が把握できる資料
	43	事業・部門別の売上高、原価、販管費内訳、減価償却費
	44	売上高の明細
	45	売上値引、返品、支払リベート、受取リベートなどの発生金額
	46	従業員の役職別平均賃金
	47	計画（予算）・実績比較分析資料
	48	月次試算表もしくは月次決算書
売掛金	49	売上債権の明細
	50	事業別、主要取引先別、販売チャネル別、品目別、回収期日別など
	51	滞留債権の相手先別明細、滞留年齢調べ表、滞留売掛金の回収可能性検討資料
	52	主な得意先の回収条件などの一覧（締日、起算日、サイト）および各社との年間取引高、取引内容
	53	貸倒引当金の計算資料および過去の貸倒実績の明細
	54	債権譲渡・ファクタリングを実施している場合、残高推移、割引料、契約書およびその他関連資料
関係企業間取引	55	株主、役員および株主・役員が支配する会社との取引内容・取引条件・取引高・債権債務の一覧
	56	関係会社との取引内容・取引条件・取引高・債権債務の一覧
在庫	57	棚卸資産の明細（事業別、製品別など）
	58	滞留在庫の定義、評価損および除却損の計上ルールがわかる資料
	59	滞留在庫の品目など別の処分実績
貸倒引当金	60	引当金の計上基準
	61	過去の債権種類別の貸倒実績
固定資産	62	有形固定資産明細（事業所別、事業部門別）
	63	建物および土地の時価評価資料
	64	（該当事項がある場合）担保提供の状況
	65	近年実施した再評価または減損に関する資料
投資有価証券など	66	有価証券、投資有価証券、関係会社株式、出資金の明細
	67	購入が義務付けられる契約（長期購入契約など）の内容（相手先、期間、金額など）および契約書原本

クロスボーダーM&Aの実務概論

	68	すべての借入金について、金融機関、元本、利率、返済日、担保、財務制限条項など
有利子負債	69	すべての融資契約書および返済スケジュール
リース契約	70	すべてのリース契約明細および返済スケジュール
その他	71	（該当事項がある場合）簿外債務の内容・額未収金、差入保証金、預り保証金の明細
	72	（該当事項がある場合）保証債務明細
退職金制度	73	退職給付制度の概要が把握できる資料
	74	退職給付引当金の計算資料 （未認識項目の償却スケジュールも含む）
	75	年金資産の時価評価書
税金関連	76	税務申告書および関連・添付資料一式
	77	申告書作成の基礎資料、税務調整項目算定のワーキングペーパー
	78	未納の税金の有無、ある場合には金額と未納理由
	79	繰越欠損金の有無、ある場合にはその内訳
	80	税務当局と訴訟、審査請求または討議中の問題点の有無、ある場合はその内容
	81	税務当局と税務上特別の取扱を合意した事項の有無、ある場合はその内容
	82	節税スキームを採用または過去にしていた場合にはその内容

[**財務リスクに関連する調査項目**]

財務リスクに関連する主な調査項目としては、貸借対照表、損益計算書、キャッシュ・フロー計算書の3つが挙げられます。

[**貸借対照表分析**]

貸借対照表に関連するリスクとしては、純資産が実態を表していないリスク、コベナンツ（資金調達時に出資者から課される契約上の義務・制限などの特約）に抵触している場合や、債務超過に陥っている場合は財務安定性に関するリスクが挙げられます。調査項目としては、資産の過大計上（含み損益、回収可能性の低い債権など）、負債の過少計上、簿外債務、偶発債務などがあります。

[損益計算書分析]

　損益計算書の分析は主に、企業価値評価の基礎となる情報を入手するために行います。そのために、事業別損益構造などの詳細を把握し、策定している事業計画と過去の損益計算書の情報との間に一連の合理性があることを確認します。

[キャッシュ・フロー計算書分析]

　キャッシュ・フロー計算書では、資金繰りが間に合わなくなるリスクを回避するために、事業に必要な資金を把握します。調査項目としては、過去の資金収支実績、運転資本の月次推移、過去の設備投資および将来の設備投資計画、借入金・社債の返済条件の把握などが挙げられます。

[企業価値評価の基本情報に関する調査項目]

　主要な調査項目としては、企業価値に関連するエンタープライズDCF法で使用するキャッシュ・フロー（収益力、運転資本、設備投資）、ネットデット、時価純資産法に関連する時価純資産があります。

[収益力分析]

　財務DDにおける収益力分析では、過去実績（閉鎖事業や異常値など）に調整を加えることによって、ターゲット企業本来の実力を把握し、エンタープライズDCF法で使用する事業計画のベースとなる数字を明らかにします。さらに、ターゲット企業の管理会計資料をベースに収益性について、事業別、製品別、顧客別、地域別など多角的な視点から分析します。

　その後、上記分析をもとに、単独で事業を行った場合の調整、M&A後の統合効果（シナジー）の検討を行います。

[運転資本分析]

　エンタープライズDCF法に使用するフリー・キャッシュ・フローは

クロスボーダーM&Aの実務概論

EBITDAに運転資本の増減を加算して、設備投資額を除くことによって算定するため、運転資本は企業価値に影響を及ぼす項目となります。対象企業のビジネス環境などに応じた、正常な運転資本水準を把握することが目的です。分析項目には、貸倒懸念債権、過剰・陳腐化在庫、季節性、資金繰り、手元現預金などが挙げられます。

[設備投資分析]

設備投資は、収益拡大のために新たな工場や店舗に投資する成長投資と、設備の老朽化を防ぐために行う更新投資の2つに分類できます。たとえば、買収後に多額の更新投資が必要となる場合は、事業計画に加えることによって、エンタープライズDCF法によって算定される企業価値に反映させます。

[ネットデット分析]

エンタープライズDCF法では、フリー・キャッシュ・フローを現在価値に割り引いて算定した事業価値に、余剰現金と非事業用資産を加えて、有利子負債を除いて買収価格を算定します。

ネットデット分析では、非事業用資産の時価情報を入手し、有利子負債と同等のもの（流動化債権、リース債務、退職給付債務など）を特定します。また、偶発債務や臨時損失を特定し、将来キャッシュ・フローに反映させます。

[時価純資産分析]

時価純資産法で企業価値評価を行う場合、貸借対照表の資産・負債項目の時価評価を行います。分析では、有価証券、不動産、債権、棚卸資産などの時価情報を入手します。

■ 税務デュー・デリジェンス

税務デュー・デリジェンス（以下、税務DD）の目的は、大きく以下

の3つに分けられます。

　①潜在的な税務リスクの把握
　②税効果の高い買収スキームの策定
　③買収後の統合戦略の策定

　税務DDの実施によって事前に税務リスクを把握することで、リスクをヘッジすることが可能となります。税務リスクがM&Aを中止するほど大きなものでなければ、買収価格への反映や買収条件の変更によってリスクヘッジするのが一般的です。

　リスクが金額で定量化できる場合は買収価格へ反映します。リスクの定量化が難しい場合や交渉上の理由でリスクの買収価格への反映が難しい場合は、契約書の中に、売り手による表明・保証条項を入れることを検討します。これにより、買収後に潜在的な税務リスクが顕在化した場合は、売り手に顕在化した額の賠償を求めることができます。

　また、ターゲットの詳細な税務情報を入手することは、買収スキーム、買収後の統合戦略を考える上で重要な情報となります。特に買収価格が高ければ高いほど、税務インパクトは無視できないものになり、投資資金の回収に大きな影響を与えます。

［ 調査範囲・項目 ］

　税務DDの調査範囲を決定する際は、税目、事業年度、子会社を含むかどうか、金額の重要性基準、調査手続などを考慮します。

　調査対象税目は、影響額の大きい法人税や関節税（消費税など）を主な対象とするのが一般的です。事業年度については、直近以前3〜5年など一定の期間を定めてDDを行いますが、期間については必要に応じて決定します。

　クロスボーダーのM&Aの場合、各国の税制について深い専門知識を持つ税務プロフェッショナルのサポートが不可欠となります。仮にグ

クロスボーダーM&Aの実務概論

ループ会社が各国に存在する場合は、国ごとに調査範囲・項目を検討することが重要です。

[**調査に必要な資料**]

税務DDでは主に以下のような資料が必要となります。
- 有価証券報告書、適時開示書類、企業調査会社の報告書など
- 税務申告書と申告書の添付書類
- 直近の税務調査に係る更正通知書
- 過去に課税当局に対して提出した書類一式
- 株主総会議事録、取締役会議事録など

[**クロスボーダーM&A特有の留意点**]

クロスボーダーM&A特有の留意点としては、主に次の4つがあります。

①移転価格税制

移転価格税制とは、国外関連者との取引に伴う他国への所得の移転を防止することを目的とする税制です。ターゲットが関連会社との間で関係会社間取引を行っている場合には、その取引に関する移転価格ポリシーが適正であるかを検討します。ターゲットが所在する国が、取引価格の設定に関する文書を作成することを義務付けている場合は、ペナルティが課される可能性があります。

②タックス・ヘイブン税制

タックス・ヘイブン税制とは、特定外国子会社が留保した利益のうち、内国法人が保有するその子会社株式の保有割合に対応する部分の金額を、日本で合算課税しようとする制度です。M&A後に、ターゲットが特定外国子会社に該当するか否かによって、適用される実効税率が変動し、投資資金の回収に影響を与えるため、留意が必要となります。

③キャピタル・ゲイン課税

キャピタル・ゲイン課税とは、M&A後にターゲットの株主が変更された場合、ターゲットの子会社株式が譲渡されたものとみなされ、ターゲット子会社が所在する国で所得税が課税される制度です。

④繰越欠損金の利用制限

M&A後において、繰越欠損金の利用の可否は、投資資金の回収に大きな影響を与えます。クロスボーダーM&Aにおいて、国によっては所得の種類が異なる場合に損益通算ができない国や、支配株主が変更することによって繰越欠損金の利用を認めない国があります。

■ 法務デュー・デリジェンス

[目的]

法的リスクの把握

法務デュー・デリジェンス（以下、法務DD）を行う主な目的は、対象企業において、M&A取引自体の障害となる法的問題が存在しないか、M&A後の事業に支障をきたす法的問題が存在しないかなどの法的リスクを洗い出し、その重大性を評価し、改善点を指摘することにあります。

法的リスクには、当該国の事情などに即して取るに足らないと評価されるもの、定量的評価が可能で買収価格に織り込むことが可能なもの、定量的評価が困難なため当事者の契約により負担者を定めるべきものなどさまざまありますが、修復不可能かつ重大な問題が発見された場合には、M&A取引自体を打ち切らざるを得ない場合もあります。

必要な手続の把握

想定するスキームごとに必要となる手続が異なるため、問題となる書面や規定を確認する必要があります。たとえば、株式譲渡を想定している場合には定款における株式譲渡制限や株券発行の規定など、事業譲渡を想定している場合には対象となる資産や重要な契約、許認可の有無な

クロスボーダーM&Aの実務概論

どが主な確認事項となります。

　また、M&A後の手続がスムーズに行われるよう、現状で足りない許認可、新たに必要となる許認可などを把握しておかなければなりません。さらに、前述した法的リスクの把握により判明した修復可能な法的問題についても、M&A後、速やかに改善できるよう、手続を把握しておくことも必要となります。

[**スケジュール**]

　財務DDおよびその他のDDとほぼ同様のスケジュールで並行して行われます。ただし、財務DD実施機関などが主導して行う企業価値算定に関しては、法務DD独自の手続は置かれないことが多く、法務DDの結果判明した法的リスクや必要な手続を財務DD実施機関などと共有し、これらの重大性や修復困難性などを考慮して行われるのが一般的です。

　主に法務DD特有の問題を有する手続については次のとおりです。

事前協議

　買収側と弁護士などの法務DD実施機関の事前協議により、法務DDの対象となる事項を明確化しておく必要があります。対象企業の国籍、企業形態、および買収側が特に関心を有している対象企業の事業などにより、重点的に検討すべき点が異なってくるからです。

　また、クロスボーダーM&Aの法務DDにおいて最も重要なポイントは、対象企業の所在国法令に沿った調査が必須であるという点です。当該調査を軽視した場合、特有の規制などによりそもそも対象企業の株式や資産を獲得できない場合もある他、M&A成立後数年経過してから、許認可の不備や人事労務トラブルなど思わぬ形で法的リスクが顕在化する危険があります。

　さらに、対象企業が海外子会社を保有するような場合には、子会社の所在国法令に基づいた法務DDも必要となります。特にアジア地域においては、シンガポールや香港などに地域統括会社（Regional Headquarter）を置くことも多く、子会社・孫会社が諸国に分散しているケースも珍しくありません。親会社が実質的に株式を保有するだけのペーパーカンパニーという場合も散見されます。グループ会社相互の関係性を把握した上で、いずれの国における法務DDを重点的に行うかは、買収側が法務DDにかけるコストを検討する上でも重要な要素となります。

また、買収側の関心事項については、たとえば、主に対象企業の資産獲得に関心を有している場合には、不動産などの適法な登記や担保設定の有無などにつき重点的に協議が必要ですが、主に知的財産権の獲得に関心を有している場合には、知的財産権の申立状況や紛争の有無などを中心に協議することになります。

なお、大型案件やニッチ市場におけるM&Aでは、各国の独占禁止法に抵触する可能性についても、事前に協議しておく必要があります。さらに、インサイダー取引の禁止などについても、各国において刑事罰が定められている場合が多く、早い時期から関係者に周知しておく必要があります。

キックオフミーティング

法務DDの対象と方針が決定し次第、買収側と対象企業、DD実施機関の三者でキックオフミーティングを行うのが通例です。

DDの実施計画などにつき情報共有を行うとともに、対象企業側の心理的抵抗感を軽減するという目的もあります。効率的な法務DD実現のため、対象企業に対して開示請求を行う資料のうち、特に重要かつ開示に時間がかかる、もしくは開示漏れが多くなると予想されるものについては、キックオフミーティングの段階で対象企業に対して簡単な聞き取りを行う必要があります。

たとえば、量の膨大性や保管部署が複数に渡ることを理由とする、各種契約書の開示漏れなどは容易に予想可能なため、対象企業に対し、事前に資料整理を依頼しておくことができます。

情報開示

　法務DDにおいては、取締役会議事録など、対象企業の意思決定にかかわる機密情報も多数開示されます。買収側は、秘密保持契約書や基本合意書の秘密保持条項に基づき、機密情報の管理には特に注意を払う必要があります。

　また、財務DDに比べ、対象企業に開示を求める資料が包括的にならざるを得ないことから、資料が膨大になることが多く、対象企業が業務多忙や機密性を言い訳として開示を躊躇、懈怠することがあります。したがって、法務DD実施機関は、なるべく具体的に開示資料を想定して基本合意書を締結した後、できる限り早い段階で開示請求する必要があります。

　一方売却側も、開示した情報に誤りがないことおよび重要事実をすべて開示したことを保証する、いわゆる「表明保証」を求められることがあります。最終契約において、情報の誤りなどにより買収側に損害が発生した場合、表明保証違反となり、売却側に補償義務が課せられる場合が多く見られるため、買収側は当該国における規定の有無を確認しておく必要があります。

開示情報のレビュー

　ここでは、調査項目とその代表的な資料、および主な検討事項を例示します。

【法務DDの調査項目例】

項目	資料	検討事項
組織に関する資料	定款、登記簿謄本	定款所定の手続
	有価証券報告書	必置役職の任命状況
	各種会議体議事録	各種決議の不備や不足情報の有無
		株式譲渡における不備や不足情報の有無
	株主名簿など	自己株式保有状況、種類株式、新株予約権発行状況
	株主間契約書	先買権、優先交渉権、売却参加権、売却強制権などの主要条件
関連会社に関する資料	組織図	関連会社などの存在
	各種契約書	グループ間取引
	過去のM&A資料	表明保証責任、法定手続の遵守状況
不動産に関する資料	登記簿謄本	所有権の所在、担保権の有無
	登記事項証明書	
	賃貸借契約書、土地権利証	契約当事者および諸条件
	不動産所有規制	不動産所有に関する外資規制
動産に関する資料	動産リスト	事業上重要、残存価値の特に高い動産
	売買契約書	継続的取引の把握
	保険証券	動産使用不能リスクヘッジ状況
流動資産に関する資料	貸付書面	条件の適法性、妥当性など
	投資有価証券	関連会社株式、国債、投資信託など

マネジメントインタビュー

　開示情報のレビューの後、まだなお不明瞭な事項については、対象企業の責任者や担当者に直接インタビューをして確認します。したがって、インタビュー対象者は、開示された資料について詳細に把握している者でなくてはなりません。

　たとえば、株主総会・取締役会議事録などの資料は総務部、報酬関連の資料は人事・労務部、契約書などの資料は法務部が管理している場合が多いと考えられるため、その担当者にインタビューします。顧問弁護士や会計士などと面談を設けることもあります。役職名のみにとらわれず適切な対象者を選択することにより、時間・人的コストを節約可能です。

最終報告

　主に法務DDレポートという形で、上記各レビューにおいて明らかとなった法的リスクが実施機関から報告されます。報告を基に、最終契約においていかなるリスクヘッジを行うのか、または取引を打ち切るのか判断することになります。

M&Aの最終契約書

　各DDの結果を受けて、最終契約書を作成します。法務DD実施機関が併せて契約書ドラフティングを行う場合も多いため、ここでは、最も多く用いられる株式譲渡や株式引受、株主間に必要な契約書を例に、重要なポイントを解説します。

■ 株式譲渡契約書

　株式譲渡契約書（SPA：Share Purchase Agreement）は、M&Aにおける最も主要な契約書です。対象企業株主から買収側への株式譲渡に用いられ、譲渡当事者や譲渡株式数、金額を明らかにするだけでなく、株式譲渡に際しての条件なども記載します。

[譲渡当事者]

　法務DDにおける登記、定款や株主間契約書などの精査から明らかとなった対象企業の株主と、企業の経営陣が把握している株主が異なる場合に、当該国法においていずれが法的に真正な株主であるかを判断し、契約当事者として明記します。

[条件]

　買収側のリスクヘッジとして、対象企業の抱える法的リスクについて、その重要度に応じて、前提・後行条件として規定します。

前提条件

　最重要条件については、契約締結の前提条件として明示すべきです。
　たとえば、取締役会の承認が必要とされるにもかかわらず承認を経ていない取締役の行為につき承認決議を得ておくこと、未取得の許認可を

取得しておくこと、未払いの罰金を支払っておくことなどが挙げられます。これらは、M&A後の事業継続の根幹にかかわるものや、M&A後に買収側が現地で行うことが煩雑であるような性質のものであり、事前に対象企業に対策を講じさせることが適切です。

場合によっては、譲渡代金を分割して支払うこととし、前払金の中から罰金支払など必要な費用に充てさせる方法も考えられます。

後行条件

致命的とまでいえない条件については、契約締結後の後行条件として規定します。たとえば、管理職や優秀な社員との契約更新など、個々の契約更新にやや時間のかかるものなどは、契約締結後何日以内に成就しなければ譲渡は行わない、という形で規定します。

■ 株式（新株）引受契約書

株式（新株）引受契約書（SSA：Share Subscription Agreement）は、対象企業が新株発行を行い、買収側が株式を引受ける場合に作成されます。主に、既存株式譲渡に加えて新株を引受けることにより、買収側が希望する株式保有割合を獲得する場合に用いられます。

定める条件などについてはSPAと大きく異なりませんが、新株発行は既存株主の持分割合に影響を与えるため、交渉段階や次に記載する株主間契約（協定）書において、既存株主との関係性に配慮する必要があります。

■ 株主間契約（協定）書

株主間契約（協定）書（SHA：Shareholders Agreement）は、既存株主と新株主間での取り決めを明文化するものです。マジョリティーを獲得できないような場合や、特別決議に必要な持分割合を獲得できない場合、とりわけ、広義のM&Aに当たる合弁契約を締結するような場合に重要な契約書となります。デッドロックやイグジットに関する規定は

特に重要です。

　たとえば、取締役会や株主総会において既存株主と買収側の意見が対立し、デッドロックが生じた場合に、買収側がさらに株式を購入できるというオプションや、売り抜けてしまうというオプションを定めます（Call/Put Option）。また、既存株主が第三者に株式を譲渡して、株主の望まない株主構成になることを防ぐために既存株主が株式を譲渡しようとした場合、買収側が優先的に購入できる先買権などを定めることもあります（Right of First Refusalなど）。

シンガポール M&A

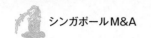
シンガポールM&A

シンガポールにおけるM&Aの動向

　シンガポールは、東南アジアにおける経済、物流ならびに金融の中枢として発展してきました。国土面積は小さいながらも（東京23区とほぼ同じ面積）、中国やタイ、インドネシアなどアジア諸国とのネットワークの中心として、ヒト・モノ・カネの動きが活発化しました。

　また、他のアジア諸国に見られるような外国資本流入の規制（外資規制）が適用される業種は一部です。これはシンガポール政府が、外資の国内参入を奨励しているからです。さらに、法人税率が17％であり、業種によっては軽減税率が適用可能なため、節税対策もできます。これらの理由から、シンガポールは、アジアに統括拠点を設立する立地として注目され続けています。

　シンガポールは、他のアジア諸国に比べて、上場市場や経済環境が成熟しています。そのため、アジア諸国を拠点にビジネスを行う国であればシンガポールの法人を持株会社や地域統括会社として、シンガポール証券取引所（SGX：Singapore Exchange）に株式を上場するケースが増えています。

　シンガポール証券取引所の発表によれば、2023年11月現在での上場企業635社のうち外国企業の数は約300社であり、約40％を占めています。外国企業の中でも半数程度は中国企業が占めており、インドや東南アジアの国も上場しており、これらの国の上場は近年増加の傾向にあります。

　次のグラフは1997〜2023年の間に、シンガポールで行われたM&Aのうち、公表されているM&Aの件数と金額の推移を表したものです。

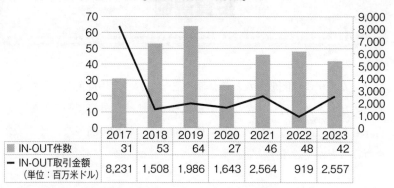

日本	シンガポール	年度	出資比率(%)	業種
日本紙パルプ商事	Spicers Paper (Singapore) Pte Ltd	2018	100%	製紙業
株式会社ヨシタケ	Access Professional Singapore Pte. Ltd	2023	100%	バルブ・ポンプ
ダイダン株式会社	Presico Engineering Pte. Ltd.	2023	-	総合設備工事
YCPホールディングス（グローバル）リミテッド	Consus Global Pvt. Ltd. SB Invest Pte. Ltd.	2023	100%	コンサルティングファーム
Atlas Technologies 株式会社	Kapronasia Singapore Pte. Ltd.	2023	100%	Fintech領域のコンサルティング
安田倉庫株式会社	Worldgate Express Lines Pte Ltd	2023	-	フォワーディング業
東日本旅客鉄道株式会社	GATES PCM CONSTRUCTION LTD.	2023	-	鉄道
大和ハウス工業株式会社	Storbest Holdings Pte. Ltd	2023	-	低温物流

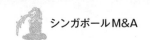 シンガポールM&A

投資規制

　シンガポールは開放的な経済体制をとっており、外資企業にとっては非常にビジネスを行いやすい環境が整っています。外資規制を管轄する官庁もありません。一部の規制業種を除いては特段の制限なくビジネスを行うことができます。

■ 金融（銀行）

　国外からの資金の流れが多いシンガポールでは、国家安全、資金洗浄防止のため、金融の分野での規制は厳しくなっています。シンガポールで金融業を行う場合、金融庁（MAS）よりライセンスの取得を行う必要があります。

[金融庁（MAS）]

　MASは、金融機関の規制を管轄しています。銀行、証券会社、投資ファンド、保険会社などがMASの監督下に置かれており、それらの事業体へのライセンスの発行・管理や業界の安全確保を担います。

[出資規制]

　銀行業を行う場合、地場の銀行に対して議決権付き株式の5%以上を取得、保有する必要があります（Banking Act15A条）。また、最低資本金として15億SGDを満たした上で、MASが規定する自己資本比率を満たしている必要があります。

■ メディア

　放送や新聞などでは、外資による出資制限や外国人の取締役就任が制限されています。また、国内外にかかわらず、一定の出資割合を超えた

株式・議決権の取得または保有、処分を行う場合、事前承認が必要となります。

[**情報通信メディア開発庁**]

(IMDA：Info-communications Media Development Authority)

メディア業界の監督および規制はIMDAが管轄します。ライセンスの管理の他、コンテンツ制作やセキュリティ対策など、直接的に業界の促進を支援します。

■ インフラ

以前は、送電・配電を受け持つ会社が政府系の1社（SP Service）しかないという状況にあり、市場を独占していましたが、段階的に自由化が進み、2019年には完全に自由化されました。

[**エネルギー市場監督庁**]

(EMA：Energy Market Authority)

インフラ・エネルギー市場の監督を担当する政府機関です。ライセンスの管理に加え、エネルギー供給や市場競争の調整などの役割も担います。

出資者に対して、以下の条件を持つ場合は、EMAへの届け出が義務付けられています。

【EMAへの届出義務となる出資条件】

事業	法規	規制	具体的な内容
電気業	電気法	出資規制	5%超12%未満の持分保有者を監督庁に提出
		出資規制	12%超30%未満の持分または議決権の取得
ガス業	ガス法	出資規制	5%超12%未満の持分保有者を監督庁に提出
		出資規制	12%超30%未満の持分または議決権の取得

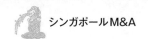シンガポールM&A

会社法およびM&Aスキーム

　会社法には、「事業譲渡」「新株の発行」「合併」の規定があります。また、組織再編に類似した制度として、「スキーム・オブ・アレンジメント」といわれるM&Aの手法があります。それぞれのM&Aの手法に対して会社法は個別に法規制を設けています。

■ 事業譲渡

　事業譲渡とは、一定の事業目的のために組織化され、有機的一体としての機能を有する資産および負債の移転のことです。事業を譲渡する譲渡会社と事業を譲渡される譲受会社との間で締結されます。

　会社法上では、事業を譲渡する側の規制として、実質的にすべての財産または事業の譲渡を行う場合、取締役は株主総会の承認がなければ、財産および事業のすべてを処分できません（会社法160条）。

■ 新株の発行

　新株の発行とは、既に発行された株式と同じ種類の株式を追加で発行することです。この新株発行による増資には、第三者割当有償増資と株主割当増資があります。

　第三者割当有償増資とは、ターゲット企業によって発行される新株を取得することです。これにより、株主総会の議決権の過半数を獲得し、ターゲット企業を子会社とし、その経営権を支配することが可能となります。

　新株発行の法的手続は、日本とシンガポールでは異なります。シンガポールでは、原則株主総会普通決議が必要です。この普通決議は、特定の新株発行に対して個別的に決議する必要はなく、将来の新株発行に関しても包括的に承認する形でよいことになっています（会社法161条1

項・2項)。この承認の効力は、決議があった株主総会の後、最初に開催される定時株主総会終了時までとなります(会社法161条3項)。一方、日本では、新株発行には公開会社では取締役会決議(日本・会社法201条1項)、非公開会社では株主総会特別決議が必要です(199条2項、309条2項5号)。

シンガポールにおける新株発行(特に包括的承認に基づく新株発行)では、上記の決議要件の他に次のような留意点があります。

- 主要株主などに対する発行の禁止
- 第三者割当有償増資による発行数の上限
- 対価の金額の下限
- 議決権保有割合が一定以上である場合、強制的公開買付

[**主要株主など**]

主要株主や主要株主などについては、SGX上場規則に定義されておらず、会社法の定義によります。

主要株主とは、直接または間接に、自己株式を除く発行済株式数の議決権の5%以上を有する株式を保有する株主をいいます(会社法7条、81条)。

主要株主などとは、主要株主の他、取締役、主要株主および取締役の直近親族、主要株主の親会社や子会社などの関連会社や関係会社、取締役および主要株主により直接または間接に10%以上の持分を保有する会社などをいいます(SGX上場規則813条)。

■合併

合併とは、2つ以上の会社が契約により1つの会社に統合されることをいいます。シンガポールの会社法において、吸収合併および新設合併が可能である点は日本と同じです。さらに、資産負債の一部のみを移転させることも可能なため、日本における企業分割制度を含んだものといえます。

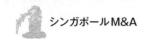
シンガポールM&A

シンガポールにおいて合併を行う場合、会社法上の規定により、裁判所の認可が必要となる合併と、裁判所の認可が不要となる合併があります。

[**裁判所の認可が必要となる合併（シンガポール会社法210条、212条）**]

日本における吸収合併や新設合併を行う場合、日本の会社法では、株主総会決議、反対株主の株式買取請求権、債権者に対する催告が求められています。しかし、シンガポールでは、同じ合併によるM&Aでも手続の主導権をだれが握るかによって裁判所の認可が必要となる場合があります。

[**裁判所の認可が不要となる合併**]

裁判所の認可が不要となる合併には、合併と略式合併があり、日本と同様の制度となっています。会社法215条A～Jの中に、当該合併および略式合併によって必要となる手続が定められています（会社法215条A）。以下、合併の手続の流れを見ていきます。

合併提案書の作成…❶

合併契約が締結され、その契約に基づき合併提案書が作成されます。合併される企業の住所や株主数や合併後の商号、住所、消滅会社の株主の取り扱い、特に取得対価の決定など合併に関する取り決めを合併提案書に記載します（会社法215条B）。

株主および債権者への通知…❷

合併を行う際、株主総会で合併に関する決議が行われます。その際、株主が適切に判断できるように、合併提案書のコピーおよび取締役宣言書のコピーなどを合併に関する株主総会開催の21日前までに、株主に送付します。

また、合併提案書のコピーは合併当事会社の債権者にも送付されます（会社法215条C（4）（5）（a））。

日刊新聞による公告…❸

❷によって株主や債権者には個別に合併に関する通知がされますが、さらに会社の利害関係者に通知する必要があります。そこで、合併に関する株主総会開催の21日前までに、少なくとも1紙以上、シンガポールで公刊されている英語の日刊新聞に合併に関する情報を公告します。この公告は、会社の情報公開を意図しており、会社の登録事務所やその他公告に記載された場所にて、会社の営業時間内に合併提案書の閲覧および謄写ができます（会社法215条C（5）(b)）。

各合併当事会社の支払能力証明書の作成…❹

各合併当事会社の取締役（取締役会）が、それぞれの合併当事会社および合併後の存続会社における支払能力証明書を作成します（会社法215条C（2）(b)(c)）。

合併に伴う株主総会決議…❺

合併を行う際、原則として株主総会の特別決議による承認が必要です。また、合併提案時に第三者による承認も必要という条件が付されることもあります。この場合、特別決議と同じタイミングで第三者による承認を得る必要があります（会社法215条C（1）(2)）。

シンガポールにおける特別決議の決議要件として、シンガポールの会社法上、普通決議・特別決議にかかわらず、定足数は2名以上の株主の出席が必要です（179条（1)(a)）。そして、決議に参加した株主の4分の3以上の承認により特別決議が可決されます（184条（1）(4)(5)⑥）。

合併登記および通知…❻

❶〜❺までの一通りの手続を終えると、作成された書類が会計企業規制庁（ACRA：Accounting and Corporate Regulatory Authority）に登録されます。これにより、合併に関する登記が完了し、その後、ACRAより合併通知および合併確認証明書が発行されます。

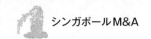シンガポールM&A

合併に関しては、株主または債権者の異議申立が裁判所にあった場合、裁判所は当該合併の効力発生の禁止、合併提案書の変更、合併当事会社の取締役(取締役会)に合併提案書の全部または一部を再考することを命じることができます(会社法215条E〜G)。

[**略式合併**]

略式合併とは、一定の要件を満たした合併契約で前述の合併手続を行う場合に、法定で定められる要件を大幅に簡略化することができる合併のことです(会社法215条D)。

略式合併と認められるには、以下の要件のうちいずれかを満たす必要があります。

- 親会社と完全子会社との合併(ただし、親会社が存続会社になる場合に限る)
- 完全子会社同士の合併

略式合併と判断された場合において、前述の❶〜❻に関する手続は以下のように簡略化されます。

- 合併提案書は作成不要
- 合併の際は株主総会の特別決議が必要だが、会社法215条Dに規定されている内容を定款に定めれば不要
- 支払能力証明書は作成不要
- 新聞上の公告不要

以上のように、通常の合併手続より簡略化されています。これは、合併消滅会社の株主総会を合併存続会社が支配している状況を考慮し、通常の合併における合併消滅会社の株主・債権者保護のための規制を一部緩和させるための規定となります。

なお、日本では、議決権の90%以上を親会社が保有している場合に略式組織再編(略式合併など)が可能です。日本とシンガポールとの略

式組織再編行為の法規制の違いを認識しておく必要があります。

■ スキーム・オブ・アレンジメント

スキーム・オブ・アレンジメントとは、会社の資本再編や債権者・出資者との利害調整、グループ会社の合併または再編など、さまざまな目的および用途に用いられる組織再編の手法です。シンガポールでは合併よりもスキーム・オブ・アレンジメントの方が多く利用されていますが、会社法210条に基本的な規定があるだけで、詳細については、会社法上明文化されていません。

スキーム・オブ・アレンジメントを行うためには、次の手続を行います（会社法210条3項）。

① 被買収企業は、シンガポールの裁判所に、企業の債権者（全部または一部）による債権者集会または株主（全部または一部）による株主総会の開催申立を行う。
② 被買収企業は、債権者集会または株主総会において買収スキームを説明する。
③ 債権者集会・株主総会で、議決権の75％以上の賛成によって可決される。
④ 裁判所の承認があり、その承認のコピーが会計企業規制庁に提出された時点で、当該買収スキームの法的効力が生じる。

なお、スキーム・オブ・アレンジメントは、シンガポールで設立された会社のみに適用できる規定ですが、他の買収スキームとは明らかに異なる点があります。それは、被買収企業自身で手続を行うという点です。買収企業が主導で行う場合、M&Aが成立してもしなくても、お互いの関係性が崩れる可能性があります。しかし、スキーム・オブ・アレンジメントの場合、被買収者が主導で買収手続を進めるため、買収当事者間の関係が友好的でないと成立しません。

また、シンガポール国外企業がシンガポール国内企業をスキーム・オブ・アレンジメントによって買収するとき、当該国外企業の株式がシンガポールで上場されていない場合は、買収者の株式を交付することは実務上、想定されていません。国外企業の株式が非流動的であると判断されてスキーム・オブ・アレンジメントが失敗に終わる可能性が高いためです。

■ 株式売渡請求権

株式売渡請求権とは、株式の取得後、買収者が少数派株主から株式を強制的に買い取る制度です。この制度は、買収開始時から4カ月以内に、対象企業株式の90％以上（ただし、買収開始時に買収者自身が保有していた株式および自己株式を除く）の保有者から買収者が対象企業株式を取得することを承認され、その後2カ月以内に買収に反対する株主に通知することが、適用要件となります。

株式売渡請求権を行使する場合、買収者は原則として既に取得した株式と同様の条件で（価格を含む）、反対株主の株式を取得しなければなりません。

また、反対株主は株式売渡請求権行使の通知を受けた日から1カ月以内または反対株主のリストを取得してから14日以内のいずれか長い方の期日まで、裁判所に対して株式売渡請求権の行使に対する異議を申し立てることが認められています（会社法215条（1））。

反対株主は、株式売渡請求権の行使の通知を受けた場合、通知を受けた日から1カ月の間は、他の反対株主のリストの開示を買収者に対して書面で要求できません（買収者は、係るリストの送付から14日間は株式売渡請求権を行使できません）。この場合、株式売渡請求権の行使の可否は裁判所の判断に委ねられます。

買収者は、「株式売渡請求権行使の通知がなされた日から1カ月経過後」「反対株主が反対株主のリストを取得してから14日経過後」「裁判所に対する異議申立が継続中の場合はその申立手続が終了した後」に、

反対株主を代理する者および買収者との間で締結された譲渡証明書とともに株式売渡請求権行使の通知書のコピーを対象企業に送付します。送付後、株式売渡請求権の行使により取得する株式の対価を対象企業に支払います。

■ スクイーズ・アウト

シンガポールの会社法上では、株主総会の決議において90％以上の賛成がある場合は、少数派株主が保有している株式の売渡請求をすることができます。しかし、この規定を利用するためには、自己の持株比率（議決権比率）を90％以上にしなければなりません。

株式の取得の方法としては、強制的公開買付による取得あるいは任意的公開買付による取得があります。

強制的公開買付は、買収者が50％超の議決権を保有する数の株式を応募するという条件しか付すことができず、90％以上の株式取得は困難です。

一方、任意的公開買付による場合は、応募数の下限が買付書類に明記されており、買収者が証券業協会（SIC：Securities Industry Council）の了承を得ることにより応募数の下限を引き上げることができるようになっています。これにより、応募数の下限を90％以上と設定することも可能です。

■ 自己株式を対価とする株式公開買付

自己株式を対価とする株式公開買付（TOB：以下、自社株TOB）については、日本においてもシンガポールにおいても実施できます。しかし、シンガポールにおいて自社株TOBを成功させるためには、自社の株式に流動性があることが求められるため、シンガポール証券取引所に上場していることが前提条件になります。

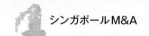シンガポールM&A

■シンガポール会社法76条

　シンガポールの会社法では、親会社株式の取得が禁止されています。したがって、合併において親会社株式を対価とする場合、取得が許されている日本とは異なり、三角合併を行うことができません。

関連する各種規制・法律

■ 証券先物法

　証券先物法では、インサイダー取引について規定があります。また、当該法に基づいてシンガポール買収および合併規約（Singapore Code on Take-overs and Mergers：以下、買収規約）、シンガポール証券市場の上場規則（Singapore Exchange Securities Trading Limited Listing Manual：以下、SGX上場規則）が公布されています。

　買収規約は、シンガポール金融管理局により、証券先物法のセクション321に従って発効されました。法的効力はなく、また非上場企業には適用されません。上場企業の買収を行う場合の一般原則および手続などが定められています。なお、この規約が適用されるのは、以下の場合です。

(a) シンガポールで上場している会社を獲得する場合（外国にて設立された会社を含む）
(b) シンガポールで設立された、株主数が50名以上かつ純資産500万SGD以上の会社の支配権を獲得する場合

　SGX上場規則は、上場企業の開示義務や買収における必要な手続について規定しています。

■ インサイダー取引規制

　インサイダー取引については、日本においても金融商品取引法の中で厳しく規制されています。シンガポールにおけるインサイダー取引の規制内容は、次のとおりです。

　株式の買収者は、対象企業の株価影響情報を保有し、かつ、それが株価影響情報であると認識している場合は、それが公表されるか、その情

報が株価影響情報でなくなるときまで、対象企業の株式取引を行うことはできません（証券先物法218条、219条）。株価影響情報とは、「公開されていない交渉中の案件」など一般に入手できない情報で、仮に公表された場合は株価に重大な影響を与える情報をいいます（218条（1）(b)、219条（1）(b)）。

なお、インサイダー取引規制の対象となる情報は、証券先物法に列挙されていますが、例示列挙にすぎません(214条Information)。したがって、特定の情報が規制対象となるか否かは、株価に影響を及ぼすか否かという規範に沿って実質的に判断されます。

■ 買収規約

買収規約は、証券先物法に基づきシンガポール通貨金融庁（MAS：Monetary Authority of Singapore）が作成します。

この規定は、SGXに上場している会社（外国会社含む）の支配権を取得する場合における一般原則や手続などを定めています。たとえば、公開買付を行った場合、この規定の適用を受けます。

[強制的公開買付（買収規約14条）]

シンガポールの上場企業の株式を取得し、一定以上の議決権を取得する場合には買収者および共同保有者は公開買付を行わなければなりません。具体的には、以下の2つの規定があります。

(a) 買収者が共同保有者の保有または取得する株式と併せて、被買収企業の議決権の30％以上を取得した場合（買収規約14条1項(a)）

(b) 買収者および共同保有者が、被買収企業の議決権の30％以上50％以下を保有しており、かつ6カ月の期間内に1％超の議決権を取得した場合（買収規約14条2項(b)）

強制的公開買付においては、原則として買収者および共同保有者が、併せて50％超の議決権を保有し得る株式数の応募を受諾したという条件を必ず付さなければなりません。また、これ以外の条件を付すことはできません（14条2項（a））。

　強制的公開買付による対価は現金のみか、現金と現金以外の資産です。また買収価格は、公開買付開始直前の6カ月間に買収者または共同保有者が支払った価格のうち最高値以上の価格でなければなりません（14条3項）。

[**任意的公開買付（買収規約15条）**]

　強制的公開買付の義務が生じない場合、買収者が任意で公開買付を行うことがあります。これを任意的公開買付といい、強制的公開買付と同じく、買収者および共同保有者が併せて50％超の議決権を保有し得る株式数の応募を受諾することを条件として付さなければなりません。なお、以下の条件のもとで、応募数の下限「50％超」の数字は引き上げることができます。（買収規約15条1項）

- 応募数の数値の上限が公開買付書類の中に明示的に記載されていること
- 買収者が誠意を持った行為に基づき高い下限値を設定し、そのことについてシンガポール証券業評議会から一定の評価を得ること

　公開買付を公表する際、買収者は買収規約3条5項に定められている事項を開示しなければなりません。具体的には、以下の事項となります。

- 公開買付の条件
- 買収者、および買収者の最も重要性の高い支配株主
- 公開買付の対象となる証券、対象となる証券に転換可能な証券の詳細
- 公開買付の対象となる証券を引き受ける権利または係る証券に関するオプションで、以下の（a）〜（c）の条件が合意されている証

券の詳細

(a) 買収者により保有もしくは支配されている。
(b) 買収者の共同保有者により保有もしくは支配されている。
(c) 買収者もしくは共同保有者に対して応募する。

・公開買付に付されているすべての条件
・公開買付に重要な影響のある買収者または対象企業の株式に関する合意の詳細
・公開買付の対価の全部または一部が現金である場合は、フィナンシャル・アドバイザーまたは第三者による公開買付に対して全株主から応募があった場合でも、十分な買収資金を買収者が調達可能である旨

　シンガポールで公開買付を行う場合、実務上の慣行がいくつか存在します。たとえば、友好的買収の場合、公開買付の開示と株主に対する書類の交付は、買収企業と対象企業（ターゲット）とが共同で行います。また、フィナンシャル・アドバイザーが買収者の代理として公開買付を行うため、書類も、フィナンシャル・アドバイザーが買収者の代理人として作成・公表します。

[**タイムテーブル（買収規約22条）**]
　次表は、シンガポールにおける公開買付の日程表です。

【シンガポールにおける株式公開買付のスケジュール】

	事項	日程
①	公開買付の公表	A
②	対象企業(以下、ターゲット)による開示	A＋1日頃(①後、遅滞なく)
③	ターゲットによる公開買付について意見を述べるフィナンシャル・アドバイザーの選任	A＋2日頃(②後、遅滞なく)
④	買収者によるターゲットの株主に対する買付書類の送付。SICに対するそのコピーの提出	A＋14～21日
⑤	ターゲットによる自身の株主に対する買付書類の送付。SICに対するそのコピーの提出	A＋35日以前 (④から14日以内)
⑥	当初の買付期間の終了 (延長される可能性あり)	A＋49日 (④から28日以上)
⑦	買付期間の終了(最長期間に延長した場合)	A＋81日(④から60日)

出所：森・濱田松本法律事務所アジアプラクティスグループ編『アジア新興国の上場会社買収法制』商事法務、2012年

オファー・ドキュメント(株式公開買付公示文書)の送付

原則としてオファーを発表した日から14～21日間のうちに、オファー・ドキュメントを送付しなければなりません。また、オファー・ドキュメントの日付は、送付日より3日以内のものでなければなりません。仮にこの期間内に送付できない場合、買い手は証券業協会(SIC)に事前に相談しなければなりません。

買収対象企業の取締役会回状の送付

買収対象企業の取締役会は、オファー・ドキュメントが送付されてから14日以内に、オファーに対する見解を、当該企業の株主に伝えなければなりません。

初回締結日

オファーはオファー・ドキュメントが送付された日から最低28日間は公開する必要があります。

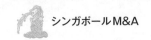

次回締結日の決定

オファーの延長発表の際には、次の締結日を決定しなければなりません。また、仮にオファーが無条件で受け入れられた場合、次の連絡があるまでは、オファーが引き続き公開されていることを表明しなければなりません。この場合、オファーを受け入れない株主に対しては、遅くともオファーが終了する14日前までに、終了を知らせる書面を送付しなければなりません。

延長義務の免除

初回とその後のオファー締結日に受け入れられなかったオファーは、それ以降、延長する義務はありません。

無条件受入後のオファー公開

オファーの無条件受入後、少なくとも14日間はオファーを公開する必要があります。オファー成立もしくは無条件受入前で、仮に、終了日より起算して14日以前に終了する旨をオファー申込者が株主に書面にて通知した場合、当該ルールは適用されません。ただし、競争がある場合は、オファー終了の書面通知は効力を生じません。また、このルールは、申込者がオファー・ドキュメントに初回終了日を超えて延長しない旨を記載していない限り、オファー・ドキュメントを送付する以前にも適用されます。

延長の禁止

仮に終了日に関する表明が含まれたドキュメントが買収対象企業の株主に送付された場合、申込者はその後、その終了日を延長することはできません。

買収対象企業による公表

買収対象企業の取締役は、初回のオファー・ドキュメントが送付され

てから39日間は、事業の結果、予想配当、資産評価額や主要取引について公表をしてはいけません。

最終日ルール

オファー・ドキュメントを送付してから60日目の午後5時30分以降、オファーを無条件で受け入れることはできません。ただし、証券業協会の許可を得れば60日の期間を延長できます。

その他の条件を満たすための時間

証券業協会から許可がある場合を除いて、前述した条件を満たさなければなりません。オファーは初回終了日から21日以内、もしくは、無条件の受入日のどちらか、最終となる日までに終了しなければなりません。

■SGX上場規則

SGX上場規則は、証券先物法に基づきシンガポール金融庁の承認を得てSGXによって作成された規則であり、主に上場企業の開示義務や買収における必要な手続について規定しています。たとえば、以下のような規定があり、これらは新株発行においても留意すべき点です。

- 包括的承認に基づく新株発行に関して、主要株主などに対する発行はできない（SGX上場規則812条1項、2項）。
- 第三者割当による株式発行数の上限、具体的には発行済株式総数20％までとなる（806条2項）。
- 対価の金額の下限、具体的には原則引受契約の締結日においてSGXで取引された対象企業の株式価格の加重平均に対して10％を超えて低い価格とすることはできない（811条1項）。

■競争法

シンガポールで2004年10月に制定された競争法（Competition Act）が日本の独占禁止法に相当します。競争法を管轄・執行している

のが競争法委員会（CCS：Competition Commission of Singapore）です。この競争法は、市場を効率的に機能させること、シンガポール経済の競争力強化および消費者保護を目的として作られており、M&Aに関する規定も含まれています。競争法54条以降にM&Aに関する規定があり、シンガポール市場のバランスを崩し、市場競争力を著しく低下させるようなM&Aを規制しています。

M&Aを行う場合、まず自己評価を行います。買収者は、CCSが発行している買収の実質的審査に関するガイドライン（CCS Guidelines on the Substantive Assessment of Mergers）および市場画定ガイドライン（CCS Guidelines on Market Definition）の関連する規則に基づいて自己評価を行い、当該M&Aが競争法に違反するかどうかを判断します。

その結果、買収者自らが競争法違反の可能性があると判断した場合、買収を行う者はCCSに対して、当該M&Aが市場競争力を著しく低下させるようなM&Aであるか、判断を求めることができます（競争法57条、58条）。これを事前相談手続といいます。事前相談は任意であるため、自己評価の段階で競争法違反の可能性がない、または限りなく低いと判断した場合は、買収者は事前相談を行わないことも可能です。

ただし、事前相談手続を行うことなく競争法違反があった場合は、CCSから、以下の制裁があります。

- 買収の取消指導
- 違反当事者に故意または過失があった場合は、違反当事者の過去3年間における最高売上高の10％を上限とする課徴金の納付（競争法69条）

■ 事前相談による審査

買収当事者から事前相談を受けた場合、一次審査を受けます。この一次審査の目的は、当該M&Aが競争法違反の懸念があるかどうかを判断することです。この時点での審査はあくまで簡易的なものであるため、CCSは申請から30営業日後までに審査を完了することを目的としてい

ます。

　一次審査の結果、競争法違反の懸念がない場合は、その後の手続が省略されます。しかし、競争法違反の懸念がないといえない場合は、二次審査に進みます。

　二次審査では、競争法に違反していないか、より詳細な内容の審査を行います。この二次審査が最後の審査であり、定められた項目を詳細に審査することで、当該M&Aの違法性の評価を行います。

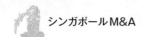
シンガポールM&A

M&Aに関する税務

　シンガポールのM&Aは、資産を取得する方法と株式を取得する方法に大別できますが、それぞれの方法でかかわる税制に違いがあります。

■ 資産取得（事業譲渡）

　資産取得にかかわる税制には、所得税と印紙税があります。資産を売却する側では、資産売却益に所得税が課税されます。また、売却される資産が有形の資産であれば印紙税が課税され、双方の合意がない限りは、買い手側が負担するのが一般的です。設備投資税額控除に適用される資産もありますが、条件により、その控除が取消される場合もあります。

[のれん]

　のれんの償却費は、課税所得から控除することができません。

[設備投資税額控除（減価償却費控除）]

　所得税法（ITA：Income Tax Act）では、納税者の事業に使用される資産の資本支出については、税務上、初回および年間控除（減価償却費控除）が認められています。

　税務上の設備投資税額控除における、施設および機械の耐用年数は5年、6年、8年、10年、16年に分けられます。特定の建物の建設および改築については、25％の初回控除および5％の年間控除が可能です。

　施設および機械（一部例外あり）は、3年間の加速償却法で税務上は減価償却することが可能です。ロボットやコンピュータなどの自動化装置、工場やオフィスに設置された発電装置、公害防止設備などは1年で減価償却可能です。また、1,000SGD以下の特定の固定資産も同様に、1年で減価償却可能です。ただし、すべて合わせて1年で3万SGDまで

となっています。

[繰越欠損金・繰越設備投資税額控除]

資産取得の場合、ターゲット企業の繰越欠損金、繰越設備投資税額控除を引き継ぐことができません。

[商品サービス税]

通常、商品サービス税の登録企業の商品、サービスには9％の商品サービス税が課税されます。資産の移転が、今後継続する事業の移転とみなされた場合、商品やサービスの提供とみなされないため、課税されません。今後継続する事業の移転を証明するには、事業を譲り受けた側が、譲り渡した側で行われていたときと同じ種類のビジネスのために資産を使用しなければならず、シンガポール内国歳入庁（IRAS：Inland Revenue Authority of Singapore）に対して、これを証明できない場合は、売却益に対して9％の商品サービス税が課されます。

■ 株式取得

2010年、シンガポール財務省はM&Aによるシンガポールでのビジネスの成長のために、M&Aスキームと呼ばれる施策を導入しました。その一環として、M&A控除（M&A Allowance）と印紙税救済（Stamp Duty Relief）と呼ばれるものがあります。このM&Aスキームは、資産取得（事業譲渡）には適用されません。

[M&A控除]

M&A控除とは、2010年4月1日～2025年3月31日の間、条件を満たすM&A取引は、4千万SGDを上限とした買収価格の25％を5年にわたって償却できるというものです。控除可能額は各年1千万SGDが上限となっています。

M&Aスキームの対象となる要件には以下のようなものがあります。

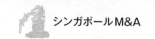

[**ターゲット企業における株式保有率**]

仮に買収前に、買収企業が保有しているターゲット企業の普通株式保有率が20％未満の場合、買収後に20％を超える必要があります。また、買収前に普通株式保有率が20％を超え、51％未満である場合、買収後には51％以上となる必要があります。

買収企業

①買収企業はシンガポールで設立され、税務住民（Tax Resident）である必要があります。企業の事業の支配と管理がシンガポールで実施されていれば税務住民となります。一般的に、外国企業のシンガポール支社は、支配と管理が海外の親会社に帰属するため、シンガポール税務住民として扱われません。

②買収企業がグループ企業に所属する場合、その究極持株会社（Ultimate Holding Company）もまた、シンガポールで設立され、税務住民である必要があります。

③買収日に、シンガポールで事業を行っている必要があります。

④最低3名のローカル社員（取締役を除く）を買収日から遡って12カ月間雇用している必要があります。また、買収日から遡って2年間はターゲット企業との関連がない必要があります。

買収

2012年2月17日～2025年12月31日の間に完了するM&A取引であれば、その子会社が買収企業によって間接的に保有されていてもM&Aスキームの対象となる要件を満たす可能性があります。次の①～③の要件を満たすことに加えて、その子会社は、他の会社株式を保有する目的で設立されていなければなりません。

①買収企業の子会社は、M&AスキームにおけるM&A控除と印紙税救済を受けていないこと

②買収企業の子会社は、買収日において、シンガポールまたはその他

の場所で事業を行っていないこと
③買収日において、買収企業によって直接的または完全に保有されていること

ターゲット
①買収日において、シンガポールまたはその他の国で事業を行っていること
②最低3名のローカル社員（取締役を除く）を買収日から遡って、12カ月間雇用していること

上記の要件は、ターゲット企業が直接的または完全に保有する子会社によって満たされる可能性があります。また、2012年2月17日～2025年12月31日の間に完了するM&A取引であれば、ターゲット企業が間接的に保有する子会社によっても満たされる可能性があります。

[繰越欠損金]

ターゲット企業の繰越欠損金は将来の課税所得と相殺が可能ですが、株主継続テストの対象となります。株主継続テストでは、発行株式の50％以上が同じ株主によって保有されている必要があります。

株主継続テストの意図は、繰越欠損金のある会社を、税務メリットを目的として買収することを防ぐことにあります。株主構成が大きく変化する状況で、シンガポール財務省の担当者などに、株主継続テストの免除を訴えることもできますが、財務省は省自身のメリットをベースにその訴えを検査します。そのため、テストの免除を受けた場合であっても、欠損金を出した事業と同じ事業の利益に対してのみ相殺できるといった制約が付されます。

タイM&A

タイ M&A

タイにおけるM&Aの動向

　タイは周辺諸国と比較し、インフラ、労働力などの投資環境が整備されていることに加え、自動車産業、電気・エレクトロニクス分野を中心に産業集積も進んでいるため、東南アジアにおける日本企業の一大集積地となっています。

　しかし、近年製造業に関しては、既に進出が飽和状態であることや、最低賃金の上昇などがあり、技術集約型産業および資本集約型産業についてはタイを製造ベースに、労働集約型産業についてはCLM諸国（カンボジア、ラオス、ミャンマー）を生産ラインとして利用することでASEAN地域のサプライチェーンを統合する傾向が増えてきています。また、タイ全土の人々の所得額が増加してきていることからサービス業や日系の飲食業などの進出が増加傾向にあります。

　一方で、日本企業によるタイ企業の買収はこれまでほとんどみられませんでした。日本企業のタイ進出は製造業が中心であったため、自らの技術で生産した製品を、日本や先進国に輸出することが目的であるため、企業を買収する必要がなく、タイに子会社を設立して事業展開するのが一般的でした。

　しかし最近では、タイのローカル企業を日本企業が買収、もしくはローカルマーケットへの市場を見据え、ローカル企業のパートナーと合弁化を進めていく動きが出ています。また、製造業では拡大していく企業、縮小していく企業が顕著に表れてきており、2極化が進みつつある中で閉鎖検討を始める企業を買収する動きも進みつつあります。日本の自動車部品企業を買収したタイ企業が現れたことからもわかるように、日本企業が興味を覚えるような力のあるタイのローカル企業が増加してきています。また、マーケットが成熟し、小売業やサービス業など、製造業以外の事業規模が大きくなってきたことも要因として挙げられます。

2011年、タイは政権交代や、50年に一度といわれる大洪水の困難に直面しました。また、2019年から起きたCovid-19による世界的なパンデミックでタイの主力産業であった観光業などに大きな影響を及ぼし、景気は大きく傾きました。しかし、日本企業のタイに対する投資意欲は依然として強く、タイ人の日本企業に対する信頼も厚いため、今後も買収増加傾向が続くのは間違いありません。競合する他国の企業も続々と参入している現在、M&Aも含めたスピーディな事業展開の重要性が増していくと考えられます。

　次のグラフは2017〜2023年の間に、日本からタイに対して行われたIN-OUTのM&Aのうち、公表されているM&Aの件数と金額の推移を表したものです。

【In-Out件数・取引額】

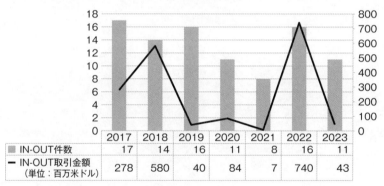

	2017	2018	2019	2020	2021	2022	2023
IN-OUT件数	17	14	16	11	8	16	11
IN-OUT取引金額（単位：百万米ドル）	278	580	40	84	7	740	43

タイM&A

【近年タイクロスボーダー事例】

日本	タイ	年度	出資比率	業種
大正製薬	Osotspa Taisho	2012	60%	医薬品業界
三菱UFJ	krungsri Bank	2013	70%超	金融業界
ユニ・チャーム	DSG International	2018	100%	衛生用品
NTTデータ	Locus Telecommunication	2019	100%	デジタル業界
丸紅株式会社	Karmarts Public	2023	18%	コスメ業界
ラバブルマーケティンググループ	DTK AD Co.,Ltd.	2023	49%	マーケティング
アイカ工業株式会社	KUEN BONG TECHNOLOGY	2023	100%	樹脂製造
セグエグループ	First One Systems	2024（予定）	60%	IT業界

投資規制

M&Aに関連する主要な法令は、外国人事業法に基づく外資規制、タイの会社法である民商法典および公開株式会社法、公開買付や開示などに関する証券取引法、独占禁止法に該当する取引競争法など、非常に多岐に渡るため、横断的に理解しておく必要があります。

【M&Aに関連する資本金規定】

外国人事業法	外国人の事業活動を制限。規制業種を定める
民商法典	パートナーシップおよび非公開会社について規定
公開株式会社法	公開会社について規定。 非公開会社に比べてコーポレートガバナンスの要請が強くなっている
証券取引法	株式の取引について規定。投資家の保護を目的とする
取引競争法	市場における公正な取引の維持を目的として制定。 独占や寡占の制限について規定
労働法	労働者保護のための規定

■ 外国人事業法

外国人事業法は、1972年に軍事政権下で外国人の営む事業を規制する目的で制定されましたが、外国の資本・技術の導入を促進すべく1999年に抜本的に改正され、2000年3月から施行されました。外国人事業法は、タイへ進出する際の出資比率に大きな影響を与えるため非常に重要な法律です。

同法では、規制業種を3種43業種に分け、それらの業種に対する「外国人（外国人の定義は後述参照）」の参入を規制しています。

■ 外国人事業法における規制業種

外国人事業法においては、規制業種を第1種、第2種、第3種の3つのグループに分けています。製造業は基本的に規制の対象とはなりませ

んが、サービス業については、第3種のリストにおいて「その他のサービス業」とされていることから、すべてのサービス業が同法の規制対象になります。これは現地法人の場合だけではなく、支店にも適用されます。(*駐在員事務所に関しては、2017年より外国人事業法の規制から外れました。) タイで展開しようとする事業が規制業種に該当する場合は、原則として、外国資本を50％以上所有する会社は、事業を行うことはできません。

ただし、第2種、第3種に該当する場合には、商務省の外国人事業許可証を取得するか、タイ投資委員会（BOI）の認可を取得すれば、外国資本50％以上の会社をタイに設立することも可能です。

【外国人の定義・規制】

```
外国人の定義
1. 外国人の個人
2. タイで登記されていない会社
3. 外国法人が50％以上出資するタイで登記された会社
```

投資

```
特定業種に対する外国人投資は規制されている
43業種（主に製造業を除くサービス企業等）規制業種も
1種、2種、3種と分かれている
```

[**規制業種対象業種**]

第1種

第1種は、特別な理由により「外国人」に対し禁止された業種となっており、原則として「外国人」が参入することはできません。

- 新聞事業、ラジオ放送局事業、テレビジョン放送局事業
- 畜産
- 稲作、畑作、園芸
- 営林および自然林の木材加工
- タイ国の領海および経済水域における漁業

- タイ薬草の加工
- タイ国の古美術品またはタイ国の歴史価値のあるものの販売および競売
- 仏像および鉢の製造
- 土地取引

第2種

　第2種は、国の安全または保安に関する事業または、タイの伝統文化、工芸、自然遺産、環境に影響を及ぼす業種です。これらは外国事業委員会の承認を伴う商務大臣の許可、またはBOIの許可を取得すれば「外国人」が事業を行うことができるとされていますが、参入障壁は高いといえます。

国家の安全、安定に関する業種

- 以下の製造、販売および修理
  ―銃、銃弾、火薬、爆発物
  ―銃、銃弾、爆発物の部分品
  ―戦闘用の武器、軍用航空機および車両
  ―各種戦場用機器、部分品
- 国内における陸上、海上、航空機輸送並びに国内航空業

芸術、伝統、工芸に影響を与える業種

- タイ国の芸術、工芸品の取引
- 木製彫刻の製造
- 養蚕、タイシルクの製造、タイシルクの織物またはタイシルク布の捺染
- タイ楽器の製造
- 金製品、銀製品、細工品、象眼金製品、漆器の製造
- タイの伝統工芸である椀、皿または陶磁器の製造

天然資源または環境に影響を与える業種
- サトウキビからの製糖
- 塩田での製塩
- 岩塩からの製塩
- 爆破、砕石を含む鉱業
- 家具、道具を製造するための木材加工

第3種

第3種は「外国人」との競争力がまだついていない業種で、外国人事業委員会の承認を受け事業開発局の局長より認可を受けるか、BOIの奨励を受けることで、「外国人」が事業を行うことができます。

- 精米、米および穀物からの製粉
- 養魚
- 植林
- 合板、ベニヤ板、チップボード、ハードボードの製造
- 石灰の製造
- 会計事務所
- 法律事務所
- 建築事務所
- 技術事務所
- 建設（以下を除く）
  - —外国人の最低資本金額が5億バーツ以上で、特別の機器、機械、技術、専門性を要するもので、公共施設または通信運輸に関する国民に基礎的なサービスを提供する建設業
  - —省令で定めるその他の建設業
- 仲介業、代理業（以下を除く）
  - —証券売買仲介、代理業。農産物または金融証券の先物取引
  - —同一企業内における製造に必要な売買、商品発掘の仲介、代理、または、製造に必要なサービス、技術サービス

―外国人の最低資本金額が1億バーツで、タイ国内で製造されたか、外国から輸入された製品を売買するための仲介または代理業および販売業（*詳しくは業種ごとの設立形態で記載）
　　―省令で定めるその他の仲介、代理業
・競売業（以下を除く）
　　―タイの美術、工芸、遺物で、タイ国の歴史的価値のある古物、古美術品、または美術品の国際的入札による競売
　　―省令で定めるその他の競売
・法律で禁止されていない地場農産物の国内取引
・すべてを含む最低資本金額が1億バーツ未満、または1店舗当たりの最低資本金額が2,000万バーツ未満の全種類の小売業
・1店舗当たりの最低資本金額が1億バーツ未満の全商品の卸売業
・広告業
・ホテル業（ホテルに対するサービスを除く）
・観光業
・飲食店
・種苗、育種業
・その他のサービス業（省令で定める業種を除く）

■規制対象となる「外国人」の定義

　規制の対象になる「外国人」の定義を理解することが一番重要になります。外国人事業法では「外国人（コン・ターンダーオ）」の定義を以下のように規定しています（外国人事業法4条）。
・タイ国籍を有していない自然人……………………………①
・タイ国内で登記していない法人……………………………②
・タイ国内で登記している法人であるが、以下の形態に該当するもの
　　………………………………③
　　―①または②に該当する者が、資本である株式を半数以上保有する法人、あるいは①または②に該当する者が、全資本の半分以上を

投資した法人
- ①に該当する者が業務執行社員または支配人として登録された合資会社または合名会社。
- ①②または③に該当する者がタイ国内で登記し、資本である株式を半数以上保有する法人、あるいは①②または③に該当する者が全資本の半分以上を投資した法人……………………………④

　つまり、総資本のうち50％以上を外国資本が占める場合は、「外国法人」とみなされます。一方、タイ51％、日本49％の出資比率で合弁企業を設立した場合は「タイ法人」となり、「外国法人」に該当しないため、外国人事業法の規制を受けることはありません。

　タイで展開する予定の事業が規制業種に該当する場合、50％以上の出資形態で進出する場合には当該規制を受けることになるため、事前のチェックが必要になります。また、規制業種のほとんどは製造業以外の業種ですので、製造業以外で進出をする場合には、慎重に検討しなければなりません。

　タイの規制業種の範囲は非常に広範囲となっており、サービス業に関しては、ほとんどの業種が対象となりますので、経営権をいかに取得するかが重要なポイントとなります。

　なお、規制を回避する方法としては、以下の方法が考えられます。

[**友好的な株主を利用する方法**]

　外資の出資比率が制限される場合、日本企業49％、タイ企業51％の合弁会社を作る方法が最も一般的です。この場合には、過半数の議決権をタイ企業側が保有することになるため、意見が対立するときには事業運営が円滑に進まない可能性があります。これを回避するために、日本企業と合弁先のタイ企業が49％ずつ出資を行い、残り2％を日系のコンサルティング会社や投資会社など、友好的な株主に出資してもらいます。実質的に議決権の過半数を占めることができます。

[**優先株式を利用する方法**]

　投資規制の対象となるのは、あくまで「出資比率」です。この点に着目して、1株当たりの議決権を株式の種類ごとに変えれば、議決権ベースで過半数を獲得できます。タイでは優先株式の発行が認められているため、この方法を採用できると考えられます。たとえば、日本企業49株、タイ企業51株の合弁会社の場合、両者の交渉により日本企業の保有する株式の1株当たりの議決権を10株とする旨を定めた優先株式を発行したとします。その結果、議決権ベースでは、日本企業49に対してタイ企業51となり、出資比率規制を遵守したまま、経営権を支配できます。ただし、この方法は本来の外資規制を潜脱する方法であるとして、タイ政府が規制を強める動きを見せています。実際の利用については、事前に最新情報を確認する必要があります。

■ 資本金に関する規制

　外国人事業法では、外国企業が上述の規制業種に対する特別の認可を取得して事業を行う場合は、原則として最低資本金は300万バーツ以上が必要です。

　ただし、規制業種に該当しない場合で外国企業の最低資本金は200万バーツ以上となっています。また、外国法人、タイ法人問わずに外国人1人の労働許可証を取得するには200万バーツが必要となります。なお、BOIの奨励を受ける法人に関しては別途最低投資額（資本金の定義とは別に）の要件が加わり、土地代、運転資金を除き100万バーツの投資が必要となります。

【M&Aに関連する資本金規定】

	外国法人※1		タイ法人
外国人事業法による最低資本金	規制業種	規制業種以外	原則なし ＊一般的に申請時に50万バーツ以上を求められる
	300万バーツ	200万バーツ	
労働省による資本金 （外国人1名につき）	200万バーツ		

※1 ここでいう外国法人は規制対象となる「外国人」の定義に該当する法人のことを指します。

■ 土地所有に関する規制

　土地法（1954年制定、1999年・2008年改正）では、外国人もしくは外国法人（外国人が資本金の49％超を有する場合または外国人株主が半数を超える場合）が、土地を所有することを原則として禁止しています。ただし、BOI奨励企業や、タイ国工業団地公社（IEAT：Industrial Estate Authority of Thailand）認定の工業団地に立地する企業の場合は、外資比率にかかわらず土地取得が可能となります。なお、1999年改正により、外国人が4,000万バーツ以上を外国から投資した場合、1ライ（1,600m2＝約485坪）以下ならば住居用の土地を所有できるようになりました。このように、徐々に規制緩和されていますが、依然として外国資本による土地所有の規制は厳しいのが実状です。

　なお、留意点としては、タイ法人として設立した場合だとしても、土地法は外資規制より、実態がタイ法人としてみなされるかの調査が入ります。

　主な調査項目としては、取締役（Director）のタイ人と外国人の比率（過半数以上がタイ人となっているか）、また実際の株主となっている企業の株主などに対しての調査が入ることがあるため、土地の取得を目的とした法人を設立する場合、より注意が必要となります。

会社法およびM&Aスキーム

　民商法典22編はパートナーシップおよび非公開会社について規定し、公開株式会社法により公開会社について規定しています。これらを合わせたものが、タイの会社法ということになります。

　日本の会社法では、M&Aの手法として利用される新株発行や合併など、組織再編に関する意思決定の方法や債権者保護などの手続が規定されていますが、タイも同様です。

　日本との違いは、非公開会社に関する規定が民商法典のうち、わずか180条ほどという点です。日本の会社法は法律だけで1,000条ほどあり、規則も合わせるとかなりの数になります。それに比べると、いかに少ないかがわかります。買収手続やその後の会社運営については、タイには明文化された規定がないために、実務的な取扱が不透明であるという問題があります。

■ 公開会社と非公開会社の登記内容の比較

　非公開株式会社と公開株式会社の設立に関する要件は、以下の通りです。
　非公開会社の発起人数および株主数は、従来3名（株主）必要となっており、合弁会社を設立するときなど、2社の株主および、もう1名株主を探す必要がありました。しかし、2023年2月7日より、法改正（民商法典1097条）が行われ、最低2名（株主）と変更されました。

タイ M&A

【非公開株式会社と公開株式会社の比較】

項目	非公開会社	公開会社
発起人の最低人数	2	15
株主の最低人数	2	15
取締役最低人数	1	5
株式の公募	不可	可能
社債の公募	不可	可能
メリット	財務情報の開示義務が少ない	社会的信頼度が高い
	上場コストの維持費が少ない	公衆から資金調達が可能
デメリット	公衆からの資金調達が不可	上場維持のコストがかかる
		買収の危険性がある

　タイにおけるM&A取引としては、主には以下のような方法が考えられます。

【最低資本金に関する規制＋α】

株式取得	公開買付	上場企業の株式を取得する場合
		買付の価格、数量、期間を公表して行う買付
	株式の譲渡	公開買付の要件に該当しない場合や非公開会社の株式を
		取得する場合に、既存株主から直接株式を取得
新株発行	第三者割当	対象企業の新規発行株式の引受（公開会社のみ）
事業譲渡	全部譲渡	対象企業のすべてまたは実質的にすべての事業の譲渡
	一部譲渡	対象企業の特定の事業のみ譲渡
合併	新設合併	2社以上の会社がする合併であり、合併により消滅する会社の権利、義務のすべてを新設する会社が承継
	吸収合併	存続する会社が消滅する会社から権利や義務を引き継ぐ手法

■第三者割当増資による新株の取得

　前述の公開買付は、発行済の株式を他の株主から買付けることにより支配権を獲得する方法ですが、対象企業が新たに新株を発行し、これを引き受けることで支配権を獲得する第三者割当増資も利用されています。

[**第三者割当増資の手続**]

新株発行による増資を行うためには、まず株主総会にて、出席株主の議決権のうち4分の3以上の承認を得なければなりません。また、決議の日から14日以内に登録資本金の変更登記を行う必要があります（公開株式会社法136条2項2号、3号）。

■ 新株発行

非公開会社は、附属定款で定めることにより、株式に譲渡制限を付すことが可能である一方で、株式の第三者割当や社債の発行が不可能であることが定められています（民商法典1129条、1222条1項、1229条）。

一方、公開会社は、非公開会社と異なり、第三者割当増資を行うことができます（公開株式会社法136条）。

[**非公開会社における新株の発行**]

非公開会社の新株発行手続について民商法典1220～1228条に規定があります。

新株を発行する場合、株主総会の特別決議による意思決定が必要です。（民商法典1220条）。タイの民商法典では、株主割当による新株発行のみが規定されているため、既存の株主に対して新株を割当てる旨を文書で通知します（1222条1項）。当該通知には、割当てる株式数、申込期限、期限までに申込がない場合は引受けないとみなすことを記載します（1222条2項）。申込期限までに申込の意思表示がない場合や、新株の引受を拒否する旨の意思表示がある場合には、取締役は株主以外の第三者もしくは取締役自身で引受けることができます（1222条3項）。その後、株主総会の決議後14日以内に、商務省へ増資決議を行った旨を登記します（1228条）。

非公開会社の新株発行によってM&Aを実施する場合には、定款で排除されている場合を除き、既存の株主に新株引受を拒否することを要請することで、実質的な第三者割当の形で行うことができるという点に留

意が必要です。

[**公開会社における新株の発行**]

タイの公開株式会社法における資本金の概念は登録資本金と引受済資本金、払込資本金に分けて把握する必要があります。

【公開株式会社法における資本金の定義】

登録資本金	会社定款に記載する資本金(18条1項)
引受済資本金	発起人が登録資本金の50％以上を引き受けた資本金(27条)
払込資本金	引受済の株式に対して全額払い込まれた資本金(37条2項)

公開株式会社法136～138条では、登録資本金の増額について規定しています。

登録資本金自体の増額については、株主総会の特別決議において、株主の4分の3以上の賛成によって意思決定されます（公開株式会社法136条）。その決議の日から14日以内に登記官に対し登録資本金の変更登記を行わなければなりません（同条2項2号、3号）。また発行する株式の割当方法については、株主割当による方法または第三者割当を選択することが認められています（137条）。

一方、登録資本金内での株式発行の場合は、明文規定がないことから、原則どおり、取締役会で意思決定が可能と解釈されています。

【新株発行における意思決定方法】

登録資本金の増加を伴う場合	株主総会特別決議
登録資本金内の増資の場合	取締役会決議

■合併

合併に関する規定は、民商法典1238～1243条に定められています。2023年2月の法改正までは同法典1241条によると、「合併によって成立した株式会社は新しい会社として登記されなければならない」とされていたため、日本と異なりタイでは吸収合併は認められていませんでし

た。これにより、吸収合併と同様の効果を得るために、事業の全部譲渡とその後の清算という手法も考えられますが、実務上、新設合併が多く行われていました。

2023年の法改正以降では、同法典1241条の改正および同法典1238条によると、「合併により1社の法人格のみを残し、その他の合併された会社は法人格を失う」という文言が追加され吸収合併が認められるようになりました。

たとえば、スズキと宇部興産などが挙げられます。スズキは、タイにおける自動車の生産、販売の効率化を図るため、宇部興産は営業部門の強化や間接部門の合理化などのため、つまり2社ともに現状の生産、販売能力の増強を目的として新設合併を行いました。手続については、以下のようになります。

【新設合併イメージ図】

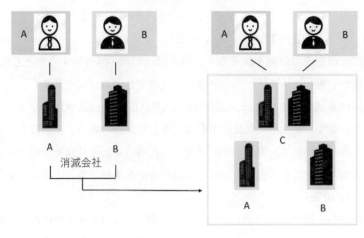

【吸収合併イメージ図】

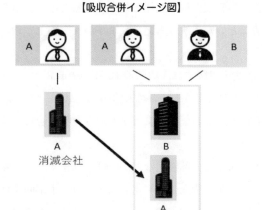

[**新設合併の手続**]

合併の意思決定は、株主総会の4分の3以上の賛成（特別決議）により決定しなければなりません（民商法典1238条）。また、総会決議後14日以内に登記を行います（1239条）。

次に債権者の保護を図るため、地方紙に最低1回公告するとともに、会社が把握しているすべての債権者に文書で合併の意図を通知し、当該合併に異議がある場合は、通知日から60日以内に異議申立を行うよう要求します。期間中に異議が申し立てられなかった場合、異議はないものとみなされます。異議が申し立てられた場合は、会社はその要求を満たすか、またはその保証を与えない限り合併を実行することはできません（1240条）。

合併が実行された場合は、合併前の会社ごとに14日以内に合併を登記する必要があります。さらに、成立した株式会社は新しい会社として登記します（1241条）。

新会社の資本金は、消滅した会社の資本金の合計額に等しくなければなりません（1242条）。また新会社は、合併前の旧会社の権利、義務を新たに負うことになります（1243条）。

■ 事業譲渡

　タイにおけるM&Aにおいて、株式取得や合併以外の方法としては事業譲渡の手法があります。前述のとおり、タイでは今まで吸収合併が認められていなかったため、事業の全部譲渡（EBT：Entire Business Transfer）と清算により、吸収合併と同様の効果をもたらす取引を採用する場合が多くありました。また、全部事業譲渡の場合、歳入局に登録することにより、譲渡時に発生する税金などを免税対象とすることが可能です。

［ **公開会社における事業譲渡** ］

　公開株式会社法では、事業の全部譲渡および重要な一部を譲渡するためには、株主総会の特別決議が必要であると規定しています。

　公開株式会社法107条2項にて、会社の営業の全部または主要部分の第三者への売却もしくは譲渡については、株主総会に出席した議決権のある株主の得票総数の4分の3以上の賛成が必要であると規定しています。

■ 企業分割

　タイの会社法上、企業分割に関しては規定されていません。また、一般的なスキームも利用できないため、事業の一部を他の会社に移したい場合には、分割事業を受入れる会社を新設するか、または既存の会社に事業譲渡する必要があります。なお、株式交換と株式移転に関しても、会社法に定めはありません。

■ 吸収合併

　吸収合併では、一方の会社の法人格を残し、他方の会社の法人格を消滅させ、合併させる手法です。その際、消滅する会社の権利義務の全部を、合併後に存続する会社に承継されまた、吸収された会社は解散・消滅し、すべての資産が存続会社に移されます。

タイ M&A

　2023年2月の法改正により、「合併により1社の法人格を残し、その他の合併された会社は法人格を失う」ことが明記され吸収合併が可能となりました。

関連する各種規制・法律

　証券取引法は、有価証券の発行主体や投資家が自由に参加できる公正な市場を作ることを目的とした法律です。日本の金融商品取引法に該当します。同法で規定されている公開買付規制、開示規制、インサイダー取引規制など上場企業のM&Aを行う際に関連してきます。

■ 開示規制

［ 大量保有報告規制 ］

　特定の株主が株式を大量保有すると、経営権への影響や株価の変動要因となり、会社の利害関係者へ影響を及ぼす可能性があります。そのような利害から一般投資家を保護する目的で、大量保有報告規制が定められています。上場企業の株式を取得し、その議決権割合が総議決権の5の倍数（%）に達した場合、変動があった日から3営業日以内に取得についての報告書を証券取引委員会に提出しなければなりません。

　なお、議決権割合の判定に当たっては、単独の者だけではなく、その親族など、関係者全体で保有する議決権で判断される点に注意が必要です（証券取引法258条）。

［ 適時開示規制 ］

　投資家の意思決定に重大な影響を及ぼす可能性のある事象が生じた場合、タイ証券取引所（SET）の規則に基づき適時開示が義務付けられます。

　たとえば、新株発行による資本の変動、自己株式の取得または処分の決定、買収、既存株主の利益に影響を与える第三者による投資、などが該当します。

■インサイダー取引規制

インサイダー取引は、株式市場の公正性を脅かす結果につながるため、タイにおいても規制が設けられています。日本では平成25年金融商品取引法の改正により、会社関係者による情報伝達行為を禁止する規制が導入されましたが、タイにおいても伝達などの行為自体が規制対象となっていることに注意が必要です。規制の対象者は、法改正前までは会社の取締役などのインサイダー情報にかかわる一定の地位についていることが必要とされてきたが、改正後、主体はインサイダー情報を保持している者とされ、地位では判断されないようになりました。

取締役、マネージャー、監査人、資本金の5％以上の株式を保有する者、公務員、証券取引にかかわる者などです（証券規制法241条）。

インサイダー取引規制に違反した場合、以下のような罰則が科されます。

- 2年以下の禁錮刑
- 当該取引により得た、もしくは得たであろう利益の2倍以下（下限50万バーツ）の罰金
- 上記禁錮刑、罰金の併科

■取引競争法

タイにおける取引競争法（Trade Competition Act）は1999年に施行され、日本でいう独占禁止法に当たります。不当な取引制限により不公正に市場を独占することを禁ずるものであり（取引競争法50条）、事業譲渡、株式買収、合併などの組織再編行為を規制の対象としています（取引競争法51条）。

取引競争法は、最近までは厳密な運用は行われていませんでした。しかし、2011年には、取引競争法の改正が行われるなど、政府は実効的に取締りを強化する方針を明らかにしています。違反する場合には、3年以下の懲役、もしくは600万バーツ以下の罰金が役員などに科される可能性があるため、当該法令についての最新の運用状況を確認しておく必要があります。

■ 会計基準

　M&Aを行う際、対象企業の企業価値の算定を正しく行い、買収価額を決定する必要があります。その場合に計算根拠となるのは、対象企業の財務諸表です。財務諸表作成に当たっては、国によって会計基準が異なるため、現地の会計基準を把握しておくことが重要です。

　タイの場合、2011年より国際財務報告基準（IFRS）をほぼ全面的に取り入れた、タイ財務報告基準（TFRS）の適用が開始されました。この財務報告基準は公開会社だけでなく、原則としてすべての会社に適用されます。ただし、非公開会社については、一部の基準が適用除外となっています。

　TFRSは、基本的にはIFRSに類似していますが、一部異なる点もあること、また実務慣行的に実施されていないものもある可能性があり、その点は注意する必要があります。

　また、補足として、タイは公開会社、非公開会社、すべての企業の株主情報、取締役情報、決算書情報を取得することが可能です。そのため、デュー・デリジェンスなどを始める前にも登録されている情報を確認しておくのが望ましいです。

タイM&A

M&Aに関する税務

　買収を行う場合、税務上のリスクが伴います。買収対象企業の権利を取得できる一方、責任を承継するため対象企業について慎重に検討する必要があります。たとえば、買収前に対象企業が納税義務を怠っていた場合やコンプライアンス違反をしていた場合、その責任も買収を行う会社が負わなければならないため、税金および罰金を負担することになります。これを十分に留意して、買収後に起こり得る債務コストや税務上のリスクを考慮するなど買収対象企業の財務状況をよく見極めて評価分析しなければなりません。

■ 株式取得

　株式を取得する場合、譲渡価額の合理性が問われます。税務上の譲渡価額は実際の売買価額とは関係なく、取引時点の時価で譲渡が行われたものとみなします。ただし、第三者により作成された評価報告書によって証明できれば、時価を超える価額を採用できます。

［ 株式売却時に発生する税金 ］

　株式取得の手法でM&Aを行う場合、取引関連者が居住者または非居住者、タイ国内または国外などの違いにより課税が異なります。

非居住者間によるタイ国外で行う株式譲渡
　タイの国外において、非居住者同士がタイ国内法人の株式譲渡取引を行った場合、歳入法の規定（70条）により、譲渡で得た所得に対しては、タイ国内で課税されません。

日本法人　　　　　　　　　　日本法人

譲渡で得た所得は
課税不要

非居住者からタイ国内の会社への株式譲渡

　日本とタイは租税条約を締結しており、その中で、タイで発生する所得についてはタイで課税するという規定があります（日タイ租税条約13条）。そのため、たとえば日本企業がタイ国内の会社に対して株式を譲渡した場合、譲渡された株式に対して対価を支払う際に、タイ側で源泉所得税が課されます。この場合の源泉所得税は、譲渡株式の譲渡価額から取得価額を控除した金額を課税対象所得として、15％が課税されます。

タイ国法人、個人が行う株式譲渡

　タイ国法人が株式の譲渡者の場合、国内外の会社を問わず、譲渡により得た利益に対して通常の法人税率20％が課税されます。また、譲渡者がタイ国個人の場合には、通常の個人所得税率（0〜35％の累進課税）が課されます。

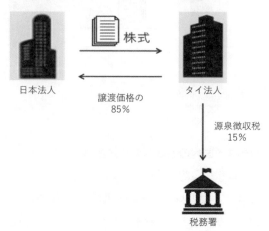

【非居住者からタイ国の会社への譲渡】

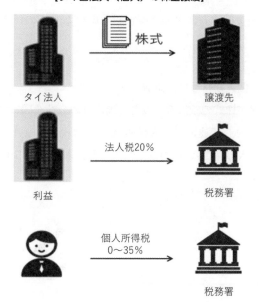

【タイ国法人（個人）の株主譲渡】

なお、印紙税に関しては、株式譲渡が海外で行われ、かつそれに関する原文書が国外に保管されている場合のみ非課税となっています。した

がって、非住居者間、かつタイ国外で譲渡取引が行われる場合には印紙税が非課税となる可能性もあります。

■ 合併

[新設合併]

新設合併に伴う取引により発生した税金に対しては、税務上の優遇措置が定められています。

- 資産の譲渡益に対する課税の免除
- 不動産などを除く資産の移転に係る付加価値税（VAT）の免除
- 不動産などの移転に係る特定事業税の免除
- 不動産の譲渡に係る源泉税の免除
- 不動産名義変更登記手数料（不動産評価額の2％）の免除

ただし、被合併法人に生じていた繰越欠損金の引継ぎは認められていません。

■ 全部事業譲渡

会社法上、全部事業譲渡は認められています。税務上も、取引から生じる税金が発生しないように、以下のような優遇措置が設けられています。

- 資産の譲渡益に対する課税は免除
- 不動産など、貸付金以外の資産の譲渡に対するVATの免除
- 不動産や貸付金の譲渡に係る特定事業税の免除
- 不動産の譲渡時に発生する源泉税の免除

税務上の優遇措置を受けるためには、以下の2つの要件を満たす必要があります。

- 譲渡会社の資産負債のすべてを譲渡すること
- 譲渡会社を解散し、清算手続に入ること
- 譲渡後、歳入局への申請手続きを行うこと

民商法典上、債務超過である会社は任意清算手続を行うことはできず、裁判所を介した破産手続を行うことが要求されるため、事前に債務超過を解消しておく必要がある点に注意が必要です。また、合併と大きく異なる点として、不動産の名義変更登記に係る登記手数料の免除がないため、譲渡資産に不動産が含まれる場合には、当該コストを勘案する必要があります。

また、全部事業譲渡に関しては、税務上の適用を受けるためには、譲渡側および譲受側が租税を滞納していないことや、譲渡が行われるのと同一の会計年度内に清算を行うことなどの要件が定められています。

なお、譲受側が留意しなくてはいけない点として、外国人労働者の事業許可などの許認可の承継と、従業員の承継が挙げられます。

・外国人事業許可などの許認可は自動的に承継できない。
・従業員の承継には、個々に同意を得る必要があり、得られない場合、労働者保護法もしくは就業規則などに基づき解雇保証金を支払うことになる。

■ 一部事業譲渡

一部の資産負債のみを譲渡する場合は、全部事業譲渡とは異なり、税制上の優遇措置が原則として与えられていません。ただし、2011年4月に公布された勅令第516号によると、グループ内で行われる一部事業譲渡については、譲渡された資産に対するVATと特定事業税、印紙税について免税措置を受けることができます。

ベトナム M&A

ベトナムM&A

ベトナムにおけるM&Aの動向

　2012年、日本の国有化によって再燃した尖閣諸島問題を契機にチャイナリスクが顕在化し、中国一極集中を回避するため、チャイナプラスワンの筆頭として当時からベトナムが注目され始めてきました。日本企業の進出件数としては、2011年頃から増加しはじめています。

　近年では、グリーンフィールド投資での進出のみでなく、クロスボーダーM&Aを検討する日系企業も多く、ベトナム企業自体もM&Aにて売却を検討する企業が増加してきているため、ASEAN市場でも今後、シンガポールに続き、M&Aが増加すると考えられています。

　次のグラフは2017〜2023年の間に、ベトナムで行われたM&Aのうち、公表されているM&Aの件数と金額の推移を表したものです。

【In-Out件数・取引額】

	2017	2018	2019	2020	2021	2022	2023
IN-OUT件数	23	22	33	23	22	28	19
IN-OUT取引金額（単位：百万米ドル）	141	265	389	416	1,478	61	1,666

【近年ベトナムクロスボーダー事例】

日本	ベトナム	年度	出資比率	業種
大正製薬ホールディングス	Duoc Hau Giang Pharmaceutical JSC	2019	60%	医薬品会社
共英製鋼	Vietnam Italy Steel Joint Stock Company	2018	65%	棒鋼や線材の製造
イオンフィナンシャルサービス株式会社	Post and Telecommunication Finance Company Limited	2024（予定）	持分譲渡契約	金融業
株式会社東京通信グループ	Seesaa Vietnam co., ltd.	2023	―	アプリ開発
株式会社トーモク	Khang Thanh Manufacturing Joint Stock Company	2023	100%	紙器製造販売
双日株式会社	DaiTanViet Joint Stock Company	2023	100%	業務用食品卸
ソーシャルワイヤー株式会社	MK1 TECHNOLOGY VIETNAM COMPANY LIMITED	2023	100%	デジタルPR事業

151

ベトナムM&A

投資規制

　ベトナムに投資を検討する際、最初に留意すべき点は、外国投資に対する規制についてです。どれだけベトナムマーケットに魅力があったとしても、外国投資の規制業種に該当している場合、事業活動に制限がかかってしまいます。

　現在、ベトナムにおける規制・制限については、内資・外資を含め以下のものがあります。

- 投資禁止分野と条件付投資分野の規制
- 出資比率による規制
- 資本金に関する規制（内資、外資が対象）
- その他の規制

■ 投資禁止分野と条件付投資分野の規制

　共通投資法およびその施行細則を定める法律（Law on Investment No.21/2020およびDecree no.31/2021/ND-CP）において、投資禁止分野と条件付投資分野が定められています。投資禁止分野に該当する業種は、投資自体ができません。また条件付投資分野に該当する規制業種は、投資審査手続が必要となり、審査なしの業種よりも許可の取得が難しく、時間がかかります。具体的な禁止業種・規制業種は以下のとおりです。

[**投資禁止分野（内資・外資が対象）**]
国防、国家安全および公益を損ねる投資事業
- 違法薬物の製造および加工
- 国家の利益および組織と個人の権利と利益を害する分野
- 探偵および捜査分野

歴史文化遺産および伝統を損ねる、公序良俗に反する投資事業
- 歴史および国家文化遺産の域内で建設する案件、および建築と景観に悪影響を及ぼす案件
- 風俗品および迷信を招く物品の製造
- 危険な玩具、人格形成および健康に悪影響を与える恐れのある玩具などの製造
- 売春および女性、児童の人身売買

生態環境を損ねる投資事業
- 国際条約に定める化学品の製造
- ベトナムで禁止されている、または使用されていない獣医薬品、植物薬品の製造
- ベトナムで禁止されている薬品、ワクチン、バイオ医療製品、化粧品、化学薬品、殺虫剤の製造

有害廃棄物処理にかかわる投資事業
- ベトナムへ有害廃棄物を持ち込み処理する案件、有毒化学薬品を製造する案件、国際条約において使用が禁止されている有毒化学薬品を使用する案件

[**条件付投資分野**]

内資・外資共通
- 国防、国家安全に関する分野
- 金融、銀行業
- 文化、情報、新聞、出版
- 娯楽産業
- 天然資源の採掘、生態環境保護
- 教育、訓練事業
- 法律により定められるその他の分野

ベトナムM&A

・ 国際条約に定める分野

外資のみ対象

- 放送、テレビ放映
- 文化的作品の制作、出版、配給
- 鉱物の探査および開発
- 長距離通信およびインターネットの設置およびサービス
- 公共郵便網の建設、郵便および宅配サービス
- 河港、海湾、空港の建設および運営
- 鉄道・航空輸送、海上・水上輸送、旅客輸送
- 漁獲
- タバコ製造
- 不動産業
- 輸出入および運輸業
- 病院、診療所
- 国際条約において外資への市場開放を制限しているその他の投資分野

■ 出資比率による規制

　ベトナム政府は2007年のWTO加盟に伴い、WTOサービス分類による12分野のうち次の11の分野において市場開放することを発表しました。

①法律、会計、監査、税務、コンサルティングサービス
②情報通信などのコミュニケーションサービス
③建設サービス
④卸売、小売、フランチャイズなどの流通サービス
⑤教育サービス
⑥汚水廃棄物処理などの環境サービス

⑦保険、銀行、証券などの金融サービス
⑧病院などの健康関連サービス
⑨ホテル、旅行業などの観光サービス
⑩娯楽サービス
⑪海上、航空、鉄道、道路などにおける運送サービス

現在も段階的な市場開放が行われており、建設関連サービスや、流通サービス（卸売、小売、フランチャイズ）などでは既に100％外資による進出が可能となっています。

ベトナム M&A

WTO公約による出資比率の規制は次のとおりです。

【出資比率による規制】

No.	投資分野	外国投資比率の制限
1	広告サービス	合弁・事業協力のみ可能 外資比率記載なし
2	農業、狩猟および林業サービス	51％以下
3	基本通信事業サービス	インフラ網を持たないサービスは、65％以下 インフラ網を持つサービスは、49％以下
4	仮想プライベートネットワーク	インフラ網を持たないサービスは、70％以下 インフラ網を持つサービスは、49％以下
5	付加価値サービス (Webコンテンツサービスなど)	インフラ網を持たないサービスは、65％以下 インフラ網を持つサービスは、50％以下
6	映画制作および映画配給	51％以下
7	銀行およびその他金融業	30％以下
8	旅行代理および観光ツアー手配業	合弁のみ可能、外資比率記載なし
9	電子ゲームセンター	49％以下
10	海上運送サービス	ベトナム国旗を掲揚する船舶運航会社の設立は、49％以下 ＊ベトナム国旗を掲揚する船舶運航会社設立を除き、国際海運サービスを供給するための、その他商取引参加形式での外国投資100％企業設立は可能
11	コンテナ積み下ろしおよび船積みサービス	50％以下
12	国内水路運輸サービス	49％以下
13	鉄道運輸サービス	49％以下
14	道路運輸サービス	51％以下
15	空港経営業	30％以下
16	航空サービス (空港経営業でない場合)	30％以下
18	空運事業	34％以下
19	一般の空運事業（飲食、広告など）	34％以下

出所：JETRO「ベトナム外資に関する規制」

　しかし、実態として、規制が緩和されているにもかかわらず、投資許可が下りない場合がよくあるので注意が必要です。特に小売や販売会社などの流通業によく見受けられます。また、規則上100％の外国投資が可能な分野でも、実務上100％外資で設立を申請しても投資審査を通過

できないという場合も頻繁にあり、まだ多くの部分で不透明さが残っています。

出資比率と関連規制・法律

ベトナムで株式取得によるM&Aを行う場合、出資比率に応じてさまざまな規制や法律が定められています。

[**出資比率5％**]

定款に別段の定めがある場合を除いて、普通株式総数の5％超を6カ月以上継続して保有する株主に対しては、議案提案権および株主総会招集権を認めています。日本の場合は3％以上であるため、日本の規定に比べて厳しいです。通常の友好的な提携を前提とするならば、このような権利を行使する状況になるとは考えにくいですが、保有比率を検討する過程で考慮する必要があります。

[**出資比率25％**]

ベトナム証券法32条によれば、上場企業の発行済議決権付株式の25％以上を取得する場合には、公開買付を行わなければならないという規定があります。また、直接的あるいは間接的に発行会社の議決権付株式を5％以上保有する株主は、当該公開会社・証券取引委員会・証券取引所などへ大量保有報告書の提出義務が発生します。

[**出資比率49％**]

従前、外国投資家による公開株式会社の保有可能株式総数は最大49％となっていましたが、2021年より次のとおり規定されています。

①ベトナムが加盟する国際条約にて外資比率が規定されている場合は、当該比率に従う。
②関連する法律において、外資比率の規制がある場合は、当該比率に

従う。

③条件付投資分野の場合、リストに規定されている場合は、当該比率の上限に従う。具体的な定めがなければ、外資比率は最大50％となる。

④当該公開株式会社が複数事業を行い、各事業に対して規定されている場合は、そのうちの最も低い事業に従う。

⑤上記①～③に該当しない公開企業の外資比率には、制限を設けない。

⑥当該公開株式会社が上記①～⑤の最大比率よりも低い比率を最大比率とする場合、当該比率は当該株式会社の株主総会にて可決され、定款で明確に定められなければならない。

[**出資比率65％**]

ベトナムの株主総会の普通決議の定足数は、議決権総数の65％であり、決議要件が総会出席者の議決権総数の65％です。つまり、支配権を獲得するためには、議決権総数の65％以上の株式を取得する必要があります。

[**出資比率75％**]

定款変更、会社再編、株式発行数・種類に関する事項などは特別決議による承認が必要です。なお、特別決議の定足数は議決権総数の65％であり、特別決議の要件は有効な株主総会において出席者議決権総数の75％以上を有する株主の賛成を得る必要があります（企業法104条2項b）。

■ **資本金に関する規制（内資・外資が対象）**

外国企業がベトナムに会社を設立する際の資本金は、一部の分野を除き、原則自由に設定できます。

規制分野は、次表のとおりです。

【法定資本が必要となる投資分野】

投資分野		法定資本	法律根拠
商業銀行	商業銀行	3兆ドン	86/2019/ND-CP
	政策銀行	5兆ドン	
	協力銀行	3兆ドン	
	外国銀行の支店	1500万米ドル	
人民信用基金	地方人民信用基金	5億ドン（村または町）	
		10億ドン（坊または複数の村）	
非銀行信用機関	金融会社	5,000億ドン	
	金融リース会社	1,500億ドン	
	マイクロ金融機関	50億ドン	
警備サービス		100万米ドル（外資側）	96/2016/ND-CP
研修生の海外派遣サービス		50億ドン（内預り金10億ドン）	69/2020/QH14、112/2021/ND-CP
空港経営業		1,000億ドン	64/2022/ND-CP
航空サービス（空港企業ではない場合）	乗客ターミナル運営サービス、駅運営のサービス、倉庫運営サービス、ガソリン	300億ドン	
	提供サービス		
空運事業 31台以上：7,000億ドン		1～10台：3,000億ドン	
		11～30台：6,000億ドン	
一般の空港事業（飲食、広告など）		1,000億ドン	
海上輸送（国際海運業）		50億ドン以上の保証（または船員に対する船主責任を保証する保険に加入）	147/2018/ND-CP
国際観光サービス アウトバウンド向け 上記両方	インバウンド向け	預り金額5,000万ドン	94/2021/ND-CP
	預り金額1億ドン		
	預り金額1億ドン		
人材紹介サービス		預り金額3億ドン	23/2021/ND-CP

ベトナムM&A

証券	証券仲介	250億ドン	155/2020/ND-CP	
	ディーリング（自己売買）	500億ドン		
	証券発行保証	1,650億ドン		
	証券投資および金融コンサルティング	100億ドン		
	資金運用ビジネス	250億ドン		
金融関連事業	ゴールドバーの売買	一般企業：1,000億ドン 信用機関：3兆ドン	24/2012/ND-CP	
保険業	非生命保険	3,000～4,000億ドン	80/2019/ND-CP	
	生命保険	6,000億～1兆ドン		
	保険仲介	40～80億ドン		
	非生命保険を実施する外国企業の支店	2,000～3,000億ドン		
	健康保険のみ実施する企業	3,000億ドン		
	非生命再保険、および健康再保険を実施する企業または非生命再保険および健康再保険を実施する企業	4,000億ドン		
	生命再保険、生命再保険および健康再保険を実施する企業	7,000億ドン		
	生命再保険、非生命再保険および健康再保険を実施する企業	1兆1,000億ドン		

通信業	無線周波数帯を使用せずに、固定通信ネットワークインフラを構える場合	1省、中央レベル市において：50億ドン 2～30省、中央レベル市において：300億ドン 全国において：3,000億ドン	25/2011/ND-CP
	無線周波数帯を使用し、固定通信ネットワークインフラを構える場合	1～30省、中央レベル市において：1,000億ドン 全国において：3,000億ドン	
	地上モバイル通信ネットワークインフラを構える場合	無線周波数チャネルの使用：600億ドン 無線周波数帯の使用なし（仮想）：3,000億ドン 無線周波数帯の使用：5,000億ドン	
	固定衛星通信ネットワークインフラおよび移動衛星通信ネットワークインフラを設置する場合	600億ドン	
独立監査法人（有限会社の場合）		50億ドン	17/2012/ND-CP
労働者派遣業		預かり金額20億ドン	145/2020/ND-CP
信用格付業		150億ドン	88/2014/ND-CP
商品取引所 ②商品取引所の仲介業者		1,500億ドン（外国投資家は49%を超えない場合許可される）	51/2018/ND-CP/ 158/2006/ND-CP
③商品取引所の取引会員		750億ドン	
デジタル署名の公共認証サービス		預り金額50億ドン	130/2018/ND-CP
病院		2,000万米ドル	WTO公約
総合診療所		200万米ドル	
専門治療施設		20万米ドル	

出所：JETRO「外資系企業に対する出資比率の制限」

　上記分野でなければ、最低資本金額のルールはありません。ただし、実務上、資本金ゼロでは投資許可を取得できません。また、進出企業の資本金額が親会社の保有する現預金額を上回っている場合は、当局より指摘を受け、投資許可を取得できない可能性があります。

ベトナムM&A

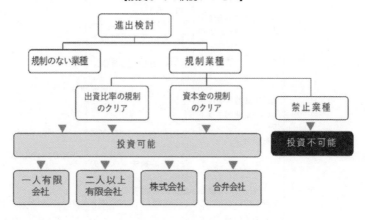

■ 外国企業の土地所有に関する規制

　ベトナムでは、土地は国民の共有財産であり、国有のものとされています（民法20条、憲法17条）。原則として、国はベトナム国籍を有する個人・法人に土地使用権を付与しています。進出する外国企業には土地の所有は認められていないため、ベトナム政府から土地を賃貸し、使用料、賃貸料を支払うことになります。

　2007年12月6日付財務省発行の通達第145号（TT-BTC）および2010年1月8日付通達第2号（TTLT-BTNMT-BTC）に従い土地、水面、海面の使用料を算定し、賃貸料を支払う必要があります。

■ 外国企業の借入に関する規制

　ベトナムで事業を行う場合、ベトナム国内にある銀行、または親会社から借入れることができます。利用目的などには規制があります。

[ベトナム国内で借入をする場合]

　ベトナム国内で借入をする場合、ベトナム国内銀行から借入をする方法と、外資銀行から借入をする方法があります。

　前者は、ドン建での借入をすることができます。後者は、ドン建・外

貨建どちらでも借入をすることができます。しかし、外貨建で借入をする場合には、海外からの輸入・サービスに対する支払資金、ベトナムから外国への投資資金、対外債務の期限前返済資金など運用目的に制限があります。

　また借入の申請には、担保もしくは保証書を提出する必要があります。

[ベトナム国外から借入をする場合]

　一般的に親会社などの関連会社から、運転資金などを補てんするために親子ローンが組まれます。このような海外からの借入をする場合、ベトナムでは、その借入期間によって規制の内容が異なります。

1年以内の短期借入

　1年以内の短期借入による資金は、経常口座に必ず入金しなければならず、その用途は、運転資金に限定されます。ベトナム中央銀行への事前申請は不要です。

1年超の中長期借入

　借入期間が1年を超える場合には、借入の都度、ベトナム中央銀行に事前申請を行い、借入登録証を取得しなければなりません。申請書類には、申請書に加え、投資証明書の写し、借入契約書の写しなどが必要です。

　また借入れる資金は、資本金口座もしくは借入金専用口座を開設して、経常口座と区分して入出金管理をしなければなりません。

　前述したとおり、外国企業に対して多くの業種が開放されましたが、法律の定義があいまいであること、法律と実態が異なることなどから、不透明な点が残ります。

■ 投資許可証に関する留意点

　ベトナムでは、法律上、外国資本の規制に該当しない分野への投資でも、実務上、規制される場合があるため、進出の際は、専門家に十分相

談することが望ましいです。

その他、外国企業が投資許可証を取得する際に、事前に知っておくべき主な留意点は、次のとおりです。

[親会社の実績重視]

ベトナムで始める事業に関する親会社での実績が、非常に重要になります。親会社の定款の事業目的に、その事業が記載されている必要があります。たとえば、ベトナムでITのソフトウェア開発の投資許可証を取得したい場合は、その親会社の定款の事業目的にITソフトウェア開発が記載されていなければなりません（またはそれに近い事業目的）。

さらに業種によっては、親会社の実績を示すために取引先との契約書や請求書、写真などの根拠を示す追加書類を計画投資局より求められることがあります。追加書類により、手続が大幅に遅れてしまうこともあります。

[投資許可証取得が困難な流通分野]

流通分野（卸売、小売）に関しては、2007年商務省令第10号（QD-BTM）によって2009年1月1日から100％外資による小売業への進出が可能になったにもかかわらず、投資許可証の取得は困難な状況にあります。特に2店舗目以降の開設許可についてはエコノミックニーズテスト（ENT）と呼ばれる地方（省レベル）機関や商工省の審査を通過しなければならず、この審査手続に不透明な部分があり、外国投資を難しくしています。

ただし、2013年6月7日から施行された外国企業の商品売買活動のガイドラインである2013年財務省通達第8号（TT-BCT）により、500㎡未満の店舗のENTは廃止されました。これにより、500㎡未満であるコンビニエンスストアなどは多店舗展開をしやすくなりましたが、法律と実態が異なるので、実際に許可が取れるかどうかは不透明な部分が残ります。

[**外資規制対象の飲食店**]

　飲食店に関しては、2015年1月11日までは外資100％での投資は禁止されています。ベトナムでは小規模資本で経営している飲食店または屋台が非常に多く、資金的にもノウハウ的にも勝った外国資本の進出により、ローカル資本の飲食店が大きなダメージを受けると考えられているためです。この規制のため、人口約9,000万人の大きなマーケットにもかかわらず、外資の飲食店はほとんどなく、ロッテリアやケンタッキー・フライド・チキンなどの外資チェーンもありますが、その大半がベトナム資本のフランチャイズ店舗です。

　2015年以降は、外資100％で投資ができますが、実際に許可が取れるかどうかは申請内容次第となることがあります。

[**ベトナム国内販売に必須のHSコード**]

　ベトナム国内で販売するためには、HSコード（輸出入統計品目番号）と呼ばれる商品コードの登録が必要となります。ベトナム政府はこのHSコードの中で、ベトナム政府が外国資本にとって取得困難な品目を指定しています（2011年商務省令第1380号〔QD-BCT〕）。これらは事実上、国内販売の規制となります。

[**実務上存在する最低資本金**]

　法律上、資本金額の設定のない業種は原則自由に資本金を設定することが可能ですが、実務上、業種によってはある程度の資本金を用意する必要があります。

ベトナムM&A

会社法およびM&Aスキーム

■ 外国人投資家がベトナム企業へ投資する形態

　ベトナムにおいてM&Aを行う手法として、まず対象のベトナム企業が株式会社か有限会社かにより、形態は大きく異なります。

　まず、株式会社の場合は、他国のケースと同様に株式の譲渡、公開買付を行うことができます。しかし、新株発行による第三者割当および新設合併などの法制度はいまだ整備されていません。

　有限会社の場合は、出資資本持分を取得する方法を採用する場合が多いです。資産譲渡および企業法上の合併という方法も採用できますが、実務上の手続が煩雑であるため、利用されるケースは少ないです。

　株式会社および有限会社のM&Aの方法としては、それぞれ、発行済株式の取得および資本の持分資本の取得が代表的な方法となります。いずれの場合であっても、外国企業がベトナムにおいて投資を行う場合、人民委員会より投資許可証の取得が必要となります。

　M&Aによる外国投資の場合の投資許可証の取得条件として、有限会社の場合は持分資本の獲得に係る持分譲渡の完了を示す書類の提出、株式会社の場合は株式譲渡の完了を示す書類の提出が必要です。しかし、具体的にどのような書類を用意すればよいのかは明示されていません。投資許可証の発行機関は、投資計画局および人民委員会、工業団地の場合は工業団地の管理委員会となりますが、地域によりこれらの書類の解釈が統一されていないのです。したがって、株式譲渡もしくは持分譲渡に係る送金証明書類の提出を求められるケースもあれば、未払であっても株式譲渡および持分譲渡の完了を示す書類があれば投資許可証の発行が認められる場合もあります。

　なお、外国企業の100％資本による投資であれば、資本金の振込は投資許可証取得時点で完了していなくても、取得より1年以内に振込を完

了すれば問題ありません。当事者間のM&Aに係る合意の中で株式譲渡および持分譲渡の条件を決定する場合、当該地方を管轄する人民委員会および当委員会支局などの管轄機関に、事前に投資証明書の発行要件および必要書類について確認をとった上で、当事者間の取引の詳細条件について合意する必要があります。

■ 株式会社のM&A

[発行済株式の取得プロセス]

公開会社の場合

①ベトナムの銀行口座を開設(ベトナムにて営業許可を持つ銀行に限る)

②ベトナムの銀行口座をベトナム国家銀行に登録

　外国人投資家がベトナムにおいて証券取引用の口座を開設する際には、ベトナム国家銀行に必要書類を申請しなければならない。

③ベトナム証券保管センター（Vietnam Securities Depository）から取引番号を取得

　外国人投資家は、証券保管銀行もしくは証券銀行を選択し、必要書類を送付する。銀行は、ベトナム証券保管センターから取引番号を取得する。

④証券取引口座を証券会社に開設（外国人投資家）

・証券保管口座を開設

・公開会社の主要株主（5％以上の議決権付株式を保有）となった場合、国家証券委員会（State Securities Commission）などへ報告

　株式の購入により、外国人投資家が企業の主要株主となった場合には、主要株主となった日から7営業日以内に、国家証券委員会および公開会社の株式が上場されている証券取引所に対して、主要株主となった旨の報告書を送付しなければならない。

⑤公開買付の敢行

　流通している議決権付株式の25％以上を取得しようとする場合、株式公開買付を行う。外国人投資家が公開買付を行う場合は、国家証券委員会の承認が必要となる。

⑥新株主の名称を加えるため、投資計画当局に対し、投資証明書または営業登録証明書の変更を申請
⑦総株式の5％以上の株式を保有している場合、投資計画当局へ通知
　外国人投資家が総株式の5％以上を保有している場合、その旨を株式の取得後7営業日以内に当局に対して通知しなければならない。

非公開会社の場合
①ベトナムの銀行口座を開設（ベトナムにて営業許可を持つ銀行に限る）
　外国人投資家は、証券保管銀行を利用し、証券取引のための銀行口座を開設する。
②ベトナムの銀行口座をベトナム国家銀行に登録
③外国人投資家はベトナム国家銀行へ関係書類を送付
④口座を開設した証券保管銀行を通して、ベトナム証券保管センターから株式の取引番号を取得
⑤投資家が総株式の5％以上を保有している場合、投資計画局へ登録
⑥新株主の名称を追加するため、投資許可証の内容を変更投資許可証の内容変更に必要な書類を作成し、投資計画当局に提出する。

■有限会社のM&A

　有限会社のM&Aでは、当該有限会社は投資対象となる企業の投資許可証に新たな出資者または社員として登録されることになります。M&Aの対象企業が有限会社である場合は、株式が発行されていないため、有限会社の出資資本持分を取得するという形式を採ります。

■有限会社の持分資本の取得によるM&A

　有限会社の資本持分の取得によるM&Aの方法は、一人有限会社に出資する場合と、二人以上有限会社に出資する場合とでは大きく異なります。

[一人有限会社への出資]

　一人有限会社への出資は、持分のすべてを取得する場合と一部を取得する場合とに分けることができます。すべてを取得する場合は、一人有限会社の出資者が変更されることになります。一部を取得する場合は、社員がもう一人増えることになりますので、一人有限会社の形態から、二人以上有限会社の形態に変更されることになります。

[二人以上有限会社への出資]

　二人以上有限会社への出資は、既存の社員より持分を取得するか、新たな社員として出資するかに分かれます。

　いずれの有限会社の持分を取得する場合であっても、投資許可証の内容に変更が加えられることになりますので、投資計画当局に対して投資者の内容を変更する申請を行わなければなりません。

　申請に必要な書類には、以下のものがあります。
・投資者の変更申請書
・投資者に関する法定書類（日本の企業であれば、登記簿謄本、定款など）
・投資者が企業である場合は、企業の法的代表者の身分証明書
・資本譲渡契約書
・投資対象企業の取締役会議事録
・投資対象企業のプロジェクト実施報告書
・投資対象企業の直近の財務報告書

　この申請手続は、有限会社が増資をする場合など投資許可証の内容を変更する手続と同様のものです。実際の手続は投資計画当局において行われますが、最終的な認可は人民委員会において行われることになります。

ベトナムM&A

関連する各種規制・法律

　ベトナムは、2007年に世界貿易機関（WTO）に加盟したことに伴い旧外国投資法に代わって、共通投資法と統一企業法を施行し、法体系が整備されました。外国資本企業もベトナム国内企業と同様の法律の下に規制されることになり、従来に比べ投資の自由度が高まり、外資の参入が制限されていた多くの業種に対して、段階的に市場開放が行われています。

　ただし、現時点でM&Aを専門的に規定している法律は存在せず、下記法規に規定されるに留まっています。

【M&Aに関連する法規】

投資規制	外国投資に対する規制を規定する
統一企業法	企業分割、企業分離、企業統合、企業合併を規定する
証券法	公開買付規制、インサイダー取引規制を規定する
競争法	M&Aを行った際のマーケットシェアについて規定する
WTO協定	M&Aに関する事象でWTO協定に関する条項とベトナム国内法との間に矛盾が生じた際は、WTO協定が優先される
民事訴訟法	第三国の仲裁手続がベトナムにおいて執行可能であることを規定する

　基本的に国際協定がベトナム国内のどの法律よりも優先されることになりますが、国内法との矛盾もあり、実務上、解釈が難しい場合も多くあります。

　ベトナムの法整備・行政手続は不透明なところが多く、法律と実態に乖離があるため、十分な注意が必要です。

　たとえば、外資の出資比率が100％可能な業種であっても、実務上は投資局がライセンスを発行しないといったケースは多くあります。さらに法解釈や許可に関する判断基準が担当者、地域、時期によって異なり、ある地域で可能なことも他の地域では不可能ということも発生します。

また、同地域の同担当者であっても、タイミングによっては、判断基準が異なることがあります。過去の結果は、その時点での担当者の判断・解釈にすぎないためです。

あらゆるリスクを想定し、各々の予防策を用意するという意味で、ベトナムに精通した専門家による法務デュー・デリジェンスが財務デュー・デリジェンスと同様に重要な役割を果たすと考えられます。

■ 組織再編

[企業分割]

企業分割とは、有限会社または株式会社が分割されることで、同じ種類の会社を複数新設（以下、分割企業）することをいい、分割元企業は清算されます。分割の手順は、以下のとおりです。

①分割元企業の株主議会、株主もしくは株主総会において、企業分割についての決議を行います。決議内容には分割元企業の会社名と本社所在地、分割企業の会社名、分割の詳細と手続、社員の雇用計画、株式、社債の移転期日と手続、分割元企業の債務に対する対応、企業分割の実施期日が含まれている必要があります

②企業分割の決議後15日以内に、その決定をすべての債権者と社員に通達しなければなりません。

③分割企業の無限責任パートナー、株主は、定款、株主議会の議長、分割企業の会長、取締役会、取締役員について承認を行います。承認を得た後、統一企業法に従って事業登録します。事業登録書類には、分割元企業において実施された企業分割の決議内容を明記する必要があります。

④事業登録した時点で、分割元企業は清算されます。それぞれの分割企業は、分割元企業の未払債務、雇用契約の義務、その他の権利義務を共同で負うか、もしくはいずれの分割企業が義務を負うか、債権者、顧客、社員との間で合意を得なければなりません。

171

ベトナムM&A

[企業分離]

　企業分離とは、有限会社もしくは株式会社が同じ種類の会社（または複数の会社）を新設し（以下、分離企業）、その企業に資産の一部を移転することをいいます。企業分割とは異なり、分離元企業は清算されずに存続します。分離の手順は、以下のとおりです。

　①分離元企業の株主議会、株主もしくは株主総会において、企業分離についての決議を行います。決議内容には分離元企業の社名と本社所在地、分離企業の社名、社員の雇用計画、分離企業へ移転される権利義務の価値、企業分離の実施期日が含まれている必要があります。
　②企業分離の決議後15日以内に、その決定をすべての債権者と社員に通達しなければなりません。
　③分離企業のパートナー、株主は定款、株主議会の議長、分離企業の会長、取締役会、取締役員について承認を行います。承認を得た後、統一企業法に従って事業登録します。事業登録書類には、分離元企業にて行われた企業分離の決議内容を明記する必要があります。
　④事業登録後、分離元企業と分離企業との間で合意がなければ、分離元企業の未払債務、雇用契約の義務、その他権利義務は、分離元企業と分離企業が共同で負います。

[企業統合（新設合併）]

　統合とは、複数の企業を清算し、統合することで新設企業を設立することをいいます。統合の手順は、以下のとおりです。

　①統合される企業は統合契約を締結します。統合契約には、社名、本社所在地、統合の条件、社員の雇用計画、資産、資本金、株式、社債の移転手続、社債の移転条件、期日、統合の実施期日、統合企業の定款草案が含まれている必要があります。
　②統合される企業の株主は統合契約、統合企業の定款を承認し、社員

総会の議長、統合企業の会長、取締役会および取締役員を選任します。また、会社法に従って統合企業の事業登録をします。事業登録書類には統合契約書が含まれている必要があります。

③承認後15日以内に、統合契約書をすべての債権者に送付し、統合について社員に通達しなければなりません。

④競争法で規定のない限り、統合企業が関連する市場でのマーケットシェア30〜50％の場合、統合企業の法的代表者は、統合前に競争管理当局にその旨を通知しなければなりません。マーケットシェア50％以上の場合は、法律規定に定める適用除外対象を除き、統合が禁止されています。

⑤統合企業の事業登録後、統合された企業は清算されます。統合企業は法的な権利を得るため、統合された企業が所有していた未払債務の支払義務を負います。

[**企業合併**]

企業合併とは、1つもしくは複数の企業がすべての法的資産、権利義務を他の企業に移転することをいい、合併元企業は清算されます。

合併の手順は、以下のとおりです。

①合併にかかわる企業は合併契約を締結します。また、合併をする会社の定款草案を作成します。この合併契約には、合併をする会社の会社名、本社の所在地、被合併会社の会社名、本社の所在地、合併手続および条件、雇用契約、被合併会社から合併をする会社への出資額、株式、社債の移転条件、手続、期間、合併の実施期日などが含まれている必要があります。

②合併にかかわる会社の社員、所有者、株主は統一企業法の規定に従って、定款を作成し、合併契約を締結し、合併する会社の事業登録を行います。この場合、合併する会社の事業登録申請書には合併契約書が含まれている必要があります。

③合併契約書は承認後15日以内に、債権者全員に送付し、社員に通達しなければなりません。

④事業登録が終わった後、被合併会社はその事業活動を終了します。合併する会社は被合併会社の合法な権利・利益を受け、未返済債務、有効な労働契約、および他の財務上の義務について連帯責任を負います。

⑤競争法で規定のない限り、合併をする会社が関連する市場でのマーケットシェア30～50％の場合、その法的代表者は、合併前に競争管理当局にその旨を通知しなければなりません。マーケットシェア50％以上の場合は、法律規定に定める適用除外対象を除き、合併が禁止されています。

証券法

2006年証券法第70号（2006年6月29日制定、2010年同法第62号施行）は、ベトナムの公開会社の株式取得について規定しています。特に、証券法の2009年通達第194号（TT-BTC、2009年10月2日制定）では公開買付について規定されています。これらは、公開会社の買収にかかわる唯一の規制です。

■インサイダー取引規制

次の機関、役員などは公開買付期間において、公開買付の情報を利用して自身の証券を売買すること、また公開買付の売買にかかわることが禁止されています。

- 取締役会
- 取締役（取締役総長）
- 副理事（副本部長）
- 主任会計士
- 主な株主
- 公開買付を行う者

- 対象企業および対象ファンド
- 対象ファンドの委員会
- 公開買付について知る証券会社および個人

[**WTO協定**]

　ベトナム議会はWTOに加盟するに当たって、WTO協定に関する条項とベトナム国内法との間に矛盾が生じた場合には、WTO協定の規定が優先されると決議しました。

　ベトナムは一時、社会主義を標榜していましたが、1986年の共産党大会において「ドイモイ（刷新）」をスローガンとし、主として経済分野において市場経済の導入や、官から民への移行、外国資本の積極的受け入れなどの改革を行いました。しかし、依然として社会主義時代に制定・施行された共産主義的色彩が濃い法令が200件近く残存しており、その改廃がベトナム国内において課題となっています。ベトナムの国会で議決される法令の件数は年間7件程度で、それを踏まえると、200件の法令の改廃を数年以内に行うことは、事実上、不可能です。したがって、苦肉の策として前述のWTO協定が優先されるという決議に至りました。

　また、ベトナムが締結している国際条約はWTO（およびGATT）に関する条約のみではありません。日本とベトナムの間には日越投資協定があり、最恵国待遇を相互的に保証している以上は、WTO協定よりも当該協定が優先されるという可能性も考慮しなければなりません。この点は、法務デュー・デリジェンスにおいて当該協定の権利義務やその具体的な紛争解決手続などを確認する必要があります。

　ベトナムにおけるM&A最終契約書では、M&A取引の締結あるいは締結後の問題については、信頼できる外国の仲裁裁判所を利用するという、いわゆる仲裁条項を設定するケースがあります。

　ベトナム国内では法改正が行われていますが、各地域の裁判所において法解釈に関する理解が多岐にわたっており、思わぬ損害を被る恐れが

あります。そこで、ベトナムではなく、シンガポールや香港などの信頼できる第三国で仲裁を行うことがありますが、その場合、完全にベトナムの司法管轄権を排除することが可能かどうかは確認が必要です。たとえば、当事者間の契約上、第三国において仲裁を行う決定をした後、相手側が取り決めを破り、ベトナムの司法機関に対して何らかの申立を行った場合は、ベトナム国内の紛争であるため、ベトナムの司法管轄権を排除することは困難です。

さらに、第三国の仲裁手続で一方の主張を相手側が認諾した場合でも、ベトナムにおいて執行可能かどうかを仲裁裁判所に確認する必要があります。ベトナム民事訴訟法343条によれば問題はありませんが、ベトナム仲裁法上、「ベトナム法の基本原則に抵触する場合」に該当するとして外国仲裁裁判の判決の執行が否定された判例もあります。仲裁裁判所での判決の承認が得られるよう、事前に弁護士に正式に依頼する必要があります。

■ 会計基準（国際財務報告基準）への移行

[会計基準]

ベトナムでは自国の会計基準が適用されており、国際財務報告基準（IFRS）へは移行されていません。2001年12月31日に初版のベトナム会計基準が発効され、2008年9月30日には26からなるベトナム会計基準が発効されました。これはIFRSに基づいて作成されていますが、減損会計、金融商品会計、年金会計、株式報酬などIFRSとの大きな相違が見られます。IFRSへの移行には向かっているものの、まだ時間がかかるものと考えられます。

[監査制度]

外国企業、上場企業、金融機関は法定監査を受けることが強制されています。しかし、上場企業でありながら法定監査を受けている企業の割合はかなり少ないのが実状です。したがって、自社が法定監査を受ける

可能性があったとしてもデュー・デリジェンスにおいて、参考用として他企業の監査済の財務諸表の入手は困難です。不備のない財務諸表を作成するためには、監査後に修正が必要となる場合もあります。

ベトナムM&A

M&Aに関する税務

■ 事業取得

　事業譲渡における資産評価は、基本的には、売り手と買い手の双方の合意によります。両当事者間の取引は、公正な価格を維持するために移転価格のローカル規定に従わなければなりません。資産の売却にはそれぞれの付加価値税（VAT）に従って税が課されます。資産の売り手は、資産譲渡の利益に対して法人税20％が課されます。

[のれん]

　のれんは、3年間にわたって償却されます。

[減価償却]

　売り手から買い手への固定資産の減価償却が法人税控除と認められるためには、以下の事項が必要となります。

　まず資産取得は、合法的なVATインボイスと補助書類（販売請求書や売買契約書など）によって実証されなければいけません。

　また、取得した資産が固定資産とみなされるためには、次の要件をすべて満たす必要があります。

- 経済的な効果が見込まれる資産があること
- 残存期間1年以上
- 取得価格が3,000万VND以上

　売り手から購入した資産の取得原価は、実際の購入金額と使用上の金額（例：固定資産への利息、積み下ろし費用、改良費、取り付け、手数料、登記料）からなります。

　減価償却のために、事業主は地元の税務局に固定資産の償却方法を登

録する必要があります。償却方法には、定額法、定率法、生産高比例法があります。

　減価償却方法は使用期間中に変更可能ですが、明確な理由を文書で税務局に通知する必要があります。

［ **付加価値税** ］

　ベトナムにおいて、資産の売却には、VATが課されます。現在の付加価値税法によると、0％、5％、10％の3つの利率が適用されています。標準のVATは10％です。

　売り手は資産売却の際、買収価格に上乗せされるVATの価格が記載されたVATインボイスを発行します。このVATは、売り手のアウトプットVATとなり、月次ベースで支払わなければなりません。

　また、買い手に対し、資産売却に関して売り手より課されるVATは、インプットVATとして、月次でアウトプットVATと相殺することが可能です。買い手のインプットVATの支払猶予は6カ月です。

　買い手が新たな事業を開始し、その資本投資が1年以上続くのであれば、買い手は年間で投資に使った製品やサービスに係るVATを還付できます。投資に使った製品サービスのインプットVATの蓄積が2億ドン以上になれば、買い手は還付資格が得られます。その他、次の場合においてVATの支払が免除されます。

・事業を立ち上げるための資産による資本拠出
・従属する会社間の資産譲渡
・企業分割、合併などによる資産譲渡

［ **印紙税** ］

　印紙税は特定の資産に課されます。一般的には住居、土地、クルーザー、ボート、自動車などです。資産の譲渡では、新しい資産の所有者が印紙税を支払います。印紙税の計算は、印紙税率に基づき、地域ごとの法律によって規定されています。次のように特定の印紙税率が適用される資

産もあります。
- 住居、土地：0.5％
- ショットガン、スポーツガン：2％
- 自動車：2〜20％
- オートバイ：1〜5％

しかし、いかなる取引においても、1つの資産に対する印紙税の支払額は5億ドン（約2万4,000USドル）を超えることはありません（10シート以上の車両、飛行機、クルーザーは除く）。

印紙税は取引完了日から30日以内に申告しなければなりません。

■ 株式取得

2009年4月15日に発効され、2009年6月1日から施行された大統領令第55号で外国からの投資が最大49％まで引き上げられたことで、投資環境が外国企業に開放されました。これは、近年WTOの会合で、外国投資の機会を高めるために規制を撤廃する方向で話し合われたことによるものです。しかし、銀行のような特定の事業分野への投資は30％に留められたままです。

[譲渡価額]

税務上は、実際の取引価額とは関係なく、取引時点の時価が譲渡価額とされます。一般的に税務上の時価は、譲渡前直近の期末時点の監査済財務諸表上の純資産価額を基に算定された価額が採用されます。ただし、ベトナム監査法人、弁護士など当事者以外の機関によって作成された評価レポートにおいて証明されれば、時価を超える価額を採用することもできます。

[キャピタル・ゲイン課税]

ベトナム法人の株式売却から得られるキャピタル・ゲインに対し、

20%が課税されます。売却価額から投資と株式移転にかかった費用を除いたものが課税対象になる収益です。また、非居住者である個人の売り手に対して、売却額の合計に0.1%の税金が課されます。

公開会社や上場企業の株式の売却による利益は証券として認識され、会社、個人を問わず売り手に対して売却価額の合計に0.1%が課税されます。二重課税条約においては上記の税金が免税されたり、海外にある持株会社の使用によって税金が軽減できたりする場合があります。

納税に関しては、源泉徴収の方法が採用され、証券取引口座を開設した証券会社もしくは民間銀行が行います。

申告・納税および確定申告は、課税所得が発生した日から30日以内に実施します。また、源泉徴収を行う者は、1件当たりの税務申告および納付に対する徴収額の0.8%、1件当たり5,000万ドンを上限として、株式を譲渡する者に手数料を請求できます。

[**未払税金（Tax Indemnities and Warranties）**]

優先されるベトナムの規制に従って、ターゲット企業の未払税金および偶発税金債務（Tax Exposure）が取引後に購入者に譲渡されます。そのため、買い手側はターゲット企業の税務コンプライアンス状況に注意する必要があります。M&A取引では、税務リスクを回避するために税務デュー・デリジェンスを行うのが一般的です。また、偶発税金債務については、M&Aの最終契約書に盛り込むことが推奨されます。

[**繰越欠損金**]

ターゲット企業の損失は、取引後も残ります。取引の前にターゲット企業がつくった損失は、取引後の会社の課税所得と相殺されます。原則として税金損失は、損失が起きた年から5年以上持ち越されることはありません。

課税所得から控除される損失は、ターゲット企業の属するベトナムの税制度の下で申告されます。また、税務局による税務監査が入った場合、

損失は地方税務当局によって決定されることがあります。

[売却前配当]

株式配当は免税または低い税率（個人の場合は5％）が適用されるため、特定の状況では、売り手は売却前配当により、株式価値を収入として実現することによって、キャピタル・ゲイン課税の一部を回避することができます。

[印紙税]

現在、株式取得に係る印紙税はありません。

[本国への利益送金]

会社が関連する会計年度分の監査済財務諸表の法人所得税申告を完了し、税務局から納税証明を受取った場合のみ、海外へ送金できます。

利益/配当の送金はターゲット企業の財務諸表から累積損失が出ている場合は認められません。

[法人所得税]

日本（海外）法人がベトナム企業の資本持分を譲渡することで所得を得た場合、それに対し法人所得税が発生します。その所得と法人所得税は、次の式で算出されます。

所得金額＝譲渡価額−購入価格−譲渡費用
法人所得税額＝所得金額×税率（20％）

譲渡価額とは、譲渡者が取得した譲渡契約書上の受領金総額であり、譲渡取引にかかわる関係者がその金額を定めます。本来は、第三者による企業評価やデュー・デリジェンスを行い、客観的に評価した上で、譲渡価額を決定することが望ましいのですが、ベトナムでは厳密な評価が難しいので、多くの場合、直近の監査済財務諸表の簿価が適用されます。

しかし、譲渡価額が譲渡契約書上に明記されない場合、あるいは税務当局が譲渡価額の妥当性を認めない根拠がある場合は、税務局が譲渡価額を決める権限を有します。低廉譲渡の指摘リスクを減らすためには、譲渡価額が客観的に評価されたことを証明する資料の入手が必要です。

購入価格は、次のいずれかで定められます。

- 譲渡資本が譲渡者の資本出資を目的としたものである場合、出資が行われた時点での出資額を購入価格とする。
- 譲渡資本が第三者からの譲渡により取得したものである場合、第三者からの譲渡が行われた時点での譲渡価額を購入価格とする。

譲渡費用は譲渡に直接関連して実際に支出された費用で、主に資本取得に必要な各種報告書に掛かる費用、法律手続の費用、各種手続の手数料、および譲渡契約締結のための費用が含まれます。なお、資本の一部しか譲渡しない場合、その譲渡持分の購入価格を定める方法は明確に定められていませんが、実務上は、主に移動平均法で算出されます。

原則として、資本譲渡による所得（利益）があれば申告納税の義務が発生しますが、資本譲渡の利益がない、あるいは損失が発生する場合には税務申告をする必要がないと解釈できます。ただし、税務当局の実務対応レベルにも影響されるため、文書で確認することが望ましいです。なお、譲渡価額も購入価格も、譲渡者が外貨記帳かベトナムドン（以下、VND）記帳かで税務当局での取扱が異なります。

[外貨記帳の場合]

外貨金額のままで決定します。

[VND記帳の場合]

外貨で譲渡を行う場合でも、税務上では、譲渡価額は譲渡時点の為替レート、購入価格は出資時点または購入時点の為替レートでVNDに換算され、決定します。したがって、VND記帳の場合、譲渡価額と購入

ベトナムM&A

価格は外貨では等しい金額であっても、為替レートの変動によりVNDではキャピタル・ゲインが発生する可能性もあります。その場合、税務申告と納税の必要があります。

マレーシア M&A

マレーシア M&A

マレーシアにおけるM&Aの動向

　マレーシアにおいて1981年に誕生したマハティール政権は、戦後続けてきたマレー系と先住民を優遇するブミプトラ政策を踏襲しつつ、ルック・イースト政策や積極的な外資誘致を行うことで、経済発展を実現してきました。その後のアブドラ政権、ナジブ政権は、ブミプトラ政策を踏襲してきましたが、最近は外資誘致の障壁となり得る同政策の見直しを図る動きが生まれています。

　マレーシアの経済は、新型コロナ関連の混乱で成長率が2020年はマイナス5％と大きく下振れするも2022年には8％と回復しました。2023年は成長率が4％を下回り減速しています。2020年の世界銀行の発表によると、事業の行いやすさにおいてマレーシアは世界で第12位であり、2018年の24位より大幅に上昇しており、ASEAN諸国中ではシンガポールに続いて2位となっています。また2013年の国際連合のレポートでは、ASEAN中3番目に多い外国投資を受けた国であると発表されています。近年は、その市場価値がさらに認められるようになり、マレーシアで事業を展開する企業が増えてきています。その結果2018年の国際連合のレポートでは、2010年には約527億USドルだった外国投資のインワード・ストックが、2017年には約1,395億USドルまで拡大したことが示されています。

　マレーシア証券取引所の発表によれば、2024年1月現在での上場企業1014社のうち外資企業の数は約300社であり、約40％を占めています。外資企業の中でも半数は中華系企業が占めており、その他インドや東南アジア資本の企業もあります。こういった上場企業の中に占める外資企業の割合は年々増加傾向にあります。

次のグラフは2017〜2023年の間に、マレーシアで行われたM&Aのうち、公表されているM&Aの件数と金額の推移を表したものです。

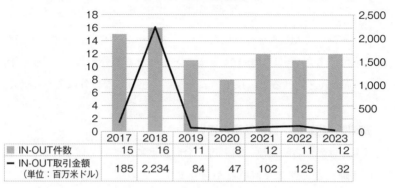

【In-Out件数・取引額】

	2017	2018	2019	2020	2021	2022	2023
IN-OUT件数	15	16	11	8	12	11	12
IN-OUT取引金額（単位：百万米ドル）	185	2,234	84	47	102	125	32

【近年マレーシアクロスボーダー事例】

日本	マレーシア	年度	出資比率	業種
日本紙パルプ商事	Spicers Paper (Malaysia) Sdn Bhd	2018	100%	製紙業
朝日印刷株式会社	Kinta Press & Packaging (M) Sdn. Bhd.	2023	65%	印刷業
ブリッジインターナショナル株式会社	TK International Sdn. Bhd.	2023	100%	マーケティング業
岩谷産業株式会社	Westech Chemicals	2023	100%	冷媒事業
岩谷産業株式会社	ISO Kimia	2023	100%	冷媒事業
TOWA株式会社	K-Tool Engineering Sdn. Bhd.	2023	事業譲渡	金型製造
ニチレイロジグループ	Litt Tatt Enterprise Sdn.Bhd.	2022	出資	物流業
ニチレイロジグループ	Litt Tatt Distribution Sdn.Bhd.	2022	出資	物流業

マレーシア M&A

投資規制

　マレーシアでM&Aを行う場合には、マレーシア国内の法律や規制が関係してくるため、日本国内のM&Aとは異なる部分があります。国内で行うM&Aと比べると、以下のような点に注意しなければなりません。

［ **法制度、税制度、会計基準の違い** ］

　日本とは異なる法制度、税制度、会計基準に基づいているため、手続を行う際、さまざまな留意点があります。このことが、買収ストラクチャーや契約締結の制約になるとともに、買収後の事業活動などに影響を与えます。

［ **外資資本規制** ］

　マレーシアでは、以前は外国資本のサービス業などへの出資には規制が数多くありましたが、2009年よりその多くの規制が撤廃され、企業活動の自由度がますます高くなっています。

［ **外国資本の出資規制** ］

　外国資本によるマレーシア企業の株式保有率については、内外国M&Aガイドライン（2009年）において、製造業の許認可当局である国際産業貿易省などの政府機関と並行して規制されていました。しかし、本ガイドラインは廃止され、マレーシア企業買収における株式保有に関する一般的な外資規制は存在しなくなりました。ただし、業種によっては外国資本の規制対象となる場合があります。たとえば金融業であればマレーシア中央銀行が外資規制をするように、産業により異なる機関が規定を制定しています。

　マレーシアにおいてはM&Aに限らず、外国投資の規制業種に該当し

ている場合、当該業種への参入が規制されます。具体的には、マレー系住民を優遇するブミプトラ政策に関連して、外国資本の出資比率に対する外資規制が存在します。近年は外国資本を積極的に誘致する動きにより規制は大幅に緩和されてきていますが、M&Aを検討するに当たっても、まずは外資規制の概要を把握しておく必要があります。

[**WRTライセンス**]

WRTライセンス（Whole Retail Trading License）は卸・小売業、サービス業（飲食・コンサルティング業）を行う企業かつ、外資資本が51％を超える際に取得が必要なライセンスです。WRTライセンスの取得のための資本金要件は100リンギット（約3,000万円）になります。

■ 禁止業種

「マレーシア流通取引・サービスへの外国資本参入に関するガイドライン（Guidelines on Foreign Participation in the Distributive Trade Services Malaysia）」において、流通業・小売・卸業について、外資参入の禁止業種が以下のとおり定められています。

- スーパーマーケット、ミニマーケット（販売床面積3,000㎡未満）
- 食料品店、一般販売店
- コンビニエンスストア（24時間営業）
- 新聞販売店、雑貨店
- 薬局（伝統的なハーブや漢方薬を販売する薬局）
- ガソリンスタンド（コンビニエンスストア併設店を含む）
- 常設の生鮮市場
- 国家の戦略的利益に関連する事業
- 布屋、レストラン（非高級店）、ビストロ、宝石店など

■ 出資比率・資本金規制

禁止業種のほか、出資比率規制や最低払込資本金についての規制が、

業種ごとに設けられています。

[国家権益にかかわる事業]

国家権益にかかわる事業（水、エネルギー・電力供給、放送、防衛、保安などの国益にかかわる分野）では、外資参入が30％または49％に制限されています。

[製造業]

製造業では、ほとんどの業種で100％外資参入が認められており、資本金要件もありません。ただし、製造業を営む場合には、国際貿易産業省（MITI：Ministry of International Trade and Industry）が発行するライセンスが必要となり、マレーシア投資開発庁（MIDA：Malaysian Investment Development Authority）に申請を行います。このライセンスの取得は、株主資本が250万リンギット以上、または従業員が75名以上いる製造業の株式会社に対して義務付けられています。

[サービス業]

物流業、卸・小売業、その他別途法律で規定されている商品およびサービス（石油製品、医薬品、有害物質など）を取り扱う会社を除く、その他のさまざまな販売形態のサービス業については、最低払込資本金が100万リンギットと定められています。

サービス業についての管轄は国内取引・消費者省（Ministry of Domestic Trade and Consumer Affairs）です。

会社法およびM&Aスキーム

　マレーシアにおけるM&Aは、会社法（Companies Act 2016の「M&A手法の手続・規制」）、資本市場・サービス法（CMSA：Capital Markets and Services Act 2007）、買収コード（Malaysian Code on Take-overs and Mergers 2016）、買収ルール（Rules on Take-Overs, Mergers and Compulsory Acquisitions）によって規制されています。また、対象会社が上場会社である場合は、マレーシア証券取引所（ブルサ・マレーシア）の上場基準（Listing Requirements）による規制も受けます。なおM&Aの主な規制当局は、CMSAを規定するマレーシア証券委員会（SC：Securities Commission）、上場企業に対してはブルサ・マレーシア、金融業を行う会社の買収時にはマレーシア中央銀行となっています。

　また、CMSAの第6章の2部および2016年買収コードに従い、証券委員会（SC）に対して正しく申請書類を提出するための買収コードの内容補足およびガイドラインとしての2016年買収ルールが発効されています。

　2016年買収ルールは、CMSAの第6章2部および2016年買収コードと合わせて確認する必要があります。

■外資企業の形態

　会社法上、外資企業の進出形態は法人、外国法人支店、駐在事務所の3つです。また、法人の場合、以下3種類の法人形態があります。

[株式有限責任会社]

　出資者の責任を所有株式の金額を上限とする会社形態です。これはさらに、公開会社（Bhd.）と非公開会社（Sdn.Bhd.）に区分されます。

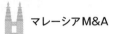
マレーシアM&A

非公開会社は、42条で下記のように定義されています。
- 株主数50名以下
- 株式譲渡制限
- 株式などの一般公募不可

マレーシアにおける非公開会社は上記の定義がなされている企業であり、厳密には上場していないという意味ではありません。

公開会社は非公開会社以外の株式有限責任会社の形態を取る会社を指します。

[**保証有限責任会社**]

保証有限責任会社とは、出資者の責任を事前に定めた出資保証額内とする会社形態です。新会社法では、当該形態の会社のみ定款の作成が明確に義務付けられています。

[**無限責任会社**]

無限責任会社とは、出資者の責任に制限を課さない会社形態です。

■ 公開会社と非公開会社の登記内容の比較

【非公開株式会社と公開株式会社の比較】

項目	非公開会社	公開会社
発起人の最低人数	1	1
株主人数	1～50	1～
取締役最低人数	1	2
株式の公募	不可	可能
社債の公募	不可	可能
メリット	財務情報の開示義務が少ない 上場コストの維持費が少ない	社会的信頼度が高い 公衆から資金調達が可能
デメリット	公衆からの資金調達が不可	買収の危険性がある

[**マレーシアの会社法**]

　2017年1月31日より、新会社法（Companies Act 2016：2016年会社法）が施行されました。会社法が大幅に改正されたのは実に51年ぶりとなります。

　この法改正では主に非公開会社に対する規制が緩和されており、公開会社について旧会社法を踏襲した規定は適用されます。

[**M&Aスキーム**]

　マレーシアにおけるM&A取引としては、以下のような方法が考えられます。

【買収の手法】

株式取得	公開買い付け	強制公開買付・任意公開買付が存在する 任意公開買付において、部分公開買付を選択できる
	株式譲渡	公開買付の要件に該当しない場合や非公開会社の株式を取得する場合に、既存株主から直接株式を取得する
	SOA （スキーム・オブ・アレンジメント）	対象会社が主導権を握ることができる 資本・組織再編に用いられる
新規発行	第三者割当	対象企業の新規株式を発行し、買付者が引き受ける
事業譲渡	全部譲渡	対象企業のすべてまたは実質的にすべての事業を譲渡する
	一部譲渡	対象企業の特定の事業のみを譲渡する

■ 第三者割当による買収

　マレーシアにおいては、発行済株式の取得に加え、第三者割当増資で発行した新規株式の取得による買収も可能です。新規新株を発行するに当たり、株主総会の普通決議が必要となります。

■ 株式譲渡

　マレーシアにおいて株式譲渡は代表的なM&A手法です。上述の公開買付に当てはまらない場合に適用され、その方法や手続は主に会社法や

マレーシア M&A

関連法により規定されています。

【株式譲渡の手順】

```
┌─────────────────────────────────────┐
│ 譲渡当事者から譲渡要求を受けた取締役会による、 │
│         譲渡の承認決議              │
└─────────────────────────────────────┘
              ▼
┌─────────────────────────────────────┐
│ 取締役会決議およびForm32A（譲渡証書）の秘書役によ │
│              る作成                  │
└─────────────────────────────────────┘
              ▼
┌─────────────────────────────────────┐
│       両当事者がForm 32Aに署名         │
└─────────────────────────────────────┘
              ▼
┌─────────────────────────────────────┐
│       譲渡人から秘書役への株券の返還      │
└─────────────────────────────────────┘
              ▼
┌─────────────────────────────────────┐
│ Form32Aへの秘書役による署名およびマレーシア内国歳 │
│            入庁への提出              │
└─────────────────────────────────────┘
              ▼
┌─────────────────────────────────────┐
│        譲渡人による印紙税の支払        │
└─────────────────────────────────────┘
              ▼
┌─────────────────────────────────────┐
│    秘書役から譲受人に対する新株券の交付    │
└─────────────────────────────────────┘
```

[**株式売渡請求**]

　株式売渡請求権（資本市場・サービス法222条）により、買付者は、少数株主が保有している株式の売渡請求をすることができます。この制度は、買付者が公開買付の実施後4カ月以内に、90％以上の株主により株式買付の承認を得ていた場合において、それから2カ月以内に、買付に応じない少数株主に対して通知をすることが適用要件となります。少数の反対株主の株式を強制的に取得することにより、買付者は対象会社の株式の100％を取得することが可能となります。なお、株式売渡請求

権を行使する場合、買付者は、原則として既に取得した株式と同様の条件（価格を含む）で、反対株主の株式を取得しなければなりません。一方、反対株主は売渡請求に対し、裁判所において異議を申し立てることができ、請求権行使の可否は裁判所が判断します。

[**スキーム・オブ・アレンジメント**]

スキーム・オブ・アレンジメントとは、対象会社の株主総会による承認や裁判所の認可など、一定の条件を満たした場合に、買収者が対象会社の株式を取得できる制度です。日本法にはない制度ですが、英国法の影響を受けたマレーシアやシンガポールなど多くのアジア諸国で、同様の制度が見られます。ほかの買収方法と異なり、対象会社が主導権を有し、株式譲渡に限らず株式消却や企業分割など、具体的な内容を柔軟に定めることができます。会社の資本再編や債権者・出資者との利害調整、グループ会社の合併または再編など、さまざまな目的および用途に用いられる組織再編の手法であり、会社法により規制されています。

スキーム・オブ・アレンジメントにより、対象会社の株式を100％取得し、完全子会社とすることが可能です。流れは以下のとおりです。

【スキーム・オブ・アレンジメントの流れ】

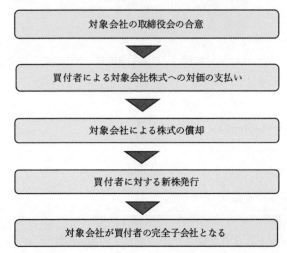

マレーシアM&A

事業譲渡

　事業譲渡とは、一定の事業目的のために組織化され、有機体一体としての機能を有する資産および負債の移転を指します。事業を譲渡する譲渡会社（対象会社）と事業を譲渡される譲受会社（買付者）との間で、契約を締結することにより行われます。株主総会における普通決議により株主の承認を得た後に、事業譲渡手続を行います。上場会社の事業を譲渡する際に、出席株主の株式の75％以上の賛成による承認が必要となります。

【事業譲渡の手順】

```
事業譲渡の提案
    ↓
買付者と対象会社が事業譲渡契約の締結
    ↓
対象会社が臨時株式総会を開催、
普通決議による承認を得る
    ↓
事業譲渡の実行
```

申請書類の提出

　買収・合併・強制買付に関する申請書類は、SCにより以下のように定められています。

[**申請カバーレターのフォーマット**]

- 申請概要の記載
- 背景の説明
- 詳細および妥当性
- M&A案にかかわる取得済／未取得許認可
- ターゲットにより公開され申請未完了のM&A案

- M&A実施のタイムテーブル
- 申請者が定められた期間において倒産、提訴、証券基準への不履行、政府による尋問の対象となっていないことに対する確証
- 独立アドバイザー（IA：Independent Adviser）による利害の不一致の宣言書（利害の不一致が実在する場合には、独立アドバイザーはその性質および対処方法を開示する）
- すべての申請情報/書類が、CMSA221条および買収コード3条につき慎重に考慮された旨を申請者が宣言する供述
- すべての申請情報/書類が、CMSA221条および買収コード3条につき慎重に考慮された旨を独立アドバイザーが宣言する供述
- SCへの支払
- 申請者の窓口の氏名および電話番号
- アドバイザー会社の授権者の氏名、所在地および署名

[**申請書類の提出**]

独立アドバイザーは申請者に代わり、マレーシア証券委員長宛てに申請書類2部を提出します。

[**買収コードによる手続**]

M&Aにかかわる通常の契約書のほかに、以下①～⑥に挙げた文書および手続きが必要となります。

①**買収オファー通知の公表**

買付者は、主要全国紙のうち最低3紙（公用語で最低1紙、英語で最低1紙）を通じて公表するとともに、対象会社の取締役会およびSC、対象会社が上場している場合にはマレーシア証券取引所に対して、書面で買収意思を速やかに通知します。買収オファー通知の公表は、以下の情報を含んでいる必要があります。

- 買付者および関係者の情報

- オファー金額
- 現金以外の検討事項
- 買収後の対象会社の議決権付株式および議決権の種類および合計数
- 買収に関して合意される詳細事項
- 買収オファーの条件

②通知受領の公表

対象会社の取締役会は買付オファーの受領を主要全国紙の紙面で公表するほか、対象会社が上場している場合は、マレーシア証券取引所に対して通知しなければなりません。この発表には、対象会社の取締役会で公表されたすべての情報と、ほかのオファーを募集しているか否かの情報を含んでいる必要があります。

③公開買付公示文書（Offer Document）

SCの承認を得るため、公開買付公示文書をSCに提出します。公開買付公示文書において買付者は、対象会社の株主および独立アドバイザーがオファーの承諾・拒否を判断するためのメリットやリスク評価を目的として、合理的に必要とされる情報を公表します。公開買付公示文書には、買収ルールのSchedule 1において定められる以下の情報が必要とされます。

- 最終的な買付者の情報
- 買収オファーの条件
- 対象会社事業の継続性に関する意図、事業への重大な変更に関する意図の表明
- 提案金額、および買付がキャッシュにおいて行われる場合、十分な買収財源を有しているかの確認
- 買付者が強制買収の権利を行使するか否か

④受理および譲渡の申請用紙

　対象会社の取締役回覧には、買収提案に関するコメントと転換証券の株主と保有者が十分な情報に基づいた決定を下せるようにするための情報を記載し、独立アドバイザーは取締役回覧を基に提案について十分な評価を行います。

　独立したアドバイスの回覧（IAC：Independent Advice Circular）には、買収ルールのSchedule 2に記載されている情報が含まれ、対象会社の取締役会で任命された独立アドバイザーによって作成されます。アドバイザーは、買収オファーの公平性と妥当性に基づいて買収提案の受諾または拒否することができ、買付者より提案された対象会社の事業計画を含む買収提案についてコメントします。

⑤対象会社の取締役会による株主への通知

　対象会社の取締役会から全株主に通知を行います。株主への通知には、取締役会からの買収オファーに対するコメント、意見、情報を記載します。また、買収オファーの承諾や拒否を判断するためのメリットやリスクの評価のために必要とされる情報が記載されます。

⑥独立アドバイザーによる報告書

　独立アドバイザーは、買収オファーに関して、対象会社の取締役会、株主、転換証券の保有者に対し、意見や情報を提供します。特に、買収ルールのSchedule 2に規定される情報を記載し、報告書を作成する必要があります。

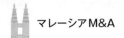マレーシアM&A

関連する各種規制・法律

[強制的公開買付（買収ルール4条）]

SCから承認を得た場合を除き、以下の場合は買付者に強制的公開買付が義務付けられます。

買付側が支配権を獲得した場合

33％を超える会社の議決権付株式を取得した場合、支配権を獲得したものと認識されます。

買付によってCreeping thresholdとなった場合（Creeping thresholdの引き金となった場合）

Creeping thresholdとは、既に33％超55％以下の議決権付株式を取得している状態で、6カ月の間2％超の議決権付株式を追加で取得することをいいます。

新株式の発行により希釈化された場合

議決権付株式が新株式の発行により希釈化された際に、次のいずれかの条件を満たす場合、議決権付株式を保有する株主には強制的公開買付を義務付けられます。

株式保有が33％以下に減少した後、新たに追加で購入し、保有率が33％を超えた場合

株式保有が33％以上50％以下まで減少した後、6カ月の間に2％超の株式を取得した場合（Creeping thresholdとなった場合）

また、次の状況において強制的公開買付が義務付けられる場合があります。

Upstream entityを通じて買収する場合

次のいずれかの状況にある場合、Upstream entityが間接的ないし直接的に支配しているDownstream entity、もしくはUpstream entityないしUpstream entityの関係会社における議決権の集約によって支配権を確保されているDownstream entityのいずれかを支配しているUpstream entityの株式50％超を取得する買付者に対して強制的公開買付が起きる可能性があります。

- Downstream entityがUpstream entityと重要な関係にある場合（Downstream entityの資産、純資産、純固定資産、そして売上の50％以上が、Upstream entityによって構成されている場合）
- Downstream entityの支配権を持つことが、Upstream entityの法的な支配権取得のための重要な目的であると合理的にみなされる場合

※Upstream entityとは、買収コードおよび買収ルールの適用外である会社、Downstream entityとは、買収コードおよび買収ルールが適用される会社を指す。

［任意的公開買付］

買収コードにおいて、任意的公開買付とは、強制的公開買付以外の公開買付と定義されています。任意的公開買付は、上述の強制的公開買付の条件が適用されない場合においても、買付者が対象会社の発行済株式を100％取得するために用いられます。

［部分的公開買付（買収ルール5条）］

任意公開買付のうち、対象会社の発行済株式の100％未満を取得する場合を部分的公開買付といいます。SCの事前の承認を得ない限り、部分的買付はできません。

通常、部分的公開買付によって保有される議決権が33％を超えない場合であれば、承認を得ることができます。

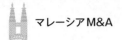
マレーシアM&A

[公開買付規制]

公開買付規制とは、主に上場会社の株式取得に際して、CMSAや買収コードに従い、買付の価格、数量、期間を公表した上で株式の買付を行うことを義務付けるものであり、特定株主の優遇や不透明な取引を防ぎ、取引の公平性を維持するための規制です。

[競争法]

競争法（Competition Act 2010）および競争委員会法
（Competition Commission Act 2010）において、非競争的合意や独占的地位の濫用を禁じており、M&Aに際しては注意が必要です。それらに関するガイドラインや違反時の手続に関するガイドラインが、2012年に公表されています。

[大量保有報告規制]

特定の株式を大量に保有すると、経営権への影響や株価の変動要因となり、会社の利害関係者へ影響を及ぼす可能性があります。そのような事態から一般投資家を保護する目的で、証券業規制（Securities Industry Regulations 2003）に大量保有報告規制を定めています。具体的には、株主が公開会社（株式譲渡時に会社の承認を要することを定款に定めている会社）の議決権付株式の5%超を取得した場合、および保有株式に変動がある場合は、7日以内に対象会社およびSCに対して、書面による株式の大量保有報告を行う必要があります。

[インサイダー取引]

CMSA 188条における、投資家保護を目的としたインサイダー取引に関する規定で、会社の株式発行にかかわる内部情報を有している者の株式売買は禁止されています。また、内部情報を有するインサイダーが内部情報を他人に提供して、株式の売買を誘導する行為も禁じられています。同条項において内部情報とは、有価証券の価格に影響力を有する

一般に入手できない情報とされています。これらの違反行為が発覚した場合、CMSA 209条の定めのとおり、10年以下の懲役および100万リンギット以上の罰金が科されます。

[**株主の権利**]

株主は、以下のような場合には会社法に基づき、集団的な合意権を有する場合があります。
- 重要な価値を有する会社の事業や資産の取得や消却
- 会社およびそのホールディング会社の役員や主要株主、あるいは役員と関係のある人物が会社の株式や非現金資本を買収・売却する取引

上場企業の場合、株主が取引に合意する権利は、上場基準における公式によって算出される取引割合に起因します。

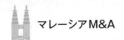
マレーシアM&A

M&Aに関する税務

[**譲渡所得（キャピタル・ゲイン）税**]

　マレーシアにおいては、不動産収益税（RPGT：Real Property Gains Tax）以外に譲渡所得税はありませんでしたが、2024年3月1日よりマレーシア企業の非上場株式の売却益に対するキャピタル・ゲイン税が課されます。

　RPGTは、不動産会社の所有する資産や株式の売却によるキャピタル・ゲインに課される税金と定義され土地に付随する建物や建造物も含まれます。不動産売却によるキャピタル・ゲインや、5年以上保有された不動産会社の株式は不動産収益税の対象外となっています。

　買い手は売り手に支払う譲渡対価の3％を源泉徴収し、譲渡日から60日以内に税務当局へ納付します。売り手がPR（永住権）を持たない外国人または外国法人の場合、源泉徴収率は7％になります。また、マレーシアの内国法人、信託、社団が不動産の取得日より3年以内に譲渡する場合は、5％となります。

　2024年3月1日より、マレーシア企業の非上場株式の売却益に対して課されるキャピタル・ゲイン税について、2024年3月1日以前に取得した非上場株式は、売却・譲渡時に売却益の10％または売却総額の2％が課されます。24年3月1日以降の取得株式に対しては、売却益に対して10％の課税となります。

　以下の株式の処分については、免税となります。
・ マレーシア証券取引所が承認した新規公開株式（IPO）
・ 同一グループ内における株式移転

[**税務上の欠損金および減価償却**]

　税務上の欠損金および未処理の減価償却は会社に累積し、未使用の欠

損金や未処理の減価償却は、会社の清算時に失われます。

従来は、株主の過半数に変化があった場合の未使用の税務上の欠損金や未処理の減価償却は、翌年に繰越せないとされていました。しかし、現在、財務省は直接株主の半数以上に変化があった休眠会社にのみ当該規制が適用されることを明確にしています。

［所得税］

税務当局は、賦課年度末から過去5年遡って所得税を課すことができます。なお、当局が納税者による虚偽申告、意図的な不履行、過失などがあったと主張する場合、無制限に遡ることが可能となります。

［印紙税・取引税］

印紙税は法的文書に課される税であり、移転や譲渡の契約書などに対し、取引価格に応じて課税されます。

主な印紙税は以下の通りです。

資産買収における不動産譲渡に課される印紙税

- 10万リンギット未満…1%
- 10万〜50万未満リンギット…2%
- 50万リンギット以上100万リンギット…3%
- 100万リンギット以上…4%

2024年1月1日より外資系企業および外国人（マレーシア永住者を除く）がマレーシアの不動産売買契約を行う際の不動産譲渡証書などに一律4%の印紙税となりました。

株式買収時の印紙税

- 非上場株式
  支払金額または市場価格のうち、高い方の金額に0.3%

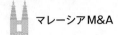 マレーシアM&A

- 上場株式
    支払金額の0.15％

建設請負契約のサービス契約

- 契約額の0.1％

ローン契約書

- 教育ローン
    一律10リンギット
- 教育ローン以外
    ローン金額の0.5％

その他一般契約書および覚書

- 一律10リンギット

インドネシアM&A

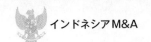
インドネシアM&A

インドネシアにおけるM&Aの動向

　インドネシアは、人口が世界第4位の3億人弱おり、国内マーケットとしてもASEAN諸国の中でも大きな経済大国の1つとして今後注目されている国です。

　インドネシアは1950年、オランダ植民地から独立しました。独立後、政府は主要産業を国有化することで発展し、1990年代には製造業を中心として戦略的成長を図り、成長してきました。しかし、企業間癒着や政府関係者の親族によるファミリービジネスが社会問題となり、さらに、アジア通貨危機も重なったことで、当時のスハルト大統領による政権は幕を閉じました。

　その後、2004年に発足したユドヨノ政権下で行われた国営企業の民営化や経済政策により、個人消費は安定的に成長しています。インドネシアの実質GDP成長率は、2023年時点で5.05％と、東南アジアの中でも高い水準を保っています。近年では、その市場価値が認められ、インドネシアに事業を展開する企業が増えています。

　外資規制が他国に比べて厳しい中でもM&Aを使用し、厳しい外資規制を回避し進出を行う方法や、またユニコーン企業（Gojek、tokopedia、travelokaなど）も輩出するようなスタートアップ大国になりつつあり欧米諸国からも注目が集まっています。

次のグラフは2017～2023年の間に、インドネシアで行われたM&Aのうち、公表されているM&Aの件数と金額の推移を表しています。

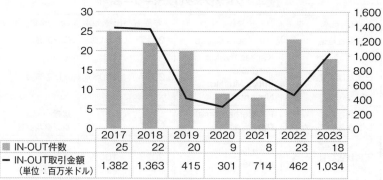

【In-Out件数・取引額】

	2017	2018	2019	2020	2021	2022	2023
IN-OUT件数	25	22	20	9	8	23	18
IN-OUT取引金額（単位：百万米ドル）	1,382	1,363	415	301	714	462	1,034

2020年、2021年とコロナの影響もあり、件数が少なかったですが、2022年のM&A件数は23件と増加しています。2023年も現状の公表ベースで18件ほどM&Aが行われ、また2022年と比べ、取引金額は上昇しており、1,034百万米ドルの取引金額から、大型のM&Aが行われたと考えられます。

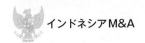
インドネシア M&A

■日本企業のM&A事例

次表は、近年、日本からインドネシアに対するM&Aの事例です。

【近年インドネシアクロスボーダー事例】

日本	インドネシア	年度	出資比率	業種
株式会社電通	Dwi Sapta Group	2017	51%	広告業界
日本たばこ産業	KaryadibyaMa-hardhika Surya Mustika Nusantara	2017	100%	たばこ事業
株式会社レンタルのニッケン	PT. Berlian Amal Perkasa	2023	―	建機レンタル会社
天馬株式会社	PT. Hyuk Jin Indonesia	2023	100%	プラスチック成形加工メーカー
AnyMind Group 株式会社	PT Digital Distribusi Indonesia	2023	100%	EC支援事業
大和工業株式会社	Gunung Raja Paksi Tbk	2025 予定	80%	不動産
ホッカンホールディングス	PT. DELTAPACK INDUSTRI	2018	―	飲料パッケージ
ノダ	PT.SURA INDAH WOOD	2018	100%	建材製品製造

投資規制

M&A活動を含む公開会社の活動および資本市場は、インドネシア財務省を構成する政府機関である金融サービス庁（OJK：Otoritas Jasa Keuangan）によって規定および監督されており、M&Aに関連する法規には以下のようなものがあります。

【M&Aに関する法規】

投資規制	海外投資への禁止業種・規制業種、資本金・外国企業の土地利用に関して規定する
公開会社買付規制	任意公開買付、義務的公開買い付けに関して規制する
会社法	株式取得における買収、株主総会、株主の権利について規定する
市場資本法	市場操作、インサイダー取引に関して規制する
競争法	独占や不平等競争を防止するため、役員の兼任、株式保有合併等について規制する

会社法では一般的なM&Aについての規定がありますが、OJKRuleと資本市場法が会社法よりも優先されます。また、OJKRule、資本市場法では規定されていないM&Aに関する論点については、会社法が適用されます。

■ 投資調整庁からの許可

投資調整庁（BKPM：Badan Koordinasi Penanaman Modal）は、インドネシアの投資に関する政府機関であり、外国株式の保有は投資調整庁の承認の下で行われます。つまり、インドネシアでの企業買収において、対象企業が外国企業（PMA：Penanaman Modal Asing）の場合、および対象となっている株式が投資調整庁の下で登記された外国株主が株式の過半数または支配権を持っている場合、投資調整庁からの承認が必要となります。

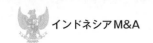
インドネシアM&A

■ 投資規制

インドネシアでの投資においては、投資の可否と出資金額を検討する必要があります。

出資金額については、2013年投資調整庁長官令第5号（2013年5月27日施行）により、従来は窓口規制であった資本規制および投資金額規制が、具体的な規定として明記されました。

同令では、最低投資金額が規定されており、各金額相当の外貨（USドル）の投資金額、資本金設定が必要となります。また、2021年投資調整庁長官令第4号により、製造業・非製造業を問わず、KBLIコード（5桁）ごとに100億ルピア超で引受資本金と払込資本金は同額で、100億ルピア以上を満たす必要があります。

【外資企業の最低資本金】

2013年5月27日より～	2021年6月2日より
製造、非製造ともに 最低投資金額　100億ルピア超 最低資本金額　25億ルピア超	製造、非製造ともに 最低投資金額　100億ルピア超 最低資本金額　100億ルピア超

特に、商社をはじめとしたサービス業の場合、100億ルピアの投資金額は現実的ではない場合が多いです。投資金額については、四半期に1度その調達の進捗状況について、投資調整庁に報告する必要がありますが、投資金額の調達ができず、その結果投資が実現しなかったことによる罰則はありません（ただし、資本金額については、原則として全額の払込およびその証明書が会社登記手続上必要です）。2021年オムニバス法により多くの外国投資への禁止分野、規制分野（ネガティブリスト形式の規制）が大幅に緩和されました。ただし、一部の業種では引き続き投資規制が適用されるため、その内容を確認する必要があります。

[**ネガティブリスト改定**]

2021年2月2日に施行された大統領規程2021年10号により、外国投資規制が規定され、その後大統領令2021年49号により一部改定され

ました。今回の改定により、大幅に外国投資規制が緩和され従来350項目の規制内容から46項目へ減少しました。投資規制緩和の1つとして、ディストリビューターの100％での出資が認められるようになりました。

【外国投資が禁止される事業】

1	大麻、麻薬の栽培と製造
2	賭博/カジノ
3	ワシントン条約に規定されている魚類の捕獲
4	建材・石灰・カルシウム・土産・装飾品として天然珊瑚・生きた珊瑚・死んだ珊瑚の利用（採取）
5	化学兵器製造
6	工業化学林産業、オゾン層破壊物質産業
7	アルコールを浮遊する飲料産業（アルコール飲料、ワイン、麦芽を含む飲料）
8	国家の安全にかかわる活動/公共サービス

出所：大統領規程2021年10号

■ 規制業種

　条件付きで投資が許可されている事業は、外国資本の出資比率に制限がある場合や、特別許可が必要な業種など、詳細に規制要件が定められています。代表的なものを以下に挙げますが、詳しい内容はOSSシステム内で原文を確認するもしくはBKPM日本支社へ問い合わせるなど、どのような制約の下に投資が可能かを判断することが重要です。

【外国投資比率が規制される事業（一部）】

1	外資比率49％ 国内海運・水上輸送、空輸、郵便
2	設立後49％まで可（設立時は内資100％） 新聞、雑誌、メディア
3	設立後20％まで可（設立時は内資100％） ラジオ、有料放送、私立放送

出所：大統領規程2021年10号

■ ノミニー

　インドネシアでは、外国からの投資規制としてネガティブリストが存

在します。そのため、いかにインドネシアが魅力的なマーケットであっても、この外資規制によって外国企業の設立や買収が不可能な場合があります。これを回避するためにノミニーと呼ばれる手法があります。

たとえば、外国資本出資比率40％未満と規制されている分野において、日本企業が40％まで出資し、51％に達するために必要な残り11％を出資企業と友好的な現地企業に出資してもらい、事実上、被出資企業の経営権を獲得する方法です。

しかし、ノミニーは法律上違法行為であり、実際にノミニーを行った人は禁錮刑、出資を受けた法人は営業許可取り消しという罰則も規定されています。会社設立に当たってリスクとなりますので、知らないうちにノミニーを使用することなどないよう注意が必要です。

■ 資本金に関する規制

最低授権資本金額は、会社創設者間の合意に基づき決定し、最低引受資本金額および最低払込資本金額は授権資本金額の100％となります。

■ 外国企業の土地利用に関する規制

インドネシアにおいては、外国人ならびに外国企業が土地を所有することは禁止されています。外国企業に認められているのは、法律上、土地の利用権（所有権）のみです。この土地の利用権は、土地の表面のみについて行使ができるものであり、空中や地下の天然資源の利用までは含まれません。外国企業が取得可能な土地利用権は、その用途の違いにより、開発権、建設権、使用権に分類されます。

インドネシアにも、日本と同様に不動産登記制度があり、上述の3つの権利もインドネシア国家土地局で登記した時点より権利が発生します。また、土地利用権を取得した場合、取得額の5％が不動産取得税として賦課されます。

【土地利用権の比較表】

	開発権（HGU）	建設権（HGB）	使用権（HP）
意義	5～25haの国有地を農水産、畜産開発のために利用する権利	国有地/個人所有の土地の上に建物を建設し、所有する権利	国有地/個人所有の土地を特定の目的のために使用する権利
使用期間	35年 （延長25年可）	35年 （延長20年可）	25年 （延長20年可）
その他	権利譲渡 担保設定可能	権利譲渡 担保設定可能	権利譲渡 担保設定可能

インドネシアに工場を建設しようとする場合、建設権（HGB：Hak Guna Bangunan）に加えて、立地に関する許可（IL：Izin Lokasi）を土地局から取得した後、建物の建築許可（IMB：Izin Mendirikan Bangunan）を公共事業局から取得する必要があります。

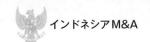
インドネシアM&A

会社法およびM&Aスキーム

■ M&Aの分類

インドネシアにおけるM&Aは、主に新設合併、吸収合併、直接買収、間接買収、分割の5つに分類されています。しかし、合併はインドネシア内国法人同士でないと利用できないことから、日本を含めた外国企業が利用する方法は主に買収となります。

【M&Aの分類】

合併	新設合併	2社以上により行われる合併で合って、合併により消滅する会社の権利義務の全部を合併により設立する会社が承継する。ただし内国法人同士に限る。
	吸収合併	ある会社が他の会社と行う合併で合って、合併により消滅する会社の権利義務の全部を合併後の存続会社が承継する。ただし内国法人同士に限る。
買収	直接買収	会社または個人が、既存株主から直接の株式を取得し、支配権を移動する。
	間接買収	会社または個人が、取締役会を通じた新規株式発行を伴い株式を取得し、支配権を移動する。
分割		会社を複数の法人格に分割し、各法人格に事業、資産等を移動する。

M&Aに関する法規定は、会社法第8章に記載されています。ここでは、M&Aを行うに当たって特に留意すべき事項のみ解説します。

■ 吸収合併計画書の作成

被吸収合併会社および吸収合併会社の取締役会は、吸収合弁計画書を作成する必要があります（法第123条第1項）。

吸収合併計画書の作成後は、監査役会（コミサリス会）の承認を経て株主総会への提案がなされます。合併という会社の存続にかかわる重要事項に関する変更であることから、取締役会、コミサリス会、株主総会という会社のすべての機関の承認を取得することが求められます。

ここでの留意点は、特定の会社はこの法律の事項以外に、政令に基づき事前に関係官庁に承認を得る必要がある点です。「特定の会社」とは、銀行およびその他金融系企業などの金融業を指します。

　また、これらの規定は資本市場関連法令に規定がない場合は、公開会社にも有効です。吸収合弁計画書に記載すべき株式交換比率に関しては、考慮する必要がありません。一般的な日本国内のM&Aと同じく、株価は市場価値によって判断されます。

【吸収合併計画書】

項目	内容	備考
a	吸収合併を行う会社の社名・本店所在地	―
b	吸収合併を行う会社の合併理由および説明・合併条件	―
c	被合併会社と吸収合併会社の株式評価方法および株式交換比率	―
d	吸収合併を行う会社における、直近の三期分の会計報告書	前々年度対比の前年度貸借対照表・前年度損益計算書・収支計算書・資本勘定計算書およびこれらに関する注記からなる会計報告書（会社法66条2項）
e	吸収合併を行う会社の存続または廃止事業計画	―
f	吸収合併会社の試算表	試算表はインドネシアにおいて一般的な会計原則に則ったものであること
g	吸収合併会社の取締役、監査役と社員の地位・権利および義務の決着方法	―
h	吸収合併会社の第三者に対する権利と義務の決着方法	―
i	吸収合併会社の定款変更案	必要な場合のみ作成

■従業員への通知

　当事会社の取締役会は、合併計画に関して監査役会（コミサリス会）の承認を得た後、株主総会招集の30日前までに従業員に対して合併計画の概要を書面により通知しなければなりません（法第127条第2項）。これは、会社の従業員は、会社が合併などの組織再編行為を行う場合に自ら会社を退職することを選択したときには、通常の自己都合退職の場

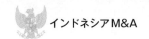
インドネシアM&A

合よりも割増しの退職金を受け取る権利が労働法上認められているため、係る権利を行使するかどうかの判断をする機会を付与するためです。

■ 債権者の保護

　当事会社の取締役会は、株主総会招集の30日前までに少なくとも1紙の新聞に合併計画の概要を公告しなければなりません（法第127条第2項）。これは、会社の合併により自己の利益が損なわれると考える債権者に対して異議を申し立てる機会を付与するためです。合併に異議がある債権者は合併計画の公告後14日以内に異議を申し立てなければならず（同条第4項）、この期間内に異議申立がなされなかった場合には、債権者は係る合併を行うことを承認したものとみなされます（同条第5項）。

　期間内にいずれかの債権者から異議申立がなされた場合には、まず取締役会が当該債権者と交渉を行い、株主総会の開催日までに当該異議申立を解決するよう努めることになりますが、当該債権者との間で合意に至らない場合には、係る異議申立がなされていることを株主総会において説明し、株主総会においてその解決を図らなければなりません（同条第6項）。係る異議申立に対して株主総会で何らかの解決案を用意し、債権者に対して提示して債権者の合意が得られない限り、合併、買収あるいは分割を実行することはできません（同条第7項）。

■ 株主総会による合併計画の承認

　当事会社の取締役会は、コミサリス会の承認を経た合併計画を株主総会に提出し、株主総会の承認決議を取得します。合併計画の承認決議は、議決権の4分の3以上を有する株主の出席であり、決議要件は、出席株主の議決権の4分の3の賛成が必要です。なお、合併に反対する株主は、その合併が株主または会社を害すると評価できる場合には会社に対してその株式の適正な価格による買取を請求することができますが（法第126条第2項、第62条）、それ自体は合併手続を止める効力はありません（同条第3項）。

■ 合併証書の作成

　株主総会による承認後、合併計画の内容を盛り込んだ合併証書が公証人によって作成され、公証人の面前で当事会社が締結します（法第128条第1項）。この公正証書はインドネシア語で作成しなければなりません。吸収合併に伴い法務人権大臣に対して定款変更の承認または届出（承認が必要となる定款変更については、本章第4節2.参照）の手続が必要となる場合、係る承認の申請または届出に際してはこの合併証書の写しを添付します（法第129条第1項）。

　法務人権大臣より定款変更が承認された日または届出が受理された日において、合併の効力が生じることになります。吸収合併は実施されたが存続会社の定款は変更がない場合には、定款変更の承認・届出手続は不要となりますが、その場合でも消滅会社の法人格消滅の登記および存続会社の株主構成の変更などに関する登記事項の変更を行う必要があるため、合併証書の写しを法務人権大臣に提出しなければなりません（法第129条第2項）。この場合、法務人権大臣に対して合併証書を提出して受理された日において、合併の効力が生じることになります（法第133条第1項）。

　一方で、新設合併の場合、合併証書に基づき新設会社の設立証書が作成されることになり（法128条第3項）、新設会社は会社の設立認可を法務人権大臣から取得するため、設立認可申請書に当該合併証書の写しを添付して提出しなければなりません（法第130条）。法務人権大臣より会社の新設についての認可が付与された日において、新設合併の効力が生じることになります。

■ 合併結果の公告

　存続会社または新設会社の取締役会は、合併の効力発生日から30日以内に合併の結果を少なくとも1紙の新聞において公告しなければなりません（法第133条第2項）。また、①吸収合併の場合、存続会社の定款変更に係る登記および官報での公告並びに消滅会社の法人格の消滅

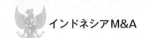
インドネシアM&A

に係る登記、②新設合併の場合、当事会社の法人格の消滅に係る登記および新設会社の設立認可に係る登記および官報での公告については、法第29条および第30条の規定に従って法務人権大臣が行います（法第132条）。

■ 株式取得における買収

買収においては、発行済株式もしくは発行予定株式を、取締役会または株主から直接取得することになります。その際、会社法89条に定めた定足数および決議方法を満たした株主総会の決議に基づくこととなります。株主総会における決議スキームは、以下のとおりです。

株主総会回数	定足数	議決方法
第1回	株式数の4分の3	4分の3以上の賛成
第2回	議決権株式数の3分の2	4分の3以上の賛成

また、取締役会経由による買収を行う場合には、買収する側は株式取得を行う目的を被買収企業の取締役会に届け出ること、ならびに買収計画書の作成をする必要があります。

買収計画書の記載項目は、以下のとおりです。

【買収計画書】

項目	内容	備考
a	買収企業と被買収企業の社名と本社所在地	―
b	買収企業と被買収企業の取締役会による買収理由とその説明	―
c	買収企業と被買収企業の最新会計年度の会計報告	会社法66条aで規定
d	株式会社により買収が行われる場には、被買収企業の株式評価と交換比率	―
e	買収株式数	―
f	資金の手配状況	―
g	買収企業の買収後の連結試算表	試算表はインドネシアにおいて一般的な会計原則に則ったものであること
h	買収に同意しない株主に対する権利の補償方法	―
i	被買収企業の取締役、監査役および社員の地位・権利・義務の決着方法	―
j	株主から取締役会に対する委任状の取得を含む買収実行の予想時間	―
k	定款変更計画	必要な場合のみ作成

これに対し、株主から直接株式の買収を行う場合には、買収計画書を作成する必要はありません。しかし、被買収企業の定款に定められている株式移管規定と、会社が第三者との間で締結している契約には注意を払う必要があります。

■株主総会決議の事前通告

前述のように合併・買収を行うに当たっては、取締役会は株主総会決議の事前通告をしなければなりません。これは、自分の利益が損なわれると感じる関係者に対し、異議申立の機会を与えるためです。

■監査役会（コミサリス会）による買収計画の承認

買収会社および対象会社の取締役会が作成した買収計画は、株主総会

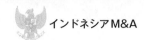
インドネシアM&A

の決議にかけられる前にそれぞれの会社のコミサリス会の承認を取得しなければなりません（法第125条第6項）。会社の買収という組織の根幹に関する事項であることから、取締役会、コミサリス会および株主総会という会社のすべての機関の承認を取得することが求められます。

■ 従業員への通知

　合併手続同様、対象会社の取締役会は、買収計画に関してコミサリス会の承認を得た後、株主総会招集の30日前までに対象会社の従業員に対して買収計画の概要を書面により通知しなければなりません（法第127条第2項）。

■ 債権者保護手続

　買収における債権者保護手続も基本的には合併における手続と同様です。すなわち、対象会社の取締役会は、株主総会招集の30日前までに少なくとも1紙の新聞に買収計画の概要を公告しなければなりません（法第127条第2項）。係る買収に異議がある債権者は買収計画の公告後14日以内に異議を申し立てなければならず（同条第4項）、この期間内に異議申立てがなかった場合には、債権者は係る買収を行うことを承認したものとみなされます（同条第5項）。

　期間内にいずれかの債権者から異議申立てがなされた場合には、まずは取締役会が当該債権者と交渉を行い、株主総会の開催日までに当該異議申立てを解決するよう努めることになりますが、当該債権者との間で合意に至らない場合には、係る異議申立てがなされていることを株主総会において説明し、株主総会においてその解決を図らなければなりません（同条第6項）。係る異議申立てに対して株主総会で何らかの解決案を用意し、債権者に対して提示して債権者の合意が得られない限りは、買収手続を進めることはできません（同条第7項）。

　対象会社の取締役会は、コミサリス会の承認を経た合併計画を株主総会に提出し、株主総会の承認決議を取得します。合併計画の承認決議は、

議決権ベースで75％以上の株式を保有する株主が出席し、出席株式数の75％以上の賛成が必要です。なお、買収に反対する株主は、その買収が株主または会社を害すると評価できる場合には会社に対してその株式の適正な価格による買取りを請求することができますが（法第126条第2項、第62条）、それ自体は買収手続を止める効力はありません（同条第3項）。

■ 公正証書の作成

株主総会による承認後、買収計画の内容を盛り込んだ買収証書が公証人によってインドネシア語で作成され、公証人の面前で買収会社および対象会社が署名することで締結になります（法第128条第1項）。係る買収証書は、法務人権大臣に対して定款変更の届出を行う場合に添付しなければなりません（法第131条第1項）。

■ 買収結果の公告

対象会社の取締役会は、買収の効力発生日から30日以内に買収の結果を少なくとも1紙の新聞に公告しなければなりません（法第133条第1項および第2項）。また、対象会社の定款変更に係る登記および官報での公告については、法務人権大臣が行います（法第132条）。

■ 株主からの直接の取得

対象会社の取締役会を通さず対象会社の株主から直接対象会社の株式を取得することにより対象会社の支配権を獲得する場合、上述した買収計画の策定およびコミサリス会の承認の手続は不要となり、売主である既存株主との間で直接締結する株式譲渡契約に基づき株式の譲渡が行われることになります。この場合、会社法および対象会社の定款に基づく株式譲渡に関する制限に留意しつつ（法第125条第8項）、合わせて、組織再編行為という観点から、一定の手続規制に服することになります。実務上、外国会社が直接インドネシアの株式会社を傘下に収める手法と

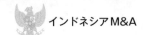

しては、この類型の買収が用いられることが圧倒的に多いです。取締役会を通じた買収に比べて買収計画の策定が不要である点において利便性が高く、また取引の実態に鑑みても、買収交渉は直接対象会社の株主との間で開始するケースが多いからです。

■ 会社分割

　会社法が定める会社分割には、完全会社分割と一部会社分割の2種類があります（法第135条第1項）。完全会社分割とは、被分割会社の資産と負債のすべてが2社またはそれ以上の承継会社に譲渡され、その結果被分割会社は法的に消滅するものを意味し（同条第2項）、一部会社分割とは、被分割会社の資産と負債の一部が1社またはそれ以上の承継会社に譲渡されますが、被分割会社は会社分割後も法的に存続するものを意味しています（同条第3項）。会社分割の具体的な手続に関しては会社法上ほとんど規定されておらず、反対株主による買取請求権、債権者異議手続、従業員に対する通知、株主総会による承認が合併や買収に関する手続と同様に行われるとされているのみで、手続の詳細は下位規則に委ねられているものの（法第136条）、下位規則が未だ制定されていないため、実務的には会社分割を使った組織再編というのは手続上不明確な点が多く、実例も少ないです。

　会社分割は被分割会社の特定の事業を包括的に譲渡する組織法上の行為であり、当該事業に含まれる債権債務や財産の個別の移転手続が不要である点において、個別の移転手続を要する事業譲渡に比べて手続上のメリットがあります。また、被分割会社の特定の事業に係る債権や財産を現物出資により新会社を設立する方法もありますが、現物出資を行う場合には鑑定人による個々の債権や財産の価値の評価手続を要するため実務的には時間とコストを要しますが（法第34条第2項）、評価手続が不要である点でも現物出資に比べ手続上のメリットがあると言えます。係る観点からも、施行規則の早期の制定が望まれます。

■ 事業譲渡

　この他にも、事業ごとに相手方に売却する事業譲渡という方法が採られることがあります。事業譲渡とは、一般的には会社の事業の（重要な）一部を第三者に譲渡することを意味し、事業譲渡スキームは、基本的には相手方に対する資産などの一つ一つの売買契約という点で日本における会社法と同じですが、インドネシアの会社法上事業譲渡に関する規定を設けていません。上述のとおり、会社の事業の一部を包括的に譲渡することができる会社分割の制度は施行規則が未制定であることから実務的には利用しにくい状況にあり、したがって代替手段として事業譲渡が利用される頻度は高いです。

　インドネシアにおける事業譲渡を行う際のポイントは以下の通りです。

①会社の純資産の50％を超える資産の譲渡については株主総会の特殊決議が必要です（法第102条第1項ないし第5項、第89条）
②また係る資産の譲渡が株主または会社に対して損害を与える行為でこれに同意できない株主は、会社に対して自己の株式を適正な価格で買い取ることを要求する権利を有することができます（法第62条第1項）。
③資産、債権債務、契約、雇用関係を一つずつ個別に譲渡する必要があります。
④不動産に関する権利移転は、譲渡証書（Deed）に基づいて権利移転、登記する必要があります。
⑤契約関係の譲渡については、契約当事者すべての同意が必要です。
⑥従業員に対して譲受会社への転籍は強制することができず、通常の解雇である退職金、功労金の支払いが必要となります（cf.労働法上、自己都合退職であれば支払い不要）。

【債権者保護手続】

項目	事前通知事項	期限	備考
a	吸収合併・新設合併・買収・分割を行う会社の取締役会は少なくとも一紙の新聞に計画概要を掲載し、会社従業員に書面で通知しなければならない。	株主総会の30日以前まで	吸収合併・新設合併・買収・分割の利害関係者に対し、発表日から株主総会開催日まで会社の事務所で計画概要が入手できることを通知する必要がある。
b	債権者はaにある発表後に異議申立を行う。	発表後14日以内	期限内に異議申立がない場合は、債権者は吸収合併・新設合併・買収・分割に同意したものとみなされる。

　債権者からの異議申立があり、かつ、これを解決できない場合、取締役会は株主総会で解決できるよう当該異議申立を報告する義務があります。また、異議申立が解決するまでは、合併および買収・分割行為を行うことは禁止されています。事業譲渡は会社分割と異なり、事業を構成する資産、債権債務、契約関係、雇用関係などを一つずつ個別に譲渡させる必要があり、係る権利移転の方法については移転の対象となる客体によってその方法も異なるため注意が必要です。

■ 株主の権利

　M&Aに関する株主の権利に関しては、会社法126条に規定されています。同条によると、新設合併、吸収合併、直接買収、間接買収、分割に関する株主総会決議に同意しない場合（具体的には、会社が株主または会社自身に損害を与えるような行動をとり、株主総会決議に同意できない場合）、株主は、その権利を行使することができます。

　ここでいう損害を与える行為には、以下のようなものがあります。
- 定款の変更
- 会社の純資産の50％以上の価値を有する資産の譲渡または担保の差し入れ
- 新設合併、吸収合併、直接買収、間接買収、分割

会社の行為が上記に該当した場合、株主は会社に適正な価格で株式を買い戻してもらうことができます。ただし、この権利行使は新設合併、吸収合併、直接買収、間接買収、分割の過程を妨げないものでなければなりません。

■当局への申請

　株主総会にて承認された新設合併、吸収合併、取得または分割は、インドネシア語で公正証書として作成され、そのコピーを法務人権省（Minister of Law and Human Rights）に届出る必要があります。これら組織再編に外国投資の要素が含まれている場合は、さらに投資調整庁による承認が必要となります。

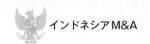
インドネシアM&A

関連する各種規制・法律

■ 資本市場法

　公開会社が関連する合併および株式譲渡（買収）に関しても、原則会社法の規定が適用されますが、それに加えて、インドネシア資本市場監督庁（BAPEPAM-LK）が制定した資本市場法令（資本市場法および関連する規則を含む。）およびインドネシア証券取引所（IDX）の規則が適用されます。資本市場法令が会社法と異なる定めを設けている場合には、資本市場法令の規定が優先されます（会社法第123条第5項および第137条）。現在有効な資本市場法は、1995年施行のUNDANG-UNDANG REPUBLIK INDONESIA NOMOR 8 TAHUN 1995 TENTANG PASAR MODALとなります。ここではM&Aに関連する内容について解説していきます。

■ 市場操作およびインサイダー取引規制

　資本市場法の第6章には、投資家保護を目的として、市場操作およびインサイダー取引に関する規定があります。

　市場操作規制とは、株式を売買する際に、他人への詐欺行為を禁止するものです。具体的には、株式に関して利益を得る、もしくは損失を免れるために、誤った情報開示をしたり、重要な情報の開示をしないといった行為を指します。

　この市場操作やインサイダー取引は市場監視によって常に注意を払われており、疑わしい行為はすぐにOJKに報告されます。違反した者は行政処分ないし刑事罰の対象になり得ます。

［ 競争法 ］

　インドネシアで最初に施行された競争法は、1999年施行のUndang-Undang Nomor 5 Tahun 1999 tentang Larangan Praktek Monopoli dan Persaingan Usaha Tidak Sehatとなります。1999年競争法は現在も大枠として有効である一方で、オムニバス法により一部改正されました。その後、2021年施行の政府規則Peraturan Pemerintah (PP) Nomor 44 Tahun 2021 tentang Pelaksanaan Larangan Praktek Monopoli dan Persaingan Usaha Tidak Sehatで罰則について規定されました。ここではM&Aに関連する内容について解説していきます。

■ **M&Aにおける禁止事項**

M&Aに関連する項目として、以下の行為が禁止されています。

[役職の兼任]

同一人物が競争関係などにある複数の会社に所属すること（競争26条）。

[株式保有]

事業者が、競争者の株式の過半を保有することにより、市場支配的地位に該当する市場構造をもたらすこと（27条）。

[合併など]

事業者が他の会社と合併もしくは提携、または他の会社の株式を取得することにより、独占的行為または不公正な事業競争をもたらすこと（28条）。

合併などについては、総資産額2兆5,000億ルピアまたは総売上額5兆ルピア（銀行業については総資産額20兆ルピア）を超えるものについては、合併などの発効日から30営業日以内に、事業競争監視委員会（KPPU、以下委員会）に届出なければなりません。なお、事業者は合併などの計画について委員会に対し事前に相談することができます（29条および2010年政令第57号）。会社は独占や不平等競争を引き起こすすべての買収について、委員会に報告しなければなりません（2010年

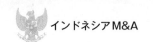

政令第57号で示されている、合法企業の合併や買収と独占や不平等競争を引き起こす企業株式の取得）。

　2010年政令第57号において、資産価値やある程度の売上を上回るいかなる合併、統合、買収もそれが行われた30日以内に委員会に報告しなければならないと定められています。これは、個人および企業の独占や不平等競争を禁止するためです。

　合併、統合、買収が独占や不平等競争を招くかどうかについては、取引の評価を行う権利があります（事業競争監視委員会規則3条1項、2010年政令第57号）。

　同政令9条4項では、委員会が、通知書の結果、独占および不平等競争の疑いがある場合、委員会は合併、統合、買収を中止させ、損害賠償または罰金（250億〜1,000億ルピア）、禁錮刑（最長6カ月）を請求することができます。

■ 事業競争監視委員会への買収前相談

　委員会に取引前の相談をすることは可能ですが、通知書の義務の免除はありません。

　合併、統合、買収を考えている企業が委員会に相談すると、書面にて助言、指導、忠告が行われます。しかしながら、すべての企業が委員会に相談できるとは限りません。合併、統合、買収を考えている企業のうち、事業資産や売上高が上限を超える場合に限り、口頭もしくは書面にて相談を依頼することができます。

　委員会は提出された書面をもとに評価をします。合併や買収に関するすべての書類を受取ってから90営業日以内に書面にて助言、指導、忠告します。2010年政令第57号11条4項、2010年規則7条によると、委員会の評価は合併、統合、買収の計画書の承認および棄却に影響を及ぼしません。また、取引が完了したのちに行う委員会の評価の権限を阻害するものではありません。

　書面で示された評価は独占的慣行または不平等競争が起こる兆候があ

る場合に対する見解です。委員会へ相談をした企業団体は、評価に影響されないため、評価のいかんにかかわらず計画に言及することができます。ただし、次の段階で、委員会が独占や不平等競争が起こりそうな合併、統合や買収であると判断したとき、取引を終了させることができます。

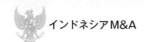
インドネシアM&A

M&Aに関する税務

■ 資産取引

　資産買収は現存する子会社か、新しく設立されたインドネシアの法的主体を通して行われます。資産の買収、移転には、さまざまな政府機関の承認が必要です。

　インドネシアでは買収対象企業の未開示の債務を確定することが困難であるため、資産買取の手法がよくとられます。しかし、売り手はさまざまな理由から通常株式や持分取引を行い、結果として、インドネシアでの資産取引はわずかな件数となっています。

　資産取得にかかわる税務としては、売り手側の資産の売却益には22％の法人税が課されます。また、資産取引では税金負債は移転されず、売り手側に残ります。

　資産および事業取引では、売り手が5％の所得税を、買い手が5％の不動産移転税をそれぞれ負担します。ただし、承認された買収においては、不動産移転税の免除を受けることができます。

■ 取得価格

　複数の資産および事業を取得した場合、買い手は取得価額を適切に分配しなければなりません。インドネシアでは特別なルールは現在のところ存在しませんが、税務当局から指摘を受けないように留意する必要があります。

　事業合併、結合、拡張による資産の移転は時価により会計処理をします。一定の適格要件を満たす場合は資産の帳簿価格による移転が認められるため利益や損失は生じません。しかし、国税総局（DGT）による承認が必要となります。

[のれん]

　資産および負債を取得する際には、インドネシア会計基準では、国際財務報告基準（IFRS）と同様に資産または負債の取得日の公正価値で評価されます。当該資産および負債の取得価格のうち、その公正価値を上回る部分がのれんです。

　のれんは、一般的に一律20年と設定されていましたが、20年を超える実際の経済的耐用年数を利用することも可能となりました。

[減価償却]

　減価償却費は課税所得から控除されます。減価償却が可能な資産は事業に使用されている、もしくは生産品として所有されている有形資産で、耐用年数が1年以上のものです。特定の事業を除き、土地は減価償却の対象にはなりません。

　建物・建築物は恒久的なものと非恒久的なものに分類されます。実務上は、税法が耐用年数を決定しますが、税法の資産カテゴリに当てはまらない資産は耐用年数によって減価償却されます。建物とその他の不動産は定額法によってのみ、それ以外の資産は定額法もしくは定率法のどちらかを選んで減価償却することができます。

　また、ビジネス目的テストを通過した場合、資産を簿価で移転することができますが、その場合、DGTからの許認可が必要です。

[付加価値税]

　2010年4月1日に改定された付加価値税（VAT）規定により承認された合併や統合は、インドネシアVATの対象にはなりません。一方、承認された合併や統合以外の資産および事業取引については、通常どおり11％が課税されます。

[譲渡税・印紙税]

　土地や建物の権利譲渡には、回収不能な権利譲渡税（5％）が課され

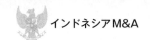
インドネシアM&A

ます。ただし、承認された合併や統合であれば、50％の課税分が免除されます。

また、領収書、合意書、委任状といった特定の法律文書に対しては、通常1万ルピアの印紙税が課されます。

■ 株式取引

持分譲渡は、譲渡益に対する税負担は一度で済むため、売り手にとっては好ましいのですが、多くの場合、譲渡時のインドネシアでの課税をさらに制限するよう、株式取引に際してオフショアの資本がしばしば用いられます。

ほとんどの株式買収は、インドネシアの国内からの直接投資により行われます。買い手は配当に係る源泉税やキャピタル・ゲイン課税を最小化するため、インドネシアと租税条約を締結している国に所在する法人を通じてインドネシアの対象企業を買収しようとします。最適な買収ストラクチャーかどうかは、買い手の課税関係に影響されます。

[税務引当金と保証]

株式取引では、買い手はターゲット企業のすべての関連負債や未払税金を引受けるため、買い手はより広範囲な保証を求められます。

税務当局は、税務申告が提出された日から5年以内に税務監査を実施します。世界基準によれば、インドネシア税務当局の税務監査は厳しいといわれているため、税務リスクを低減するために、専門家からの助言を受けるべきです。インドネシアでM&Aを行う際は、税務デュー・デリジェンスを行うことで、既存の税務リスクを洗い出し、将来の税務リスクを回避することが賢明であるといえます。

[税務上の繰越欠損金]

税務上の繰越欠損金は基本的に5年、また、特定の事業領域では10年間繰り延べることができます。ただし、合併や統合に関する新しい法

律の下では、ターゲット企業の繰越欠損金は、買収企業との間で相殺することができないため、買収日に失効します。

[株式売却前の配当]

会社の発行株式の25％を超えて保有する株主への配当は免税となり、個人への配当は10％の所得税が課されます。

すべての売却益には22％の法人税が課されるため、株式売却前の配当を活用することで、税務上のメリットを享受できるスキームを組める可能性があります。

[譲渡税]

権利譲渡の際に発生する、特定の文書に対する1万ルピアを除き、インドネシアでは印紙税は発生しません。しかし、インドネシア証券取引市場に上場している企業の株式売却益には、0.1％の所得税が課されます（発起人株式にはさらに0.5％上乗せ）。ある特定の状況下では、特定の種類のベンチャー・キャピタル企業はキャピタル・ゲインに対する課税免除があります。また、外国企業によって保有されている非公開会社の株式売却益には、二重課税条約で保護されない限り、5％の所得税が課されます。

[税務許可]

買収において、資産を簿価で移転するためには、税務許可を取得する必要があります。また、承認された合併、統合において、土地・建物に係る5％の権利移転税の免除を受けるためにも、税務許可の取得が必要です。

フィリピンM&A

フィリピンにおけるM&Aの動向

　フィリピン経済は、継続的にASEAN諸国でトップクラスの経済成長率を維持してきました。

　国家経済開発庁のリポートによると、2021年第1四半期のGDP成長率はマイナス4.2％であり、これは2020年より世界的猛威を振るった新型コロナウイルスの影響による下降を示しています。特に、コロナ以前にフィリピンの景気を支えていた個人消費や小売業の成長が上記の煽りを受けて鈍化したことが大きな要因となっています。

　しかし、2023年1月26日にフィリピン統計庁（PSA）が発表したデータによると2022年の実質GDP成長率は前年比7.6％でした。この数値は、政府が目標としていた6.5％〜7.5％の成長率目標を上回っただけでなく、1976年の8.8％に次ぐ経済成長率となりました。フィリピンの景気を根本的に支え大きなシェアを占める民間最終消費支出は8.3％で、国内での需要増加が経済成長を導きました。

　ASEAN諸国の中でもフィリピンは賃金が比較的安価で、英語のできる優秀な人材も数多くいます。発展途上国への投資を試みる場合、文化や言葉の壁が大きな課題となりますが、フィリピンでは、多くの国民が英語を公用語と認識しているので、スムーズにコミュニケーションをとりながら投資が行えるという点で、大きな優位性があります。

　他のASEAN各国同様、フィリピンも外国資本に対する規制が厳しかったため、投資は合弁やフィリピン国内の会社へのマイノリティ出資がメインとなっていました。しかし、今後の規制緩和により、日本企業が支配権の獲得を目指し、活発にM&Aを行うことが予想されます。

次のグラフは2017〜2023年の間に、日本からタイに対して行われたIN-OUTのM&Aのうち、公表されているM&Aの件数と金額の推移を表したものです。

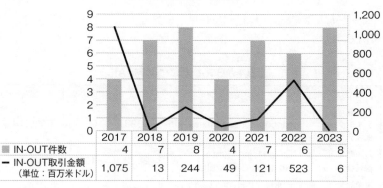

【In-Out件数・取引額】

	2017	2018	2019	2020	2021	2022	2023
IN-OUT件数	4	7	8	4	7	6	8
IN-OUT取引金額（単位：百万米ドル）	1,075	13	244	49	121	523	6

フィリピン M&A

■ 日本企業のM&A事例

　日本企業によるアジア企業の買収（In-Out）の件数は、2022年に246件、うちASEANの企業買収は133件ありました。また、そのうちフィリピンに対するM&Aは6件です（レコフ調べ；公表ベース）。次表は、2021年〜2023年に行われた日本からフィリピンに対するM&Aの事例です。

【日本からフィリピンへのM&A】

日本	フィリピン	年度	出資比率	業種
日本酸素ホールディングス株式会社	Nippon Sanso Ingasco, Inc.	2023	100%	産業ガス事業
電源開発株式会社	Lake Mainit Hydro Holdings Corporation	2022	40%	水力発電
電源開発株式会社	Bukidnon Hydro Energy Corporation	2022	40%	水力発電
株式会社三菱UFJ銀行	HC Consumer Finance Philippines, Inc.	2022	100%	個人ローン
株式会社JERA	Aboitiz Power Corporation	2021	27%	電力事業
三井物産株式会社	Metro Pacific Investments Corporation	2023	14.5%	総合インフラ

M&Aに関する法律・規制

フィリピンでM&Aを行う場合、複数の法規が関連します。そのため、各法律を横断的に理解する必要があります。

【M&Aに関連する法規】

投資規制	禁止業種、出資比率による規制、アンチダミー法に関する規制、資本金に関する規制、土地所有に関する規制、外国為替に関する規制が規定されている
会社法	新株発行、合併、資産譲渡の基本的事項を規定する
証券規制法	公開買付規制、開示規制、インサイダー取引規制を規定する

　上記のほかにも、銀行業、石油業、鉱工業、保険業、通信業といった特定の業種については、各種業法による規制があります。法規制の自由化は進んでいますが、まだまだ規制が多く、M&Aについても規制当局から出されている各種の規制に準拠しなければなりません。世界銀行が発行する2010年版外国直接投資（FDI）規制についての報告書に、フィリピンは「規制の厳しさが調査対象87カ国の中でも顕著である」と記載されています。

　フィリピンでは、法律上規定されているにもかかわらず運用されていない規定や、逆に法律になくても実務上、行われている慣行があります。

　たとえば、フィリピン証券取引所の規制では、浮動株式比率基準が定められており、上場企業の発行済株式のうち10％以上は、浮動株式でなければなりません。この基準について、以前は取り締まりが厳しくありませんでしたが、2011年11月までに要件を満たすことが急遽要請され、企業が対応に追われました。2012年いっぱいは猶予期間となりましたが、要件を満たしていなかった48社のうち、13社は自主的に上場を廃止し、1社は上場廃止の措置を受けました。

フィリピンM&A

このように、フィリピンでは突然の運用の変更があり得るということを認識しておく必要があります。

投資規制

■ 外資政策の基本三法

フィリピンでは、さまざまな産業において外国投資家からの投資が歓迎されていますが、国内産業の保護を目的として、特定の業種に対する外国投資には規制があります。したがって、対象業種が規制に該当するかどうかをネガティブリストなどで把握するためには、どの法律を参照すればよいのかを知っておく必要があります。ここでは、外資政策の基本となる法律と、投資規制、優遇政策との関係を整理します。

外資政策の基本となる法律は次の3つです。

[**1987年オムニバス投資法**] …①

1987年オムニバス投資法（Omnibus Investment Code of 1987）は、優遇措置を伴う投資に関する法律です。

[**1991年外国投資法**] …②

1991年外国投資法（Foreign Investment Act of 1991）は、オムニバス投資法に定められていた「優遇措置を伴わない投資」の規定に代わり制定されたもので、優遇措置を伴わない外国投資に関する基本的な法律です。

[**1995年特別経済区法**] …③

1995年特別経済区法（Special Economic Zone Act of 1995）は、輸出加工区および特別経済区（Special Economic Zones）に関する総括的な法律であり、特区内に進出する企業に対して優遇措置を付与しています。

優遇措置を受けることができるかどうかは、大きく２つの検討事項があります。１つは業種です。これは①、②の法律を基に検討します。もう１つは、地域別での優遇です。これは③を参照します。

　業種での優遇政策は、まず「1987年オムニバス投資法」を参照し、自社が投資しようとするビジネスが優遇を享受できるかどうかを検討します。担当政府機関は投資委員会（BOI：Board of Investments）です。BOIが毎年同法に基づいて、投資優先計画（IPP：Investment Priority Plan）を発表しています。このIPPの対象業種に投資する企業には、法人税減免などの優遇政策が与えられるため、該当する場合はBOIへ投資申請します。

　2022年度戦略的投資優先計画（SIPP）では、ティア１から３にわけて、下記の優先投資分野が定められています。

［**ティア１**］

　2020年版投資優先計画（IPP）に記載されたすべての活動（ただし、ティア２または３に記載されたものを除く）2020年版IPPに記載された活動は以下のとおりです。

①新型コロナウイルスのパンデミック対策に関連するすべての適格な事業

　a. 必須物品

　　医薬品、医療機器・装置、個人用保護具（PPE）、手術機器・用品、実験機器・試薬、医療用品、工具および消耗品（除菌剤・洗浄剤、次亜塩素酸ナトリウム、ポビドンヨードなどを含むがこれらに限られない）、これらの物品の生産・製造に使用する原材料、半製品・中間製品、機械・設備の生産・製造が対象となる。また、これらの物品を製造するための製造活動の再利用も含む。

　b. 必須サービス

　　火葬場、医療廃棄物の処理・処分、研究室、実験施設、病院、検疫施設などのサービスの提供が対象となるがこれらに限られない。

また、投資委員会の決定に従い、新型コロナウイルス対策やその影響の緩和に関連するその他の物品やサービスも対象となる。これには、政府やその機関・部門、地方自治体のプログラムに含まれるものなどがあるが、これらに限定されない。

② 投資委員会の決定に従い、提案されているバリク・プロビンシャ (Balik Probinsya) プログラムや政府が実施する可能性のある同様のプログラムなど、密集した都市部以外での雇用機会を創出するプログラムを支援する活動への投資。

③ 基準を満たすすべての製造業（農産物加工を含む。ただし、マニラ首都圏では、近代化プロジェクトのみが対象）

  a. 工業品の製造または農産物および水産物の加工（ハラルフードおよびコーシャフードを含む）による、[1] 半製品/中間品、または [2] 完成品もしくは消費財の生産

  b. プレハブ住宅用部品、機械および部品を含む装置の製造航空宇宙部品

④ 農業、漁業および林業（ただし、マニラ首都圏では、農業インフラと支援サービス、都市農業プロジェクトのみが、新規、拡張、近代化として対象）

農産物、水産物および林産物の商業生産が対象となる。また、保育園、孵化場、収穫後施設、その他の支援サービスやインフラも対象となる。

⑤ 戦略的サービス業

  (ア) 集積回路（IC）設計

  (イ) 集積回路の設計に必要なすべての論理・回路設計技術が対象となる。

  (ウ) クリエイティブ業界/ナレッジベースサービス

  (エ) 国内向けのIT-BPMサービス（コンタクトセンター、データアナリティクスなど）や、アニメーション、ソフトウェア開発、ゲーム開発、医療情報管理システム、エンジニアリング・デザインなどのオリジナルコンテンツを伴うサービスが対象となる。

(オ) 航空機の保守、修理および整備
　　(カ) 代替エネルギー自動車用チャージ/燃料補給ステーション
　　(キ) 産業廃棄物対応
　　(ク) 電気通信事業（ただし、新規参入者のみが対象）
　　(ケ) 最先端工学、調達および建設
⑥ヘルスケアおよび災害リスク軽減管理サービス
　　総合病院、専門病院、その他の医療・健康施設（薬物更生施設、検疫所、避難所を含む）の設置・運営が対象となる。
⑦集合住宅（ただし、マニラ首都圏では、賃貸用の低コスト都市住宅のみが対象）200万ペソを上限とする大規模住宅の開発が対象となる。
⑧インフラストラクチャーおよび物流（LGU-PPPを含む）
　　空港、海港、（空路、陸路および水路）輸送、LNG貯蔵・再ガス化施設、石油・ガスのパイプラインプロジェクト、大量の水処理・供給、トレーニング施設、試験所、国内工業地帯などの（ただし、これらに限定されるものではない）、国の経済発展・繁栄に不可欠な物理的インフラの構築・運営が対象となる。また、地方自治体（LGU）が主導・実施するPPPプロジェクトも対象となる。
⑨イノベーション・ドライバー
　　研究開発（R&D）活動、臨床試験（治験を含む）の実施、センター・オブ・エクセレンス、イノベーション・センター、ビジネス・インキュベーション・ハブ、スマート・シティ、ファブリケーション・ラボ（ファブラボ）/コワーキング・スペースの設置、モビリティ・ソリューションやデジタル取引の開発が対象となる。また、以下のような、新技術や新興技術の商業化、製品やサービスに関する商業化されていない特許、および国内で行われた研究開発の成果物も対象となる（ただし、これらに限定されない）。
⑩インクルーシブ・ビジネス（IB）モデル
　　バリューチェーンの一部として、農業ビジネスや観光分野における中堅・大企業（MLE）が、零細企業（MSE）に対してビジネス機会

を提供する活動が対象となる。

⑪環境または気候変動関連プロジェクト

エネルギー、天然資源、原材料の効率的な利用、汚染の最小化・防止、温室効果ガスの削減につながる、商品の製造・組立、エネルギー効率関連施設の設置が対象となる（ただし、共和国法第11285号またはエネルギー効率・保全法に基づくものを除く）。また、国際基準に基づいたグリーンシップリサイクルや、民間の材料回収施設の設立も対象となる。

⑫エネルギー

従来の燃料（すなわち石炭、ディーゼル、バンカーおよび天然ガス）、廃熱、その他の廃棄物を利用した発電プロジェクトや、バッテリーによるエネルギー貯蔵システムの構築が対象となる。

[*ティア2*]

フィリピンの産業バリューチェーンにおけるギャップを埋める活動で、以下が含まれます。

①グリーン・エコシステム

電気自動車（EV）組立（純EV、プラグインハイブリッドEV、ハイブリッドEV、燃料電池EVなど）、EV部品・コンポーネントおよびシステムの製造、EVインフラの構築・運営、エネルギー効率に優れた船舶・機器の製造、スマートグリッド・再生可能エネルギー用電子機器・回路（ウェアラブルソーラー機器を含む）、バイオプラスチック・バイオポリマー、再生可能エネルギー、エネルギー効率・保全プロジェクト、エネルギー貯蔵技術、統合廃棄物管理・廃棄・リサイクルなどを対象とする。

②ヘルスケア関連活動

ワクチン自立支援プログラム、その他保健省（DOH）、科学技術省（DOST）、その他の類似機関が承認したその他の健康関連プログラムを支援する製造、医薬品、医薬品有効成分、専門病院など、健康関連

活動を対象とする。

③防衛関連活動

　国防省（DND）、フィリピン国軍（AFP）、国家安全保障会議（NSC）が承認する国防関連活動を対象とする。

④産業バリューチェーン・ギャップ

　鉄鋼、繊維、化学、グリーンメタル加工（銅、コバルト、ニッケルなど）、原油精製、ラボスケールウェハー製造など、バリューチェーンのギャップに対処する活動を対象とする。

⑤食料安全保障関連活動

　農業省（DA）またはフィリピン農業・水生・天然資源研究開発評議会（PCAARRD）が承認する、食料安全保障を、競争力をもって確保するために重要な製品およびサービス、またはグリーン/有機農業を支援するものを対象とする。

[**ティア3**]

経済の変革を加速させる重要な活動で、以下の活動が含まれます。

①ロボット工学、人工知能（AI）、積層造形技術、データ解析、デジタル変換技術（クラウドコンピューティングサービス、ハイパースケーラー、データセンター、デジタルインフラなど）、ナノテクノロジー（ナノエレクトロニクスを含む）、バイオテクノロジー、新しいハイブリッド種の生産・採用、その他のインダストリー4.0技術などを含むが、これらに限らない、研究開発および第4次産業革命の先進デジタル生産技術の採用に関する業務。

②装置、部品の製造、サービスの製造、知的財産（IP）および研究開発製品・サービスの商業化、航空宇宙、医療機器（個人防護装置を除く）、IoT機器・システム（無線センサーおよび機器を含む）、フルスケールウェハ製造、先端材料などを含むがこれらに限らない、高度な技術を要する革新的製品・サービスの製造および生産を行うこと。

③研究開発ハブ、センター・オブ・エクセレンス、科学技術パーク、イ

ノベーション・インキュベーション・センター、技術系スタートアップ、スタートアップ支援施設（インキュベーター、アクセラレーター）、宇宙関連インフラなどを含むがこれらに限らない、イノベーション支援施設の設立。

　上記、優遇政策に該当しない場合に残る選択肢は、優遇措置を伴わない外国投資か、投資規制業種に該当するかの二択です。これを把握するには、「1991年外国投資法」（共和国法第7042号、1996年改正）に基づいて定期的に更新される「外国投資ネガティブリスト（Foreign Investment Negative List）」を参照します。このリストには、業種ごとに出資比率が決められており、最新版は、2022年7月13日発効の第12次ネガティブリストです。

　1991年外国投資法は、アキノ政権下に制定され、1996年にラモス政権下で改正されました。この法律は、1987年オムニバス投資法の「奨励措置が適用されない外国投資」を改正したものです。つまり、優遇措置に該当しない投資について、国内市場開放を目指したもので、ネガティブリスト以外の業種に対する投資は外資による100％出資が認められています。

■ 規制業種

　以下の業種に該当する場合、外国投資家の参入や外国人の就業は認められていません。

- レコーディングを除くマスメディア
- 専門職（エンジニア、医療関連、会計士、建築士、犯罪捜査、科学者、税関貨物取扱者、環境設計、山林管理、地質調査、内装設計、景観設計、弁護士、司書、船舶航海士、船舶機関士、配管業、製糖、社会福祉、教師、農業、漁業、ガイダンス、カウンセリング、不動産サービス、呼吸器治療、心療内科など）
- 払込資本金が250万USドル未満の小売業

- 協同組合
- 民間警備保障会社
- 小規模鉱業
- 群島内・領海内・排他的経済海域内の海洋資源の利用、河川・湖・湾・潟での天然資源の小規模利用
- 闘鶏場の所有、運営、経営
- 核兵器の製造、修理、貯蔵、流通
- 生物・化学・放射線兵器の製造、修理、貯蔵、流通
- 爆竹その他花火製品の製造

出所：JETRO（『第12次外国投資ネガティブリスト』2022年より抜粋）

■ 出資比率による規制

ネガティブリストでは、業種ごとに外国資本の出資比率上限を定めており、ネガティブリストは、リストAとリストBに分類されています。リストAは、「憲法および法律の定めにより投資が規制される分野」、リストBは「安全保障、防衛、公衆衛生および公序良俗に対する脅威、中小企業の保護を理由に投資が規制される分野」です。

■ アンチダミー法による規制

1936年に承認された共和国法第108号（CA：Common wealth Act No.108）では、規制業種における、役員の外国人占有比率を、資本規制比率に準じて取り扱わなければならない旨が規定されています。ネガティブリストによって、外国資本の出資比率が規制されている場合には、役員の構成でも外国人比率を当該外資規制の割合以下にする必要があります。

■ 資本金に関する規制

銀行や金融業など、一定の業種は、最低資本金の規制が定められています。

[銀行]

- ユニバーサルバンク：30億〜200億ペソ
- 商業銀行：20億〜150億ペソ
- 貯蓄銀行
- 本店がマニラ首都圏内：4億〜5億ペソ
- 本店がマニラ首都圏外：2億〜8億ペソ
- 地方銀行（本店の所在地による）：1,000万〜2億ペソ

[小売業]

　共和国法第11595号にて2021年12月、改正小売業自由化法が承認されました。外資の場合、払込資本金は2,500万ペソ以上が必要と記されています。また、複数の実店舗で小売業を営む外資は、1店舗当たり最低1,000万ペソの投資を行う必要があります。なお、払込資本金は、1店舗当たりの投資額要件を満たすために資産の購入に使用することができる、となっています。最低払込資本の実際の使用については、証券取引委員会（SEC）または貿易産業省（DTI）が監視し、これらの機関および国家経済開発庁（NEDA）により、最低払込資本金額は3年ごとに見直しがされます。

　その他、業種を問わず、「払込資本金20万USドル以下の国内市場向け企業」は、ネガティブリストによって、外資の資本比率が40％以下に制限されており、最低資本金の規制が加わります。要約すると以下の3つに分類されます。

①外資の資本比率が40％以下の場合

　最低資本金は5,000ペソです。

②外資の資本比率が40％超の出資の場合

　ネガティブリストに従い、原則として20万USドルが最低資本金となりますが、以下のいずれかに該当する場合は、10万USドルが最低資本

金となります。

- 現地の人を50名以上直接雇用する場合
- 先端技術を有する場合

③輸出向けに事業を行う会社の場合

　主に輸出向けに事業を行う会社の場合、当該最低資本金規制は適用されません。輸出向けに事業を行う会社とは、以下のとおりです。

- 製造業で、生産量の60％以上を輸出する場合
- 貿易業で、フィリピン国内での購入量の60％以上を輸出する場合

■ 土地所有に関する規制

　ネガティブリストの規制により、外国資本40％超の企業は、土地を取得することができません。そのため、工場用に土地を利用する場合は、土地の所有者からリースを行うことになります。リース期間は最長50年ですが、更新することが可能です。

　また、リース以外に、フィリピン人パートナー（信頼できる日本人のフィリピン人の身内やパートナー会社、弁護士など）と外資40％以下の会社を設立して、土地を取得する方法もあります。

■ 外国為替に関する規制

　フィリピンの外国為替管理制度は、フィリピン中央銀行（BSP：The Bangko Sentralng Pilipinas）が管轄し、為替規制はBSPの通貨理事会（Monetary Board）の政策によって決定されます。

　1992年に外貨集中義務が撤廃されて、外貨の売買がほぼ自由化されました。しかし、貿易取引対価以外の外貨取引については、中央銀行による以下のような規制が残っています。

- 外国為替売却を一時的に停止、または制限すること
- 居住者またはフィリピンで営業する企業が取得するあらゆる外貨為替を、中央銀行が指定する銀行・代理人に引き渡すこと

フィリピンM&A

[**貿易取引**]

　輸出にかかわる外貨受取は、中央銀行の定める通貨（USドルなど）で行われなければなりません。信用状に基づく取引など、一定の条件を満たす輸出入決済のための外貨交換については、中央銀行の事前承認なく商業銀行が自由に行うことができます。

[**資本取引**]

　外国投資家が資本、または、資本から発生した配当や利益、収益金について送金を行うために、銀行を通じて外貨を購入する場合、外国投資を中央銀行に事前に登録する必要があります。通常は会社設立の段階で中央銀行に登録を行います。

　登録済外国企業の資本の本国送金または利益の送金は、現行規則で指定された手続およびその他の条件に従って、中央銀行に事前に承認を受けることなく商業銀行で行うことができます。

[**借入**]

①**現地での借入**

　外資40％超の会社は土地の所有が認められていないため、土地を担保にすることができません。この場合、親会社が保証することになります。また、長期借入については、まだ整備されていないため、ペソ建による長期借入は難しい状況です。

②**外貨借入**

　将来の元利金の支払を外貨建で行う場合には、借入の実行前に中央銀行へ届け出なければなりません。原則として、外貨建の借入は中央銀行の許可が必要となります。

会社法

M&Aの手法として利用される株式の譲渡や、新株発行など会社運営に関する基本的事項は、会社法（Corporation Code of the Philippines）に定められています。合併や事業譲渡などの組織再編行為が行われると、出資比率の変化や経営権の移動など、会社に重要な変化を及ぼすため、会社法は基本的事項の他、通常とは異なる手続や意思決定、株主・債権者保護の規定を定めています。

■ 新株の発行

M&Aの手法の1つとして、新株を発行する場合があります。株式を譲渡する場合は、M&Aの対象となる会社に対価は入りません。一方、新株を発行する場合は、その対価が対象企業に入るだけでなく、既存株主の保有株式が残るため、100％支配権獲得を目的としては利用されない、という特徴があります。

新株の発行には、定款に定めてある授権資本の枠内での新株発行を行う場合、授権資本の枠を超えて増資を行う場合、自己株式を処分する場合があり、定款変更の有無や意思決定の方法が異なります。

【新株発行による支配権の獲得】

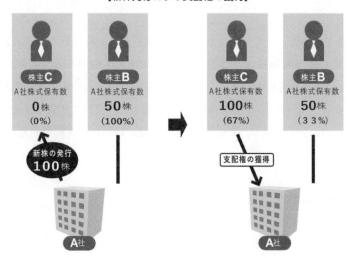

　授権資本の枠内で新株を発行する場合または自己株式を処分する場合には、定款の変更は不要であり、取締役会の決議のみで行うことができます。一方、授権資本を増加させる場合には、定款を変更する必要があるため、株主総会特別決議が求められます。

　なお、新株発行の対価を現物出資する場合は、当該現物出資財産の価額について証券取引委員会の承認を得る必要があります（会社法38条）。

　自己株式を処分する場合には、取締役会の決議により、処分価格を決定した上で行うことができます（9条）。

【決議要件】

株式発行の種類	必要な決議
授権資本内で行う新株発行	取締役会決議・証券取引委員会の承認（現物出資の場合）
授権資本の増加を伴う新株発行	取締役会決議・株主総会特別決議・証券取引委員会の承認（会社法38条）
自己株式の処分	取締役会決議（会社法9条）

[**既存株主の新株引受権**]

　フィリピン会社法では、原則として、すべての既存株主が新株引受権を有しており、会社が新株発行を行う際には保有株式数に応じて新株を引受ける権利があります（会社法39条）。ただし、以下の場合はその限りではありません。

- 定款で新株引受権が排除されている場合（上場企業においては、新株引受権は排除されていることが一般的です）
- 当該株式が、公募増資または最低浮動株比率維持を目的として発行される場合
- 当該株式が、事業遂行のために必要な資産の取得の対価として、または契約上の債務の返済に充てることを目的として、発行済株式総数の3分の2以上の同意を得て発行される場合

　したがって、新株の発行によってM&Aを行う場合には、定款で排除されていない限り、既存株主に新株引受の通知を拒否してもらい、実質的な第三者割当というかたちで行う必要がある点に留意しなければなりません。

■ **合併**

　フィリピン会社法は、日本と同じく吸収合併、新設合併の両方を認めており、その効果も日本と同様であり、被合併会社は消滅し、被合併会社の資産や負債などすべての権利義務は、個別の移転契約なしに存続会社へ引継がれます（会社法80条）。

【吸収合併の場合】

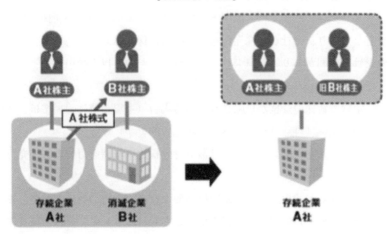

[**合併の手続**]

　合併を行う当事会社は、取締役会決議において合併計画を承認します。合併計画には、合併条件や合併方法、定款の変更などを定めます。なお、合併の対価については定めがないため、金銭や存続会社の親会社の株式を対価とすることも考えられます。

　その後、株主総会の特別決議において合併が決定されますが、反対する株主は、自己の保有する株式を正当な価格で買取ることを請求することができます（会社法77条、81条）。

　特別決議を経て、合併契約書を作成、締結します（78条）。合併契約書を証券取引委員会（SEC：Securities and Exchange Commission）に提出し、証券取引委員会から会社法に違反していないという証明書の発行を受けた時点で、合併の効力が生じます（79条）。

■ **資産譲渡**

　資産譲渡とは、会社のすべてまたは、のれんを含むすべての資産売却、賃貸、交換、質入などをいいます（会社法40条）。フィリピンの資産譲渡は、日本の会社法で定められる事業譲渡と類似の取引であると考えら

れます。

　資産譲渡は、会社にとっての重要事項となるため、取締役会決議に加えて株主総会の特別決議が必要となります。当該株主総会決議で反対する旨を述べた株主には、保有する株式を公正な価格で買取ることを要求できる権利が認められています。

　日本の会社法では、債権者保護手続を定めていますが、フィリピンでは、バルクセール法（Bulk Sales Law）という会社法とは異なる法律によって債権者が保護されています。資産譲渡を行う場合には、原則としてこのバルクセール法が適用されるため、資産譲渡の対価受領前に、商務局に対して全債権者の名前または名称、債務金額を記載した書類を提出し、登録しなければなりません（バルクセール法3条、9条）。これを怠った場合、当該取引は無効となり、違反した場合には禁錮や罰金または両方が科される恐れがあります。

証券規制法

　証券規制法（SRC：Securities Regulation Code）とは、広く存在する利害関係者の平等な権利を保護するために作られた法律です。公開会社のM&Aには、公開買付規制、開示規制、インサイダー取引規制などが関連してきます。

■インサイダー取引規制

　証券規制法では、インサイダー取引を規制しています（証券規制法27条1項、3項）。違反した場合、刑事・行政罰だけではなく、取引対象企業の株主などに対しての民事責任も負うことになります。

独占禁止法

　日本国内では、ある企業グループが、一定の規模以上の会社の議決権

フィリピンM&A

の一定割合以上の株式を取得する場合などには、独占禁止法の規制に従い、事前の届出などの報告義務を課されます。

　フィリピンでは、現在のところ日本の独占禁止法に相当する法律はありません。刑法186条でカルテル取引制限や価格統制など明らかな違反行為が数項目禁止されているに留まっています。

■ 会計基準

　M&Aを行う場合、必ず対象企業のデュー・デリジェンスを行い、企業価値を算定しなければなりません。国によって会計基準が異なるため、フィリピンの会計基準を把握しておくことは重要です。

　フィリピンでは、国際財務報告基準（IFRS）に準拠したかたちで作成されており、2005年からはIFRSを採用した、フィリピン財務報告基準（PFRS）に基づいて会計処理されています。そのため、基準の整備は、国際的な水準と変わらないといえますが、実際の運用面では新興国特有の怠惰な処理が行われているケースもあるため、注意が必要です。

M&Aに関する税務

■ 株式取得

　株式取得の方法により買収を行う場合、株式譲渡税と印紙税が発生します。株式譲渡税は、売り手に発生する税金であり、買収する側には関係がないと思いがちですが、株式譲渡を株主名簿に反映するためには、税金が正しく納付されていることを証明する株式譲渡許可書を税務当局から取得する必要があります。

　また、買収対象企業が受けていた投資委員会（BOI）による税制の優遇措置や、繰越欠損金などの効果が継続できるかどうかという点にも注意が必要です。

[**株式売却時に発生する税金**]
株式の売却益

　非上場株式の売却から生じる譲渡益については、キャピタル・ゲインとして15％の税率で課税され、通常の法人税は課税されません。一方、上場企業の株式を売却した場合には、売却価額の0.6％がパーセンテージ税として課税されます。

【株式の売却益に係る税率】

非上場企業の株式売却益	譲渡益 10万ペソ以下の部分…5％の課税 10万ペソを超えた部分…10％の課税
上場企業の売却益	売却価額の0.5％相当に対して株式譲渡税を課税

付加価値税

　株式の譲渡には、付加価値税（VAT）は課されません。

フィリピンM&A

印紙税

売却される株式の額面金額に対して印紙税が0.375％課されます。取引当事者のうちどちらが印紙税を支払うかは協議により決定しますが、通常は買収する側が負担します。

[買収後に関連する税務規定]

繰越欠損金の継続

原則として、会社は損失が生じた年の翌年から3年間にわたり損失を繰越すことができ、将来発生する課税所得と相殺して課税所得を減少させることができます。

しかし、合併などにより25％以上の所有権の移動があった場合など、重要な変化が生じた場合には、損失の繰越は認められません。また、この規定は既存株主から直接、株式を取得する場合は適用されません。したがって、通常の株式取得を行う場合であれば、支配権が大きく移動したとしても、繰越欠損金の効果は継続します。

優遇措置の継続

株式取得の対象企業が、BOIなどから優遇措置の適用を受けており、株式の取得により支配権の移転が起こった場合でも、通常は優遇措置の継続が認められます。ただし、当局の事前承認が必要となります。

株式取得に要した費用の取得原価算入

株式取引の際、専門家への支払や買主が負担した税金などは、原則として損金に算入することができません。ただし、取得原価として計上しておき、当該株式を売却する際にキャピタル・ゲイン課税の取得費用に算入することはできます。

■ 資産譲渡
[取引から発生する税金]
資産の譲渡益に対する課税

　通常の事業に供される資産の譲渡については、通常の所得税（30%）が課されます。一方、事業に供されていない資産（棚卸資産、減価償却が行われている固定資産などを除く投資用不動産など）については、売却価額または公正価値の6%がキャピタル・ゲイン課税として課されます。

地方譲渡税

　不動産の販売や移転には、販売価格と公正な市場価格のいずれか高い価格に基づいて、0.5%が課税されます。

付加価値税

　資産の売却価額に対して、12%のVATが課されます。

印紙税

　資産譲渡を行った場合、不動産の譲渡については、譲渡価額と公正価値のいずれか高い方の金額の1.5%の印紙税が課されます。

[資産譲渡後の関連する税務]
のれん

　のれんの償却費は、損金に算入することはできません。

優遇措置の継続

　M&A対象の事業が税務上の優遇措置の適用を受けていた場合、資産譲渡により権利は消滅します。ただし、認可機関の承認を得ることで、優遇措置を継続できます。

フィリピンM&A

■ 合併

[繰越欠損金の継続]

　合併による消滅会社における繰越欠損金は、消滅会社の株主が存続会社の株式の発行済株式の額面金額もしくは払込資本金の75％以上を保有する場合にのみ、利用することが可能です。

■ その他の関連する税務

[過少資本税制]

　フィリピンでは過少資本税制は制度として規制されていませんので、原則として外部負債比率は、商業的判断に基づくことになります。

　しかし、優遇制度を利用する企業や、銀行や保険会社など特定の業種について、政府は特定の比率を命じることができます。たとえば、BOIの優遇措置の適用を受けている場合や、フィリピン特別経済区に入居している場合には、登録を継続するためには3：1（負債：資本）の負債比率の上限が要求されます。

M&Aスキームの基本

フィリピンの会社の経営権を取得する方法としては、以下のような方法が考えられます。

株式取得	公開買付	上場企業の株式を取得する場合、買付の価格、数量、期間を公表して行う買付
	株式の譲渡	公開買付の要件に該当しない場合、非公開会社の株式を取得する場合に、既存株主から直接株式を取得
新株発行	第三者割当	対象企業の株式を新規に発行し、当該株式を引受ける
資産譲渡	全部譲渡	対象企業のすべてまたは実質的にすべての事業の譲渡
	一部譲渡	対象企業の特定の事業のみ譲渡
合併	新設合併	2社以上の会社がする合併であって、合併により消滅する会社の権利、義務のすべてを新設する会社が承継
	吸収合併	合併により消滅する会社の権利、義務のすべてを合併後存続する会社が承継

　手続の簡易さおよび税務上の理由などから株式取得による手法が主に利用されていますが、銀行業や通信業などの業界においては、合併なども利用されています。銀行・保険業・通信業など一部の規制業種については、監督官庁による事前承認の手続が、別途必要となります。また、対象企業が締結している契約の内容によっては、株式の譲渡や支配権の異動などに係る手続が求められる場合もありますので、買収先企業やその契約先に事前の問い合わせなどをしておく必要があります。

■合併

吸収合併・新設合併の手順は次の図のとおりです。

【合併のプロセス】

❶ 各会社の取締役会による合併計画の決定
▼
❷ 各会社の株式総会における承認
▼
❸ 合併契約の締結
▼
❹ 証券取引委員会における合併の承認

　会社が吸収合併・新設合併を行う場合には、当事者となる会社の取締役会決議および株主総会の特別決議が必要となります（会社法77条）。吸収合併計画および新設合併計画では、以下の一定の情報が記載されていなければなりません。

- 合併の当事者となる会社の名称
- 合併の条件および実行方法
- 吸収合併の場合、存続会社の定款変更に関する情報
- 新設合併の場合、新設会社の定款の記載事項に関する情報
- その他、合併に関する情報

　吸収合併・新設合併の際には、会社法に違反していないことを証明する証券取引委員会による書類が必要となります。証券取引委員会による証明書の発行には、1～2カ月を要します。また、上場企業の合併には、PSEにおける開示が必要です。

■資産譲渡による事業取得

　資産譲渡の規定を利用して、以下のような疑似吸収合併が一般的に行われています。

- 取得者が自社株式を対価として対象企業の全資産を取得

- 対象企業を清算し、会社財産の分配を通じて対象企業が取得した株式を対象企業の株主に分配

　このような方法を利用すれば、吸収合併に関する厳格な法令上の要件・手続が課されないというメリットがあります。ただし、会社財産の分配には、フィリピン内国歳入庁（BIR）の納税証明書が必要であり、その取得には、1～2年かかる可能性がある点を留意しなければなりません。

■ ノミニーの活用

　フィリピンでは、魅力的な産業があってもネガティブリストによって外資規制されるという状況が生まれる可能性があります。この妨害を取り除くためにノミニーと呼ばれる買収方法があります。

　たとえば、外国資本出資比率40％未満と規制されている分野において、40％まで出資し、51％に達するために必要な残り11％を出資企業と友好的な現地企業に出資してもらい、事実上、被出資企業の経営権を入手するという方法です。

インドM&A

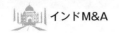 インドM&A

インドにおけるM&Aの動向

　1947年にイギリスから独立したインドは、長い間植民地支配を受けていたという歴史的背景から外国資本に対しての警戒心が強く、国内への外国資本の流入について厳格な規制が課されていました。その頑なな外国資本排除の政策は国際的な孤立を招き、長期間にわたって経済的に低迷することとなりました。1991年以降、外国資本に市場を開放する動きが出てから、近年ではM&Aの件数が増加の傾向にあります。

　次のグラフは、2010年から2014年に日本企業がインドに対して行ったM&Aのうち、公表されているM&Aの件数の推移を表しています。2014年以降、日本からインドに対してM&A件数の統計はありませんが、当社に対してのインドへのM&Aの問い合わせは増えてきており、またインド国内でのM&A需要も高まっているため、今後魅力的な市場であると考えられます。ASEANとは違う独自のビジネスの文化が強いインド進出においては、現地における強力なパートナーを見つけるのが市場拡大へおける重要なポイントです。

【In-Out件数・取引額】

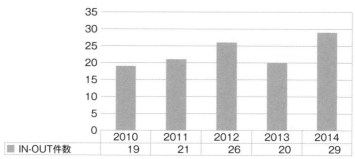

	2010	2011	2012	2013	2014
IN-OUT件数	19	21	26	20	29

■日本企業のインドに対するM&A事例

次表は、日本からインドに対するM&Aの事例です。

【日本からインドへのM&A】

日本	インド	年度	出資比率	業種
レンゴー株式会社	ヴェルヴィン・コンテナーズ	2023	30%	段ボールメーカー
エムスリー株式会社	Dr. Bhatia Medical Coaching Institute Private Limited	2023	―	予備校事業
YCPホールディングス	Consus Global Pvt. Ltd.	2022	100%	コンサルティングファーム
安田倉庫株式会社	Worldgate Express Lines International Pvt Ltd	2023	―	フォワーディング業
日東精工	バルカンフォージ	2024	―	自動車向け金属ボルト製造
日本製鉄	AM/NSインディア	2022	40%	鉄鋼業

■インドのM&A小史

インドのM&Aの歴史は、大きく3つに分けられます。

①社会主義型経済政策を採用していた段階から徐々に経済開放が進む「独立〜1991年」
②経済開放が急速に進み、M&A環境が整備される「1992〜2003年」
③インド国内企業の対外投資が活発に動き出す「2004年〜現在」

①〜③について、以下簡単に説明します。

[独立〜1991年]…①

独立後、社会主義型経済政策を採用したインド政府は、第二次五カ年計画（1956〜1961年）で、基幹産業の大部分を国有化しました。貿易政策では輸入を規制し、国内産業を保護育成する輸入代替工業化政策を導入しました。その一方で、産業ライセンス制度を採用し、外国から

インドM&A

の直接投資を厳格に規制しました。

その後、インド経済が社会主義型経済政策の影響で長期間にわたり低迷する中、インディラ・ガンディー政権は世界銀行の協力を得て、経済危機からの脱却を試みました。しかし、インド・パキスタン戦争やベトナム戦争問題をめぐり、欧米資本主義諸国と対立、ソビエト連邦と急接近し、1969年には商業銀行の国有化や外国為替規制を強化して、経済統制を強めていきました。

1984年インディラ・ガンディー暗殺により政権を引き継いだラジブ・ガンディーは、経済再建のために、民間電子産業における近代化や外国資本の導入、輸入規制の緩和といった経済自由化を進めました。しかし、それは社会主義型社会の枠組みを維持したままの段階的で部分的な自由化でした。この時期には、インド国内企業に企業再編の動きが見られました。

1981年インド政府とスズキの合弁企業マルチ・ウドヨグ社（現、マルチ・スズキ・インディア社）が設立されて以降、自動車産業では外国企業との資本・技術提携が徐々に緩和され、インド国内の自動車生産台数が飛躍的に増大したのです。しかし一方で、多くの企業が事業分野を拡大するための産業ライセンスを取得するのが非常に難しい状況が続いていました。企業成長の方法として、既に産業ライセンスを取得している企業の買収がクローズアップされ、カパログループやジャンボグループなどのインドの有名財閥がインド国内企業の買収を始めました。

[1992～2003年] …②

インド政府は、1991年7月新産業政策声明を発表し、特定の取引分野における外国直接投資（FDI）および技術協力を承認し、公共事業会社の株式売却が認められました。これを機に、外国企業がインドへ進出するための環境が整っていきました。多国籍企業のインドへの直接投資が大幅に増加する一方で、インド国内企業では、競争に耐えられないノン・コアビジネスを売却して、コアビジネスに経営資源を集中する動き

が見られるようになりました。タタ財閥がヒンドゥスタン・リーバに石鹸部門を売却したり、グジャラート・アンブジャ・セメントにセメント企業のエシシを売却するなど、企業再編による大幅な事業ポートフォリオの見直しが図られました。

ソフトウェア、通信産業などの分野でM&Aが積極的に行われる一方で、ベンチャー・キャピタルによるテクノロジーとITサービス分野への積極的投資が行われるなど、外国資本の流入が進んでいきました。

[2004年～現在まで] …③

2008年のリーマン・ショックによる市場の縮小など一時的な異変はあったものの、現在までM&Aの市場は順調に拡大を続けています。景気後退から業績の悪化やリストラクチャリングの対象となった欧米企業をインド企業が買収するといった、インド系多国籍企業による国外投資が増大し、タタ・スチールによる鉄鋼大手コーラスグループの買収やタタ・モーターズによるアメリカフォード傘下のジャガーやランドローバーの買収など、大型買収が見られるようになりました。

一方、近年の日本企業によるインド国内でのM&Aについても日本製鉄の合弁企業など、いくつか目立った事例があります。

インドM&A

投資規制

　日本企業が現地法人や支店、ジョイント・ベンチャーなどを立ち上げてインド国内でビジネスを開始する場合、すべての投資は外国直接投資(FDI：Foreign Direct Investment)に分類され、以下の複数の法令と通知によって規制されています。

　1947年に独立して以来、国内産業の保護を続けてきましたが、1991年以降、外国資本に市場を開放する動きが出てきました。徐々にではありますが、外国投資規制は緩和されています。

【M&Aに関連する規制】

1	外国為替管理法 (FEMA：Foreign Exchange Management Act, 1999)
2	インド準備銀行(RBI)の通知
3	インド政府商工省による通達 (Ministry of Commerce and Industry)
4	統合FDI政策(Consolidated FDI Policy)

　上記のように規制を決定、施行する法律や機関が複数あり、新しい通達が頻繁に発表されているため、最新情報の入手に努め、規制の内容を十分に考慮する必要があります。最新の内容はインド商工省の産業政策促進局(DIPP：Department of Industrial Policy and Promotion)のウェブサイト内の統合FDI政策通達に掲載されています。

　事業分野とその活動によって、FDIに対する規制内容は異なります。全体のイメージとしては、FDIが規制されている事業分野と許容される事業分野に分かれます。

　FDIが許容される事業分野は、さらに次の2つに分かれます。
・インド政府の事前承認が必要な事業分野
・自動承認ルートでインド進出が可能な事業分野

なお、事前承認が必要な事業分野については、ネガティブリストに列挙されており、そのリストに含まれない事業分野に関しては、インド外国投資促進委員会（FIPB：Foreign Investment Promotion Board）の事前承認を得る必要はなく、100％のFDIが認められています。

【外国直接投資（FDI）のフローチャート】

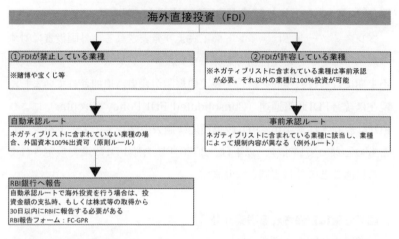

■ネガティブリスト

インドへのFDIは、事業分野ごとに出資比率など複数の規制が存在しています。当該規制の適用を受けるFDIはネガティブリストに規定され、個々のケースについて規制内容が設定されています。2010年3月までは、FDIの規制については、包括的な原則と随時追加されたプレス・ノートにより規制されていたため、過去のプレス・ノートを調べる必要がありました。しかし、2010年4月、統合FDI政策通達というFDIの規制を統合した文書が発表され、さらには2020年10月15日に2020年統合版FDI政策通達へと改定されています。本通達の重要な変更点としてインドと陸上の国境を接する国からの投資規制があげられます。陸上の国境を接する国としてパキスタンおよびバングラデシュについては従前より投資規制が存在しましたが、本通達より新たに中国、ミャンマー、ネパール、ブータンが規制対象となり、計6カ国からの投資については

業種を問わずインド政府の事前承認が必要となっています。なお、当該国からの投資の定義ではありますが、同通達上、インドと国境を接する国からの投資、もしくは投資受益者がそのような国の居住者もしくは国の市民からの投資と規定されています。

■プレス・ノートと統合FDI政策通達について

　プレス・ノートとは、インド商工省より発表される、外国投資に対する規制事項を示した発行物を意味しています。プレス・ノートの発表は不定期に行われ、年間を通じて多くの規制が変更、追加されていました。現在は統合FDI政策通達（Consolidated FDI Policy Circular）によりFDIは規制されますが、FDI政策通達は過去のプレス・ノートを統合したものとなっています。以下は、2020年統合版FDI政策で規定されている様態ごとの外資規制となります。

[国有企業に留保される事業分野]
- 原子力に関する事業
- 鉄道に関する事業

[外国投資が禁止されている事業分野]
- 宝くじに関する事業（政府・民間宝くじ、オンライン宝くじを含む）
- カジノなど、賭博に関する事業
- チットファンド業
- ニディカンパニー
- 譲渡可能開発権の取引業
- 不動産業またはファームハウスの建設
- 葉巻、チェルート、シガリロ、シガレット、タバコ、タバコ代替品の製造
- 民間部門が投資できない活動/部門（原子力、鉄道事業。なお、同政策項目5.2で認可された活動を除く）

[**陸上国境を接する国からの投資**]

　パキスタンや中国などの陸上国境を接する国の企業、および当該国の居住者が実質的な支配者となる企業からの投資については、業種や事業分野を問わず、個別の政府承認が求められます。なお、実質的な支配者は、2013年インド会社法にて、以下のように規定されており、本文脈においても同様の定義が採用されます。

①直接または間接的に会社の株式の10％以上を保有する個人
②直接または間接的に当該会社の株式の議決権の10％以上を保有する個人
③配当可能な配当総額の10％以上を直接または間接的に受け取る権利を有する個人
④当該会社の経営に重要な影響力または支配力を直接または間接的に行使する権利を有する個人（単独で行動する場合も、他者と共同して行動する場合も含む）

[条件付きでの外国投資が認可される事業分野]

以下にて、2020年統合版FDI政策にて規定されている条件付きでの外国投資が認可される事業分野とその上限持ち分および投資ルートをまとめます。

【条件付きでの外国投資が認可される事業分野】

産業分野	項目番号	活動内容	FDIによる上限持ち分	投資ルート
農業	5.2.1	農業・畜産	100%	自動承認
	5.2.2	プランテーション	100%	自動承認
鉱業等	5.2.3	鉱業	100%	一部、政府承認
	5.2.4	石油・天然ガス	一部、上限あり	自動承認
製造	5.2.5	一般製造（Manufacturing）	100%	自動承認
	5.2.6	防衛（Defence）	100%	一部、政府承認
サービス	5.2.7	放送	一部、上限あり	一部、政府承認
	5.2.8	印刷出版	一部、上限あり	政府承認
	5.2.9	民間航空	100%	一部、政府承認
	5.2.10	建築・開発：タウンシップ、住宅、インフラ	100%	自動承認
	5.2.11	工業団地	100%	自動承認
	5.2.12	人工衛星設置・運営	100%	政府承認
	5.2.13	民間セキュリティー会社	上限あり	一部、政府承認
	5.2.14	通信サービス	100%	一部、政府承認
	5.2.15	商業（Trading）：卸売、小売、電子商取引、免税店	一部、上限あり	一部、政府承認
	5.2.16	鉄道インフラ	100%	自動承認
金融サービス	5.2.17	資産管理会社	100%	自動承認
	5.2.18	民間銀行	上限あり	一部、政府承認
	5.2.19	公的銀行	上限あり	政府承認
	5.2.20	信用情報会社（CIC）	100%	自動承認
	5.2.21	証券市場のインフラ会社	上限あり	自動承認
	5.2.22	保険	一部、上限あり	自動承認
	5.2.23	年金	上限あり	自動承認
	5.2.24	電力取引	上限あり	自動承認
	5.2.25	ホワイトラベルATM	100%	自動承認
	5.2.26	その他の金融サービス	100%	自動承認
製薬	5.2.27	製薬	100%	一部、政府承認

上記に記載された事業分野については上限持分と投資ルート、また適用される条件が複雑な場合もあるため、よく確認された上で投資されることを推奨します。注意されたい事業分野として、5.2.15商業に分類される単一ブランド小売業/複数ブランド小売業の規制について、以下詳細を記載します。

単一ブランド小売業

①単一ブランド製品の貿易における外国投資は、消費者のために商品の入手可能性を向上し、インドからの物品の調達を奨励し、世界的なデザインや技術、経営慣行へのアクセスを通じてインド企業の競争力を強化するため、生産やマーケティングへの投資誘致が行われている。

②単一ブランド製品の小売業におけるFDIは以下の要件がある。

(a) 販売される製品は単一ブランドのみであること

(b) 製品は国際的に同じブランド名で販売されること

(c) 製造時にブランド化された製品のみを扱うこと

(d) ブランドの所有者であるか否かを問わず、非居住事業体は、直接に、または単独ブランド製品小売業を営むための当該ブランドの所有者との法的保護の対象となる契約に基づいて、インド国内において単独ブランド製品小売業を営むことができる。

(e) 51%を超えるFDIについては、すべての事業分野において、購入品の価値の30%はインド国内で行われる必要があり、かつ小規模企業、農村工、熟練工、手工業従事者から調達されることが求められる。

(f) 上記（e）の現地調達要件を満たすために、SBRT事業体（単一ブランド事業体）が単一ブランドについてインドから調達したすべての物品は、調達した物品がインド国内で販売されるか輸出されるかにかかわらず、現地調達に算入されるものとする。

また、SBRT事業体は、グローバル事業のためのインドからの商品の調達を、現地調達要件である30％に算入することが認め

られる。

この目的のため、「グローバル事業のためのインドからの商品の調達」とは、SBRT事業体またはそのグループ会社が、特定の会計年度において、単一のブランドについてグローバル事業のためにインドから調達した商品の金額（INRベース）を意味するものとする。

（居住者であるか非居住者であるかを問わず）、または法的拘束力のある契約に基づき第三者を通じて間接的に行われる。

(g) 実店舗を通じて営業するSBRT事業体も、e-コマースを通じて小売取引を行うことができる。ただし、オンライン小売を開始した日から2年以内に実店舗をオープンすることを条件とする。

複数ブランド小売業

①すべての製品に関する複数ブランド小売業へのFDIは、以下の条件に従って許可される。

(a) 果物、野菜、花、穀物、豆類、生鳥肉、水産品および肉製品を含めた生鮮農産物は、ブランドなしとすることができる。

(b) 外国人投資家により、FDIとして持ち込まれる最低額は1億USドルとする。

(c) 1億USドルのうちの最初の投資額として持ち込まれたFDIの総額のうち少なくとも50％は、3年以内にバックエンドインフラに投資されなければならない。

ここでバックエンドインフラには、フロントエンド・ユニットへの投資を除く、すべての活動への資本支出が含まれる。たとえば、バックエンドインフラには、加工、製造、流通、設計改善、品質管理、包装、物流、保管、倉庫、農産物市場インフラなどへの投資が含まれる。

土地代や賃借料への支出は、バックエンドインフラには含まれない。後工程のインフラへの投資は、MBRT小売業者の事業要

件に応じて、必要に応じて行われる。

(d) 製品・加工品の調達額の少なくとも30％は、工場および機械に対する総投資が200万USドル以下であるインドの零細・小企業から調達されなければならない。

　　この評価額は、減価償却を考慮しない設置時の価格を指す。零細・小企業の判定は、小売業者との最初の契約時にのみ算定され、当該産業は、当該小売業者との関係期間中に当該投資額200万米ドルを超えても、この目的のために「小規模産業」の資格を継続するものとする。農業協同組合や農民協同組合からの調達もこのカテゴリに含まれる。調達要件は、FDIの最初のトランシェを受領した年の4月1日から、購入した製造/加工製品の5年間の総額の平均値において満たさなければならない。その後は、毎年条件を満たす必要がある。

(e) 上記（b）の条件の遵守を保証するための会社による認証、上記の（c）および（d）は、必要に応じて当局によるクロスチェックすることができる。したがって、投資家は、法定監査人により正式に証明された会計帳簿を保持しなければならない。

(f) 小売販売店は、2011年国勢調査によると人口が1万人を超える都市、または各州政府の決定によるその他の都市にのみ設置することができる。関係都市のマスター/ゾーン計画に従って、交通の便や駐車場など必要な設備が用意される。

(g) 政府は、農業生産物を調達する優先権を持つ。

(h) 上記の方針は、あくまで実現可能な方針であり、州政府/連邦直轄領は、本方針の実施に関して独自の決定を自由に行うことができる。

　　したがって、小売販売店は、本政策の下、MBRTへの直接投資を認めることに同意した、または将来同意する州/連邦直轄領に設置することができる。

　　同意を表明している州・準州のリストは下記②である。将来、

本政策の下で小売販売店の設立を許可することに合意した場合は、産業・国内貿易振興省を通じてインド政府に伝えられ、それに応じて下記②のリストに追加される。

　小売販売店の設立は、Shops and Establishments Actなどの適用される州/準州の法律/規制を遵守するものとする。
(i) 複数ブランド小売業を営むFDIを受けた会社については、Eコマースによる小売業はいかなる形態であれ認められない。

② 5.2.16.4①（h）項に記載の州および連邦直轄領のリスト
1. Andhra Pradesh
2. Assam
3. Delhi
4. Haryana
5. Himachal Pradesh
6. Jammu & Kashmir
7. Karnataka
8. Maharashtra
9. Manipur
10. Rajasthan
11. Uttarakhand
12. Daman & Diu and Dadra and Nagar Haveli (Union Territories)

■ **資金調達に関する規制**

　インドに進出する外国企業の資金調達方法を大別すると、エクイティファイナンスとしては増資（資本株式の発行）や優先株式の発行、デットファイナンスとしては親会社などからの対外商業借入（ECB：External Commercial Borrowing）やインド国内での借入があげられます。企業は資本コストや資金使途制限などについて検討し、適切な資金調達

方法を選択する必要があります。

■ **増資（新株発行）**

インド子会社の資金調達の最も一般的な方法は、増資（資本株式の発行）です。増資を行うためには、インド会社法の定める手続が必要です。株主総会の決議が必要となる場合がありますが、100％子会社であれば株主総会の決議を得ることは容易なため、特に問題はありません。他の方法に比べて金利の負担や使途に制限もありませんので、資金調達としては最もよい方法といえます。また資本株式については、議決権および配当に関して通常の普通株式と異なる取り扱いとするクラス株式と呼ばれる株式も発行可能です。クラス株式の発行に際して2001年インド会社法規則（The Companies (Issue of Share Capital with Differential Voting Rights) Rules, 2001）で規定された条件を満たす必要があります。

さらには資本株式に加えて、インド会社法では優先株式も株式の種類として規定されています。優先株式は普通株式に比べ配当金を優先的に受取ることができる株式のことをいいます。その代わりに株主総会での議決権がないことが多く、資金調達によく利用されます。ただし、優先株式や社債（非転換社債など）はFDIに該当せず対外商業借入（ECB）に適用されます。優先株式は、金利の負担もなく、FDIの規制を受けずに済みますが、後述するECBに関する各種制限が適用される点に注意が必要です。

新株発行方法は公開会社の場合、私募、公募、株主割当、株主無償割当が規定されております。一方、非公開会社の場合は公募による新株発行は認められていません。

■ **対外商業借入**
　（ECB：External Commercial Borrowing）

在外子会社での資金需要を補填するために親会社からの借入がよく行われていますが、インドでこうした借入は対外商業借入としてインド準

備銀行によるECB規制下で管理されます。

以下、2024年現在のECB各種規制を記載します。

【インドECBの規制（一部）】

項目	ECBフレームワーク（一部抜粋）	
	外貨建てECB	インド・ルピー建てECB
①ECBの形態	・銀行借り入れを含む借入 ・変動利付債、固定利付債、社債（強制転換条件付きを除く） ・3年超のトレードクレジット ・外貨建て転換社債（FCCB） ・外貨建て転換条項付社債（FCEB） ・ファイナンス・リース	・銀行借入を含む借入金 ・変動利付債、固定利付債、社債（強制転換条件付きを除く） ・3年超のトレードクレジット ・ファイナンス・リース ・外国発行のルピー建て普通社債（発行した国の規制に基づき私募債または取引所への上場により発行可能）
②適格借主	・外国直接投資（FDI）を受け入れることができるすべての事業体 ・港湾公社、SEZ入居企業、小規模産業開発銀行、インド、輸出入銀行	・外貨建てECB対象となるすべての事業体 ・マイクロファイナンス事業に従事する登録事業体（登録された非営利会社、登録された協会/信託/協同組合、および非政府組織等）
③適格貸主	金融活動作業部会（FAFT、Finantial Action Task Force）、または証券監督者国際機構（IOSCO、International Organisation of Securities Commission's）加盟国の居住者 a）インドが加盟国である多国間金融機関および地域金融機関も適格貸主として認められる b）外国株式の保有者であるか、海外に上場されている社債/債権の申し込みをしている場合のみ、個人も適格貸主として認められる c）インドの銀行の海外支店/子会社は、外貨建てECB（FCCBおよびFCEBを除く）に対してのみ適格貸主と認められる インドの銀行の海外支店/子会社は、適用される健全性基準に従って、海外で発行されたルピー建て債券のアレンジャー/引受人/マーケットメーカー/トレーダーとして参加可能である。ただし、インドの銀行による発行について、インドの銀行の海外支店/子会社による引受は認められない。	

④最低平均償還期間（MAMP、Minimum Average Maturity Period）	原則3年。以下で規制されたカテゴリについては、別途規定。 a) 製造業による会計年度当たり5,000万米ドル相当額までの調達：1年 b) 一般的な事業目的、運転資金目的、ルピー建て国内借入の返済目的、かつ外国株主（＊）からの調達：5年 c) i) 運転資金目的、一般的な事業目的、 c) ii) もしくは、同目的のNBFC（ノンバンク金融会社）からの借入の返済目的：10年 d) i) 設備投資目的の国内借入の返済目的、 d) ii) もしくは、同目的のNBFCからの借入の返済目的：7年 e) i) 設備投資以外の目的のルピー建て国内借入の返済目的 e) ii) もしくは、同目的のNBFCからの借入の返済目的：10年 b)からe)に記載されているカテゴリについては、 (i) インドの銀行の外国支店/子会社からECBを調達することは、不可 (ii) 所定のMAMPは、いかなる状況下でも厳密に遵守される必要あり ※出資比率が25％以上の直接外国株主、出資比率が51％以上の関節外国株主、または共通の海外親会社を持つグループ会社を指す。	
⑤上限金利	既存のECB：ベンチマークレート＋550bps 新規のECB：ベンチマークレート＋500bps	ベンチマークレート：＋450bps
⑥その他費用	債務不履行、または約款違反に対する前払手数料/違約金が発生する場合、その利息は未払いの元本に対する約定利率の2％を上限とし、上限金利の範囲外とする	
⑦資金使途（ネガティブリスト）	ECBの資金使途として認められないネガティブリストは以下の通り。 a) 不動産産業 b) 資本市場への投資 c) 株式投資 d) 運転資金。ただし、項目④b) およびc) で言及されているECBの場合を除く。 e) 一般的な事業目的。ただし、項目④b) およびc) で言及されているECBの場合を除く。 f) 項目④d) およびe) に記載されているECBの場合を除く、ルピー融資の返済。 g) 上記a)～f) を資金使途とした、事業体への再融資。ただし、項目④c)、d)、およびe) に示すNBFCによって調達されたECBの場合は除く。	

⑧ヘッジ条項	外資エクスポージャーに関して関連する部門または健全性規制当局によって発行されたヘッジに関するガイドライン（存在する場合）に従う必要がある。インフラ宇宙企業は、取締役会が承認したリスク管理ポリシーを持たなければならない。 さらに、こうした企業は、ECBの平均満期が、5年未満の場合に備えて、ECBエクスポージャーの70%をヘッジすることが義務付けられています。指定されたADカテゴリ1銀行は、ECBの通貨期間中に70%のヘッジ要件が遵守されていることを検証し、フォームECB2を通じてRBIにポジションを報告するものとします。	規定なし
⑨保証	インドの銀行、全インド金融機関及びECBに関連するNBFCによるいかなる種類の保証の発行も不可。 さらに、金融仲介機関（インドの銀行、全インド金融機関、またはNBFC）は、いかなる方法であってもFCCB/FCEBに投資することは認められない	
⑩担保	銀行の貸手／担保受託者に有利な不動産、動産、金融証券に対する担保の設定／取り消し、および海外の貸手／担保受託者に有利な法人保証および／または個人保証の発行が可能。	
⑪借入限度額	1会計年度当たり7億5,000万米ドル相当額 なお、2022年12月31日までに実行されたECBについては、借入限度額が15億米ドル相当額まで引き上げ	
⑫負債資本倍率（Debt Equity Ratio）	7倍	制限なし

また、ECBによる借入実行後のコンプライアンスとして、毎月、借入残高や資金使途、返済状況などに係る申告書（Form ECB-2）の提出が求められます。同申告書についてはインド勅許会計士よる署名を取得した上で翌月7日までにAD銀行経由でインド準備銀行へ提出されます。

■インド国内での借入

インド国内の銀行から借入を行うことも可能で、FDI規制や外貨借入のような規制もありません。ただし、急激な発展によるインフレが要因

となり、金利が非常に高くなるというデメリットがあります。借入条件によりますが、2024年現在、インド国内主要銀行からの商業借入の借入利率が10％を超えることは珍しくありません。

■ **ダウンストリーム・インベストメント規制**

外国企業がインド企業に投資をすることを直接的投資、外国企業がインド国内の現地法人や合弁会社を通じて他のインド企業に投資することを間接的投資といいます。このうち、後者の間接的投資による投資方法のことをダウンストリーム・インベストメント（Downstream Investment）と呼び、形式的にはインド居住者による投資によるもの、実質的な投資および支配についてはインド非居住者によるものとみなされ、外国直接投資同様、一定の規制が設けられています。

【ダウンストリーム・インベストメントのスキーム】

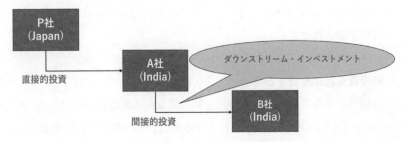

インドにおけるダウンストリーム・インベストメントは、1999年外国為替管理法およびそれに基づいて制定された規則、2019年外国為替管理（非負債商品）規則の規則23に基づいて管理されます。対象となる投資の参入ルート、部門別の投資上限、価格設定ガイドラインおよびその他の付随条件を遵守しなければならないと規定しています。以下にて、ダウンストリーム・インベストメントに関する規制について事業形態ごとの取り扱いを記載します。

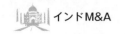 インドM&A

[**純粋事業会社に投資する場合**]

　純粋事業会社（Only Operating Company）に投資を行う場合、直接投資であるか間接投資であるかにかかわらず、通常のFDIの投資上限規制に従っている限り、FIPBへの事前承認などは不要となります。

　たとえば、日本企業のインド現地法人または日本企業が過半数を保有する合弁会社が、他のインド内国法人の株式を取得する場合、その法人が純粋事業会社であれば、原則FIPBの事前承認を得る必要はありません。

[**事業会社兼投資会社に投資する場合**]

　事業会社兼投資会社（Operating-Cum-Investing Company）とは、インド会社法に基づいてインド国内に設立された会社であるため、インド居住者扱いになります。したがって、外資規制は関係ないという見解もありますが、その会社が外国資本により所有または支配されている場合、実質的には外国資本となり、他のインド内国法人への投資は、FDIの規制が課されます。

[**純投資会社に投資する場合**]

　外国企業が投資のみを行う投資会社、すなわち純投資会社（Only Investing Company）に外国投資をする場合、外国投資の額や範囲に関係なく、FIPBの事前承認を得る必要があります。これは外国投資がインド国内の投資会社を通じて他のインド内国会社に投資することを、FIPBが把握しておきたいという姿勢の表れといえます。また、事業会社兼投資会社と同様に他のインド内国会社に投資する段階でFDIの規制が課されます。

[**非事業・非投資会社に投資する場合**]

　非事業・非投資会社（Nonbusiness, Non-Investment Company）とは、事業も投資も行っていない会社のことです。なぜ事業も投資も行っていない会社に投資をし、さらに規制されるのかというと、たとえば、

外資系投資会社が事業も投資を行っていない会社をインド国内に設立した場合、現状は休眠状態であっても、投資後に事業を開始し、投資を行うことでFIPBの規制を潜脱することが可能となります。これを防ぐために、非事業・非投資会社に対する投資に関しても純投資会社と同様の規制が設けられているのです。

今回の規定で共通している点は、誰に投資するのかに焦点を当てていることです。従来は、誰が投資するのかに焦点が当たっていましたが、投資先となる会社に着目したのです。

■ 外国投資比率の計算方法

プレス・ノート2009年2号と4号では、実際にダウンストリーム・インベストメントが行われた場合のFDIの計算方法も規定されました。ここでは、孫会社に対する外国資本の出資比率をどのように算定するかがポイントとなります。外国企業が投資しているインドの子会社から孫会社に投資する場合、一定の要件に従って外国投資比率が計算されます。原則として、次のいずれかの要件を満たす場合は、孫会社を「所有（Owned）」または「支配（Controlled）」しているとみなし、子会社から孫会社への外国投資比率は、子会社から孫会社への投資比率と、親会社から孫会社への投資比率の合計で算定されます。

・インドの子会社の株式の51％超を保有する
・インドの子会社の取締役の過半数を指名する権利を有する

ただし、例外として子会社から孫会社への出資比率が100％の場合には、「100％子会社への再投資」という例外規定が設けられており、親会社から子会社への出資比率が孫会社の外国投資比率として計算されます。

以下、ケース別に外国投資比率を検証します。

[**ケース1**]

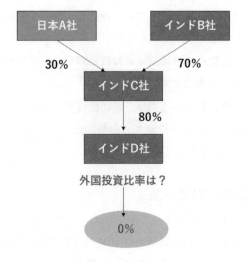

　日本企業A社がインド企業B社（インド居住者が100％出資で設立した会社）と、A社30％、B社70％の出費比率で合弁会社C社を設立したとします。さらに、C社はインド会社法に基づき他のインド企業D社に80％投資したとします。この場合、合弁会社D社は本来インド居住者と区分されるために外国投資とはみなされません。

[ケース2]

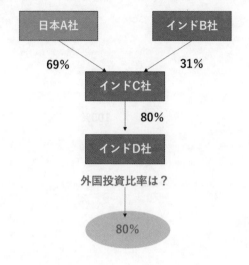

　日本企業A社がインド企業B社（インド居住者が100％出資で設立した会社）とA社69％、B社31％で合弁会社C社を設立したとします。さらに、C社はインド会社法に基づき他のインド企業D社に80％投資したとします。

　この場合、C社は外国企業として扱われるため、C社がインド企業D社に投資した比率がそのまま外国投資比率になります。したがって外国投資比率は80％となります。

[ケース3]

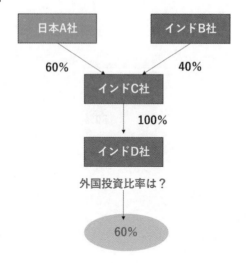

　日本企業A社がインド企業B社（インド居住者が100％出資で設立した会社）とA社60％、B社40％で合弁会社C社を設立したとします。さらに、C社はインド会社法に基づき他のインド企業D社に100％投資したとします。

　この場合、例外規定によりインド企業D社の外国投資比率は、親会社であるインド内国投資会社の外国投資比率と同じになります。したがって、この場合は、60％が外国投資比率となります。

　この例外規定を利用すれば、外資規制による投資上限のある事業分野を設立したい場合でも、100％子会社とすることで外資規制による投資上限を超えることができます。

　たとえば、外資規制上の投資上限が74％である電子通信事業の場合、通常のケースで投資をすると、74％までしか株式が取得できませんが、D社を100％子会社にすることで、例外規定が適用され、D社の外資比率は60％となりD社の100％の株式を保有することができます。

会社法およびM&Aスキーム

■インドM&Aの留意点とスキーム選択

　インドへの投資は原則自由となっているものの、実際は規制が多く、しかも複数の機関から発行されるさまざまな法や規制、ガイドラインに従わなければなりません。加えて上場企業への投資は登録やプライシングなどについても規制を受けるので、事前にしっかり計画することが重要です。

　M&A含めたインドへの投資を考える際に、進出方法としては、企業買収や100％独資による進出や、一部出資によるインド企業とのジョイント・ベンチャーの設立などの方法があります。以下にて一般的なインドにおけるM&Aスキームの全体像を記載します。

【インドにおけるM&Aスキーム】

　上記のうち、よく採用されるスキームとして、❶株式譲渡による株式取得、❷全部事業譲渡（Slump Sale）、❸資産譲渡（Asset transfer）、❹合併について、それぞれ概略と留意点を解説します。

❶株式譲渡による株式取得

　非居住者がインド居住者であるインド法人から株式を取得する場合、

統合FDI政策に準拠する必要があります。買収対象の会社は、統合FDI政策で決められた事業分野に限定されます。事業分野によっては、外国人持株比率が規制されている場合があり、買収後の持株比率が投資上限を超えない必要があります。

さらに、インド証券取引委員会（SEBI：Securities and Exchange Board of India）やインド準備銀行が定めるガイドラインに従って譲渡価格が決定されていることが必要です。すなわちインド居住者と非居住者の間で外国からの直接投資または株式の譲渡が行われる場合、譲渡する／されるインド居住者側の利益保護を目的として、当事者同士で自由に価格は決定できず、後述する一定の規制に従わなければなりません。なお、非居住者間での株式譲渡取引については本ガイドラインが適用されません。

1995年SEBI外国機関投資家規則に従ってインド証券取引委員会に登録した外国機関投資家（FII）は、上場・非上場の株式を自由に売買できます。ただし、外国機関投資家が既発行証券市場で株式の売買を行う場合、原則としてSEBIに登録された証券会社を通して行う必要があります。さらにベンチャー・ファンドを通じた株式譲渡も認められます。インド投資を行う外国ベンチャー・キャピタル・ファンドはインド証券取引所に登録することにより、税務などのメリットを受けられます。

[上場株式の取得による株式買収（非居住者がインド居住者から株式譲渡を受ける場合）]

証券取引所に上場されている株式の取得には、既存株式の売買による譲受と新株式の引受による譲受があります。売買により譲り受ける株式の価格が、第三者割当をした場合の株式発行価格を下回る場合は、インド準備銀行の事前承認が必要です。

この基準となる発行価格は、上場株式と非上場株式で異なり、上場株式の場合はインド証券取引委員会ガイドライン（SEBI（DIP）ガイドライン13章1条1項）に従って、次のように定められています。

- 株式割当日から起算して過去90取引日の株価の終値の週ごとの最高値および最安値の平均
- 株式割当日から起算して過去10取引日の株価の終値の週ごとの最高値および最安値の平均のいずれかの価格のうち高い方を下回らない価格

また、インドの証券取引所に上場しているインド内国会社の株式を株式譲渡により、一定割合以上取得する場合には、公開買付が要求されます（2011年公開買付規則）。以下のいずれかに該当する場合、同規制の対象となります。

①単独または共同保有者と併せて、上場企業の議決権のある株式の25％以上を取得することになる新株第三者割当を受け、または既存株式の市場内取得もしくは相対取引を行う場合。
②単独または共同保有者と併せて、上場企業の議決権のある株式を25％以上75％未満保有している者が、さらに1事業年度内に5％を超える議決権を取得することになる新株第三者割当を受け、または既存株式の市場内取得もしくは相対取引を行う場合。
③上記数値基準を満たすような議決権のある株式の取得が行われない場合であっても対象企業の実質的支配権が取得されるような取引

インド公開買付規制では、いわゆる取得を直接取得と定義する一方で、ある会社の取得を通じてインド上場企業を取得する場合も間接取得として同規制を適用しています。この「ある会社」はインド法に準拠した会社か、上場か非上場かを問わず、たとえば、買収対象がインドの会社でない場合も、その会社の子会社がインドで上場している場合は当該規制が関係してきます。

また、公募増資、株式引受契約に基づく株式引受、合併や企業分割などの組織再編による株式割当などにより株式を取得する場合などは、公

開買付義務は免除されます。

　2011年公開買付規則上、最低予定買付数が規定されており、取得予定数は全株式（または議決権）の26％以上である必要があります。つまり、プロモーター（インド法上の概念で創業者支配株主のイメージ）から直接25％以上の株式の取得を行う場合には、最低でも26％以上を予定取得とする公開買付が行われ、したがってプロモーターからの株式の取得と合わせると51％以上の株式取得を行う取引となります。

　また、公開買付に対する最低応募数を、公開買付成立のための条件として付すことができます。このとき、公開買付の応募数が最低応募数に満たない場合は、買付者は公開買付を撤回することができます。

　ただし、撤回する場合は、最低応募数の買付に必要な金額の半額以上を、公開買付のために開設されたエスクロー口座に現金で保有しておかなければなりません。

　次に公開買付における価格規制ですが、公開買付規則上、公開買付価格は次のうち最も高い価格となります。

直接取得または直接取得とみなされる間接取得の場合
- 当事者間で合意した価格
- 公開買付開始公告に先立つ過去52週に買付者または共同保有者により対象企業株式の取得に支払われた取引高加重平均価格
- 公開買付公告日の前日から起算して過去26週間の間に買付者または共同買付者（いる場合）より対象株式の取得に支払われた最高価格
- 公開買付公告に先立つ過去60取引日の取引高加重平均市場価格（取引が頻繁にある場合）
- 対象上場株式の証券取引所での売買高が低調な場合、純資産利益率、純資産簿価、EPS（1株当たり利益）などに係る会社の株式評価に慣習的に用いられている要素を考慮に入れて、買付者および公開買付の幹事であるマーチャント・バンクにより決定された価格

- 直接取引とみなされた間接取引について、一定の方式で計算、開示された対象企業の価格

間接取得の場合
- 当事者間で合意した価格（ある場合）
- 主要取引の契約締結日または公表日のいずれか早い日に先立つ過去52週に買付者または共同保有者により対象企業株式の取得に支払われた取引高加重平均価格
- 主要取引の契約締結日または公表日のいずれか早い日に先立つ過去26週間の間に買付者または共同保有者（いる場合）より対象株式の取得に支払われた最高価格
- 主要取引の契約締結日または公表日のいずれか早い日と、公開買付開始公告日の間に、買付者または共同保有者により対象企業株式の取得に支払われた最高価格
- 主要取引の契約締結日または公表日のいずれか早い日に先立つ過去60取引日の取引高加重平均市場価格（取引が頻繁にある場合）
- 直接取引とみなされた間接取引について、一定の方式で計算、開示された対象企業の価格

[**非上場株式の取得による株式買収（非居住者がインド居住者から株式譲渡を受ける場合）**]

　株式が証券取引所に上場されていない場合には、売買により譲り受ける株式の価格は、SEBIに登録しているマーチャント・バンカーまたは勅許会計士がDCF法に基づき決定した適正価格を原則下回ってはなりません。

　下回る場合には、当該取引につきインド準備銀行の事前承認が必要になります。また、当該株価については、上記マーチャント・バンクまたは勅許会計士の証明を受ける必要があります。新株式の発行を引受ける場合も同様です。適正価格を下回らない限りインド準備銀行の事前承認

は不要です。ただし、インド準備銀行に対する事後届出の際に譲渡価格を記載する必要があります。

[**上場/非上場株式の売却による株式譲渡（非居住者がインド居住者から株式譲渡を行う場合）**]

非居住者がインド居住者に対して株式譲渡を行う際も、上述と同様に、RBIの承認や報告、マーチャント・バンカーや勅命会計士の証明などのプロセスが必要です。インド居住者が非居住者に対して株式譲渡する場合との違いは、上場株式の場合は第三者割当の価格以下で、非上場株式の場合はDCF法による適正価格以下で取引しなくてはならないことです。すなわち、インド居住者から非居住者への株式譲渡と、非居住者から居住者への株式譲渡は表裏一体で規制されており、いずれもインド居住者に有利になるように設定されています。

❷全部事業譲渡による事業譲渡（Slump Sale）

インド所得税法では、全部事業譲渡（Slump Sale）を「当該事業譲渡において価値が個々の資産や負債に個別に割付けられることなく、事業全体に対する対価が支払われる売買の結果としての、1つまたは複数の事業の移転」（同法2条42C項）と定義しています。

全部事業譲渡には、当事者間の契約による方法と譲受会社の登記上の住所を管轄する高等裁判所（High Court）に対して事業譲渡に関する組織再編計画を提出し認可を受ける方法があり、どちらかを選択できます。事業譲渡には合併や企業分割で受けるような税務メリットがほとんどないため、多くの場合、裁判所の許可を得ずに当事者同士で行う方法が採用されています。

公開会社が事業譲渡を行う場合、譲渡会社は取締役会決議および株主総会普通決議を経る必要があります（インド会社法293条1項(a)）。

さらに、譲渡会社が上場企業である場合は、株主総会決議は郵便投票（Postal Ballot）で行われる必要があります。非上場企業が事業譲渡を

行う場合、株主総会決議は不要であり、取締役会決議で決定できます。また、旧会社が保有していた許認可関係や事業ライセンス関係は事業譲渡に伴って移転しませんので、別途それぞれの監督官庁に事業譲渡による移転を申請しなければなりません。

事業譲渡の対価は、事業評価額相当の現金となります。

[**譲受会社における事業譲渡により移転された各資産の税務上の簿価**]

インド所得税法上、事業譲渡においては、事業を構成する個々の資産や負債を個別に割付けていないので、譲り受けた事業を構成する各資産の税務上の簿価を決定する際の具体的な規定は存在しません。実務上は、適正な手法（専門家による適正評価額のレポートなど）により各資産の価値を評価して、譲受会社はその価格を当該資産の税務上の簿価として認識します。

[**繰越欠損金、減価償却の繰延の承継**]

単なる資産の譲渡にすぎないので、事業譲渡の方法で移転される事業に関する繰越欠損金（Carryforward Losses）や減価償却の繰延（Unabsorbed Depreciation）については、譲受会社には承継されません。

❸資産譲渡（Asset Transfer）

資産譲渡（Asset Transfer）による事業取得は、事業を構成する個別の資産・負債の譲受とみなされます。動産の譲受には、1972年動産売買法が適用されます。株式・社債の譲受については会社法で手続を定めています。また、不動産の譲受には、1882年不動産譲渡法が適用されます。著作権、特許権、商標権などの無体財産権の取得は、それぞれの無体財産権の種類に応じた法令で規定されます。債務の引受に関しては1872年インド契約法が適用されます。

事業譲渡については、会社法の附属定款（AOA：Articles of Association）により、取締役会および株主総会による承認を原則とします。

インドM&A

特に公開会社の場合、事業譲渡には株主総会における過半数の承認を要します。また、外国企業がインド国内の営業を譲り受ける場合は、FDI規制に従い、インド準備銀行の事前承認が必要とされます。その他、登録税、印紙税、キャピタル・ゲイン課税および譲渡税を含む取引コストなどの検討が必要です。

[資産の税務上の簿価]

資産譲渡に伴い各資産の対価として支払われた価格が、譲受会社における当該資産の税務上の簿価となります。

[繰越欠損金、減価償却の繰延の承継]

単なる資産の売買にすぎないため、繰越欠損金や減価償却の繰延については、譲受会社には承継されません。

❹合併

合併（Amalgamation）とは「1つ、もしくは複数の会社が別の会社と合併し当該別の会社に吸収されること、または2つ以上の会社が合併し新しい会社が設立されることですが、すべての資産および負債が消滅会社から存続会社に引継がれ、かつ原則として消滅会社の資本総額の4分の3以上を保有する株主は存続会社の株主となること」と、インドでは定義されています（1961年所得税法2条1B項）。

【合併のプロセス】

①合併プロセス及び企業査定	
②取締役会、株主疎開、債権者会の開催、合併決議の可決	
③NCLTへの申請	4日
④NCLTでの審議	15～20日
⑤1次判定	15～20日
⑥2次または最終審議申請書類	1次判定から7日以内
⑦審議	15～20日
⑧関係所轄庁招集	45日
⑨NCLTによる新聞告知	上記招集告知から30日以内
⑩2次または最終判定	命令書コピーを得て15日以内
⑪登記局へ登録申請	命令書コピーを得て30日以内
⑫債権および資産登録	
⑬印紙発行	

以下にて合併実行時の懸念事項および考慮事項について記載します。

[**会社法裁判所（NCLT）の関与**]

　合併要件として、基本定款（MOA）に「合併が認められている」と記載されている必要があり、さらに合併存続会社の本店登記場所を管轄する州のNCLTによる許可が必要です。加えて、承認などの手続を終えるのに通常6～8カ月はかかるとされています。なお、合併の法的枠組みは、2013年会社法230条～240条に定められ、手続は以下のように進みます。

インドM&A

①NCLTに対して合併に関する組織再編計画書、各種申請書を提出し、当該手続の料金を支払う。組織再編計画書のコピーは、中央政府、税務当局、RBI、会社の登記所、公式清算人、CCIなどに提出する必要がある。上場企業は、加えてSEBIに関連書類を提出することが必須

②NCLTは申請受理後、存続会社と消滅会社のそれぞれの株主総会および債権者集会を招集する

③会社は、株主総会および債権者集会、集会実施に関するニュースを、会社のホームページに掲載する。上場企業の場合は、これに加えて英語で会社が登記されている州の官報に告知する

④当該株主総会および債権者集会において、会合開催日の予告から1カ月後に電子投票も含め、それぞれ4分の3以上の賛成が得られれば、合併決議が成立する

⑤裁判所の指定する日程、ないしは日程が不定の場合は集会終了後3日以内にNCLTに決議結果を提出し、裁判所の合併認可を待つなお、上述の手続①の前に、債券者総会で合併実行に関し、90％以上の異議なし証明（NOC：Non-Object Certificate）を得られれば、合併申請後の株主総会や債権者総会のNCLTの評決をスキップすることが可能と同法230条に規定されているため、合併を早く終わらせるには、NCLTに合併申請を行う前に債権者総会を開催し、合併の賛成票を取っておくことを推奨します。

[**合併の対価**]

　存続会社は合併の対価として、株式を発行し、消滅会社の株主に割当てます。また、合併対価については株式のみであり、日本のような対価の柔軟化は認められません。

[**債権債務**]

　存続会社は消滅会社の債権債務をすべて承継します。

[資産の税務上の簿価]

存続会社は、消滅会社から税務上の簿価で資産を承継することができます。

[ワークマンの承継]

消滅会社のワークマンは、特段の手続なしに、存続会社に承継されます。ノンワークマンはインド労働法上の保護の対象にはなっていません。ワークマンとノンワークマンの定義は次のとおりです。

　ワークマン：原則的に事業主に雇用されている者
　ノンワークマン：以下の規定に該当する者
　　空軍、陸軍、海軍に所属する者
　　警察または刑務所で雇用されている者
　　経営者または経営管理者的な立場にある者
　　賃金が月額1万ルピー以上の監督的な立場

ただし、自動的に承継できる要件として、次の3つをすべて満たしている必要があります。

①消滅会社の労働者の業務が、合併により阻害されないこと
②当該労働者の労働条件が合併される前よりも不利になっていないこと
③存続会社が合併契約上で、合併がなければ消滅会社が支給したであろう退職金と同額程度の退職金の支払義務を引受けていること

承継が認められない場合は、消滅会社は労働者に対して退職金を支払う必要があります（1947年産業紛争法25条）。

[登録、許認可、事業ライセンスなど]

原則として合併消滅会社の登録、許認可、事業ライセンスなどは、す

べて合併存続会社に移転します。ただし、それぞれの根拠法に基づく届出や手続があるときは、合併消滅会社がそれを行う必要があります。通常、組織再編の申請を受けた裁判所の下で行います。

[**合併消滅会社のキャピタル・ゲイン課税**]

所得税法上、合併存続会社がインド内国会社の場合、資産の移転に関して、合併消滅会社にキャピタル・ゲイン課税は発生しません（1882年資産譲渡法47条4項）。

また、合併消滅会社の株主が処分することになる株式について、合併存続会社の株式が合併消滅会社の株主に対価として割当てられます。合併存続会社がインド内国会社である場合は、合併消滅会社の株主にキャピタル・ゲイン課税は発生しません。キャピタル・ゲイン課税回避要件は、この後述べる繰越欠損金引継の要件とほぼ同じです。

【合併時のキャピタル・ゲイン課税】

[**繰越欠損金、減価償却の繰延の承継**]

所得税法上、合併消滅会社が一定の事業を営んでいる場合には、以下所得税法第72条A項に記載された

の要件を満たす限り、合併消滅会社の繰越欠損金、減価償却の繰延を合併存続会社に承継することが認められます。

所得税72条A項

―合併消滅会社が繰越欠損金/減価償却の繰延が発生している事業を3年以上営んでいること

―合併消滅会社が、合併前2年間の間、継承される固定資産の簿価4分の3以上を保有し続けていること
―合併存続会社が、合併から5年以上継承した事業を営むこと
―合併存続会社が、合併から5年以上、継承した固定資産の簿価4分の3以上を保有し続けること
―合併が申請事業目的であること
―その他一定の条件

[**合併関連費用の償却・損金算入**]

インド内国会社が合併のために負担した費用については、合併のあった課税年度から5年間に均等償却し、損金算入することができます。

[**外国為替規制**]

高等裁判所で合併計画が承認された場合には、一定の条件を満たす限り、合併存続会社のインド居住者から合併消滅会社のインド非居住者への株式発行につきインド外国投資促進委員会（FIPB）やインド準備銀行の承認は不要となります。

[**証券取引所規制**]

合併当事者の少なくとも1社が上場企業である場合、証券取引所の事前承認が必要です。ただし、このケースは上場が前提となり、合併存続会社が合併後も取引所に上場しない限り、証券取引所は承認しません。

■外国直接投資に使用される株式および証券について

外国直接投資に使用される株式および証券の種類を解説します。現在の外国直接投資政策の下では、外国人投資家は次の株式および証券を通してインド法人に投資を行うことができます

①普通株式（Equity share）

②強制転換優先株式（CCPS、Compulsory Convertible Preference Shares）
③強制転換社債（CCD、Compulsory Convertible Debentures）

　2013年インド会社法上、株式は、普通株式と優先株式に区分されます。①普通株式とは、インド会社法第43条に従い、優先株以外のすべての株式であり、(i) 議決権を有する普通株式、および (ii) 配当、議決権、その他について、規定された規則に従い異なる権利を有する株式とされております。ここでいう (iii) については、通常クラス（Class）株式と呼ばれ、たとえば議決権の有無やその加重など、通常の株式と差異を設けるために利用されます。

　一方で、優先株式とは、同様にインド会社法第43条にて配当および残余財産の分配に関して優先的な権利とその議決権を有する株式と規定されております。なお、当該株式は、上記以外の事項については付属定款上規定された権利についてのみ議決権が認められております。また、優先株式は発行から20年以内に普通株式へ転換される必要があり、将来において強制/任意での転換が規定された株式は、転換可能優先株式Convertible Preference Shareと呼ばれる。このうち、将来において強制転換される株式を②強制転換優先株式（CCPS、Compulsory Convertible Preference Shares）と呼びます。強制転換優先株式については、外国直接投資に該当するためFDI規制を遵守する必要があります。強制転換優先株式と同じように将来における普通株式への転換が強制的に適用される社債を③強制転換社債（CCD、Compulsory Convertible Debentures）と呼びます。発行形式が株式でなく社債となりますが、強制転換優先株式と同様に資本制の証券として、外国直接投資に該当しFDI規制の順守が求められます。

　なお、強制的に全部が資本株式に転換されない優先株式、転換社債は、後述するFDI規制の対象でない一方、前述の対外商業借入ECBの規制対象となります。ただし、投資が完全に自由というわけではなく、FDI

規制により定められている出資上限に関して一部に規制が残っています。

上記3つの証券による投資については、FDI規制に該当しない限り、原則外資出資比率が100％まで、政府による事前承認の手続は必要なく、自動で認可されます。規制がある事業分野についての詳細は、前述の2020年統合FDI政策に明記されています。たとえば、通信サービス業、放送業、保険業、防衛産業、小売業などは外資の直接投資に上限が設けられているか禁止されています。

普通株式、強制転換優先株式、強制転換社債発行の形で外国資本に投資を受けるインド法人は、送金を受けた日から30日以内に外国為替取扱指定金融機関（AD Bank）を通じて、インド準備銀行（RBI）に報告する必要があります。報告は所定の事前報告フォーム、外国対内送金証明書（FIRC）のコピー、当該資金を送ってきた海外銀行からの海外投資家に関する顧客確認（KYC）報告書を使用して、対価額の詳細を報告します。

また、株式発行から30日間以内に、AD Bankを通じて、所定のFC-GPR（Foreign Collaboration-General Permission Route）Part A様式に、①会社法の全要件を満たしており自動承認による株式発行に適格であることを証明する書類と、②株式の価格算定方法を示す勅許会計士の証明書を添え、インド準備銀行に報告しなければなりません。

さらに、毎年7月31日までに、最終事業年度末までになされた直接投資、ポートフォリオ投資などの全投資に関する外国投資の年次報告をFC-GPR Part B様式で提出する必要があります。

■会社運営に係る注意点

以下にM&Aスキームやストラクチャーの決定、買収後の会社運営にかかわる注意点を記載します。

[デュー・デリジェンスにかかわる留意点]

M&Aを検討する場合、当該ディールを成功に導くためには会社実態

インドM&A

を把握するための各種デュー・デリジェンスは欠かせません。買収ターゲットの特定や事前検討といったプレディールからディール実行、そして最終的なクロージングと統合プロセスというのが通常のM&Aの流れとなりますが、日本企業とインド企業のM&Aの最終的なクロージングまでには相当の期間とコストを要します。

　M&A実行に際してデュー・デリジェンスは必須プロセスとなりますが、インド企業とのデュー・デリジェンスはかなりタフになるというのが一般的な理解です。デュー・デリジェンスはビジネス/財務/法務/労務などの視点から行われますが、いずれにおいても買収対象会社から開示されたデータをもって行います。しかし、インド企業からのデータ開示が限定的である、もしくはかなりの時間を要するというのは珍しくありません。

　また開示されたデータについても、収益力分析における利益水増し、滞留債権の引当漏れ、デッドライクアイテム分析における未払税金や退職給付引当金の認識漏れ、および未計上、会社側で把握していない税務調査案件の未報告、その他簿外債務や偶発債務の認識漏れなどの問題は頻繁に起こります。開示されたデータは限定的である点また、そのデータの妥当性や信憑性については、十分な注意が必要となります。

[M&A後のコーポレートガバナンスにかかわる留意点]
株主総会決議について

　普通決議は出席株主の過半数の賛成、特別決議は出席株主の3/4以上の賛成が要件となります。決議要件は定款に定めることにより、普通決議、特別決議ともに厳しくすることができるため、合弁を行う場合には、決議要件を調整することで、一定の縛りをおくことも可能です。

　また、日本の会社法の場合、すべて議決権数に応じて決議が行われますが、インドの会社法では、原則として、人数ベースによる挙手（Showing Hands）が決議要件となります。挙手による決議の場合、出資割合および保有議決権数においてマジョリティーを構成する場合で

あっても、頭数でインド側株主の方が多い場合、決議をコントロールできないこととなります。そのため、このようなケースを避けるため、議決権ベースによる投票制（Poll）による決議を採用することが推奨されます。

取締役会、取締役会決議について

　インド会社法174条1項に従い、取締役会の決議は、取締役の総数の1/3（端数が生じた場合には四捨五入）または、2人のいずれか多い方の人数となります。

　ただし、インド会社法174条3項に従い取締役会の議題に関して利害関係を有している取締役の人数が総数の2/3以上となる場合は、その残りの取締役、すなわち、利害関係を有しておらず、かつ取締役会に出席した2人未満ではない取締役が、当該取締役会開催のための定足数となります。

　定足数に満たさないために取締役会を開催することができない場合、附属定款に別段の定めがある場合を除き、その取締役会は、次週の同じ曜日まで自動的に延期され、当初開催予定であった同じ時刻と場所で開催されることになります。

　取締役の頭数において取締会決議が行われるため、買収時には要検討の上取締役の選任および双方からの選任割合、公平な立場から社外取締役の選任を決定する必要があります。

　なお、取締役会決議事項についても会社法上規定されている決議事項のみならず会社運営にかかわる重要事項については、別途附属定款や各種契約（買収契約、合弁契約など）において特別決議事項としてその決議方法について規定することが推奨されます。

　また、株式譲渡などによるM&A後、PMI（Post Merger Integration）にて行われる最初の手続きの一つが取締役会の運営および取締役の変更になります。通常M&Aの実行後は旧取締役の退任、および買主側から選定された新たな取締役が選任するのが通常です。旧取締役の退

任については当人より署名された退任通知を受領した後、取締役会決議がなされます。取締役会決議から30日以内に会社登記局へDIR-12の提出が求められます。万が一、当該取締役が退任を拒否し手続きが難航する場合は、特別通知を発行した上での取締役会の開催、および臨時株主総会による決議を行うことで当該取締役の除名手続きが可能です。なお、除名手続きの際も退任手続きと同様にDIR-12の提出が求められます。

　一方、新しく手配される取締役については、DSC（デジタル署名証明、Digital Signature Certificate）、およびDIN（取締役識別番号、Director, Identification Number）の取得、取締役会もしくは株主総会での選任決議、選任決議後のDIR-12の提出を通じて取締役として選任および登記されます。

その他会社機関について

　取締役（取締役会）と株主（株主総会）以外のコーポレートガバナンス機関としては会社秘書役と監査人/監査役会が挙げられます。

　払込資本金1億ルピー以上の会社には常勤の会社秘書役（Company Secretary）を置くことが義務付けられています。会社秘書役は取締役会や株主総会の運営やそれにかかわる書類作成や申告手続きを担当するのが通常です。

　インド企業とのM&Aにおいては、買収先会社が採用/雇用している会社秘書役が継続して採用されるケースもざらにあり、インド側株主およびマネジメント側と親密な関係が既に形成されているため、買収後のコーポレートガバナンスがより一層難しくなる可能性もあります。

　また、監査人についてですが、インドではすべての会社に会計監査が義務付けられており、監査人の選任および辞任は、監査人からの同意およびレターの受領、取締役会および株主総会決議、会社登記局への申請を通して行われます。

　インド会社法139条（1）により会社が選任する監査人の任期は、個人の監査人については5年（1期）、監査法人の場合は10年（2期）と

規定されています。

　なお任期中における監査人の辞任については正当な理由がある場合のみとされており、監査人からのResignation letterの発行が求められます。監査人の選定についても同様既に買収先会社のインド側株主およびマネジメントと既に親密な関係が形成されており、第三者という公正な立場からの監査が実施されない可能性もあります。監査人の選任や必要に応じた会計帳簿へのアクセスや内部監査の実施については、買収契約において必須な検討事項となります。

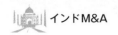

関連する各種規制・法律

■インサイダー取引

　インサイダー取引規制とは、株式を発行している企業のインサイダーかつ内部情報を握っている者は、その企業の株式を売買することが禁止されるというものです。またそうした者は、内部情報を他人に提供して、株式の売買を誘導する行為を行うことも禁じられています。

　以前の会社法においてもインサイダー取引は禁止されていましたが、新会社法では、従来は曖昧であったインサイダーの定義が、「すべての関連当事者」および「外部者であり、かつ公表されていない情報を保有しているもの」と新たに規定されました。規制の適用される範囲が上場企業の株式のみならず非上場企業の株式にも拡張されました。

■2023年競争法（Competition Act, 2023）

　インドにおいても企業結合規則が存在し、2023年競争法において規定されています。同法において、インド国内市場における健全で公正な競争の維持を目的とし、市場における競争に対して相当の悪影響を及ぼすか、その恐れがある企業結合を禁止し、そのような結合は無効なものとされます。

　同法では、企業結合の類型を以下3つに規定しております。

①支配権、株式、議決権、または資産の取得
②類似または同一もしくは代替可能な商品の生産、流通、取引、または、類似または同一もしくは代替可能なサービスの提供に従事する他の企業に対して、既に直接的または間接的な支配権を有している者によるその企業に対する支配権の取得
③合併

上記、3つの類型について、以下同法において規定された売上高基準および資産基準のいずれかに該当する場合は、企業結合にかかわる届出書の提出が義務化されます。

なお、同基準を満たさない場合は、3つの企業結合の類型に該当する場合であっても、原則届出書の提出が免除されます。

【競争法で届出が義務づけられる企業結合】

基準		資産	売上高
インド国内	当事者基準	250億ルピー	750億ルピー
	グループ基準	1,000億ルピー	3,000億ルピー
全世界	当事者基準	12億5,000万米ドル (そのうち、インド国内で125億ルピー)	37億5,000万米ドル (そのうち、インド国内で375億ルピー)
	グループ基準	50億米ドル (そのうち、インド国内で125億ルピー)	150億米ドル (そのうち、インド国内で375億ルピー)

また、除外要件として、上記基準のいずれかに該当する場合であっても、企業結合対象会社のインド国内資産が45億ルピー以下、または売上高が125億ルピー以下に該当する場合は、届出書の提出が免除されます。

バングラデシュ M&A

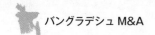
バングラデシュ M&A

バングラデシュにおけるM&Aの動向

　1971年にパキスタンから独立したバングラデシュは、長い間植民地支配を受けていたという歴史的背景から外国資本に対しての警戒心が強く、国内への外国資本の流入については厳格な規制が課されていました。その頑なな外国資本排除の政策は国際的な孤立を招き、長期間にわたって経済的低迷を招きました。

　その後、以前は外国資本の規制業種として登記の差し止めになっていたアパレル調達事務所、貨物運送業者、輸入代理店、配達（クーリエ）サービス業者、海運会社、利益目的の教育機関、広告代理店、航空・鉄道の販売総代理店の8業種について、2016年3月には登記の差し止めが解除されています。依然として外国資本に対する禁止業種や規制業種はありますが、少しずつ緩和されている傾向にあります。

　国連より発表された世界直接投資報告2023によれば、2022年のバングラデシュにおける外国直接投資額は2021年の28億9千万より約83％増加した34億8千USドルを記録し過去最高額となりました。また、同年の外国直接投資額はパキスタンやスリランカを含む南アジア諸国の中でトップを記録しました。毎年バングラデシュへの国別投資額ランキング第1位であった米国は2018年には4位に落ち、2022年に再度1位になるも、2023年には5位になりました。2023年は、1位がイギリス（6.2億USドル）、2位が韓国（6億USドル）、3位がオランダ（5億USドル）という結果になっています。

　さらに、同報告によれば以前5億4千USドルに留まっていた株式投資額は約109％増え11億2千USドル、企業内ローンは3億3千USドルから254％増え12億USドルを記録しており、今後も外国投資額は右肩あがりになるだろうと予想されています。

　その上で、バングラデシュでは、中間所得層の増加に伴い、個人消費

が活性化し、飲食産業や嗜好品産業が都市部に続々と進出してきています。都市部のボナニエリアには、オーストラリアやカナダ資本の飲食店が開業し、国内ではホンダやヤマハのバイクが店頭に並んでいます。2018年には世界の主要タバコ会社5社の1つでもある日本たばこ産業（JT）は、14.7億USドルでバングラデシュのAkijグループのタバコ事業を買収しました。この金額はバングラデシュ国内の外国直接投資の単独で最大金額となりました。個人消費の活性化に加え、外資規制が以前よりも緩和傾向にあることから、今後は飲食店や嗜好品産業の買収などの事案も増加していくことが見込まれます。

以下が、近年の主なバングラデシュにおけるM&Aの代表例となります。

【近年バングラデシュクロスボーダー M&A事例】

日本	バングラデシュ	年度	出資比率	業種
日本たばこ産業	Akijグループ	2018	事業買収	たばこ事業
ユニリーバ	GSK（GlaxoSmithKline）Bangladesh	2020	82%	健康食品/飲料
Alipay（アリババグループ）	bKash	2018	20%	モバイル決済事業

バングラデシュでは、インドをはじめとする周辺諸国と比較してM&Aの事例が多いとは言えませんが、2035年頃には世界で24番目に大きな経済国になるとの見通しや、毎年のGDPの安定的な伸びにより、こうした市場をビジネスチャンスととらえる投資家からM&Aが増えていく可能性もあります。

バングラデシュ M&A

投資規制

　バングラデシュ政府は経済および技術発展のため、投資に当たっての煩雑な手続を排除し、法人税の免除などの優遇措置を受けることができる輸出加工区（EPZ）を設けるなど、積極的な外資誘致を行っています。一方で、自国の産業保護と雇用確保のために、規制業種を設け、現地の人の雇用義務を厳しく規定しています。

　このように、バングラデシュ政府は一定の規制を設けることで、外資の導入促進と自国の産業育成および雇用確保の双方を達成し、バングラデシュ経済の発展に結び付けようとしています。

■ 関連法規

[1980年外国人民間投資（促進および保護）法]

　1980年外国人民間投資（促進および保護）法（The Foreign Private Investment (Promotion and Protection) Act, 1980）は、バングラデシュにおける外国民間投資の保護と促進のために策定されました。

　同法において、保護および規制の対象となる「外国資本」は、「外国籍の人物またはバングラデシュ以外の国に設立された会社によってバングラデシュに投資された資本」と定義しています。ただし、外国政府および政府機関による投資は除外されます。

[その他の関連法規]

バングラデシュで事業を行う者は、以下の法律（および規制）にも準拠して活動を行わなければなりません。

【関連法規】

The Bangladesh Export Processing Zone Authority Act of 1980	輸出加工区について規定する法律
The Companies Act 1994	バングラデシュの会社法であり、機関設計や会社設立などについて規定している
The Bangladesh Private Export Processing Act of 1996	民間EPZの設立に関連する開発、管理、制御する法律
The Industrial Policy 2016	産業部門の開発を通じて、失業や貧餓による貧困を減少させ、2021年までにバングラデシュを上位中所得国にするという目標を達成するための産業政策
The Import Policy Order 2021-2024	2024年6月30日までの効力を有し、バングラデシュへのすべての輸入品に適用される
The Export Policy Order 2021-2024	2024年6月30日までの効力を有し、バングラデシュへのすべての輸出品に適用される
所得税法、付加価値税法などの税法	課税の対象、範囲、税目などを規定する
バングラデシュ銀行 外国為替取引ガイドライン	外国為替についての規定を定めている

■ 業種による規制

[禁止業種]

以下の業種への外国資本による投資は禁止されています。

武器・弾薬・軍用機器、原子力、植林・森林保護地区の機械的方法による木材伐採、紙幣印刷・造幣

[規制業種]

現在のところ、明確な規定はなく、規制業種についての質問に対するバングラデシュ投資庁（BIDA：Bangladesh Investment Development Authority）当局の回答は非常に曖昧であり、場合によっては交渉により決定されることもあるため、進出の際、最新の情報を取得することが

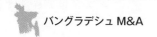

必要です。

出資比率に規制がある業種

海運・物流業については出資金額、出資比率についての規制があり、海運は49%、物流業は49%が出資上限となります。

商務省による規制業種

アパレル調達事務所、貨物運送業者、輸入代理店、国際宅配便（クーリエ）サービス業者、海運会社、営利目的の教育機関の設立、広告代理店、航空・鉄道の販売総代理店の8業種が規制業種（登記差し止め対象）となっています。

該当する業種の場合は、事前に商業登記所と協議する必要があります。100%外資および合弁の現地法人設立の認可を得ることは非常に困難となっています

[土地所有による規制]

外国企業であっても、法人であれば土地を所有することができます(外国人個人の所有は不可)。ただし、輸出加工区については土地の取得は不可のため、使用料を支払って、長期（30年）使用権を取得する形式となります。

なお、土地を購入する際は以下の手続が必要になります。

- 土地総額の3.0%～5.0%相当の収入印紙の購入
- 土地総額の3.0%～5.0%相当の税の納入
- 土地総額の1%～4.0%相当を登記手数料として預託

■ 外国為替規制令による規制

[外国為替管理の法的根拠]

バングラデシュでは、「外国為替規制令1947（2009改訂版）」を中心として、「輸出政策令2021～2024」「輸入政策令2021～2024」「バ

ングラデシュ銀行外国為替取引ガイドライン」などにより規制を設けています。これらは、外国為替および外国証券による取引、通貨および金の輸出入に関して規定しています。

外貨保有率制限

輸出加工区以外の企業は、輸出で得た外貨の50％のみを外貨建預金口座に預け入れることができます。ただし、輸入率の高い製品（国内付加価値の低い）、商品輸出（縫製品や電子製品など）は10％、サービス業者は5％までしか保有することはできません。輸出加工区内の企業は、輸出で得た外貨の100％を外貨建口座に保有することができます。

会社法およびM&Aスキーム

■ 株式の種類

　日本では、会社法上さまざまな種類の株式を発行することが認められていますが、バングラデシュでは、普通株式のほか、償還優先株式を発行することができます（154条）。

［ 償還優先株式 ］

　会社は定款に定めることで、償還優先株式を発行することができます（154条）。償還優先株式とは、あらかじめ定款に定めた事象が発生した場合、株式の払戻を受ける権利を付与された株式をいいます。

　ただし、利益、償還目的の新株発行による利益、資産売却による利益などからしか償還することができません（154条1項a）。

　償還優先株式を発行する場合、貸借対照表に償還優先株式の額、償還の時期について記載する必要があります（154条2項）。

　上記の規定に従わなかった場合は、会社および会社役員は2,000タカ以下の罰金を科せられます（154条6項）。

■ 新株の発行

　取締役は、授権資本の制限内で新たに株式を発行することができます。資本を増加する場合は以下の条件が求められます（155条1項）。

　株式は申込日において株主が保有している株式数に応じて割当てられます。割当株式数、申込期限を既存株主に通知し、15日以内に引受の意思表示がない場合は、新株の引受を辞退したとみなされます。加えて、第三者割当増資を実行するための手続として、取締役会決議にて割当相手や該当株式数、払込価格などの事項を定める必要があります（155条2項）。仮に授権資本金額枠の拡大が必要な場合は、取締役会決議後に

株主総会決議も必要となります（56条）。また授権資本枠を引き上げる際は、定款の変更も必要になります。

■ **増資**

株式会社が増資をする場合、増資決議が行われた日から15日以内に増資した旨を登記局に対して通知しなければなりません（56条1項）。

通知には、発行する株式の種類および発行条件、発行による影響を記載しなければなりません（56条2項）。

上記の通知を怠った場合には、その期間中、毎日200タカ以下の罰金を科せられます。加えて、通知を怠ったことについて知ることができた（有過失）すべての役員には同等の罰則が科せられます（56条3項）。

[**資本金額に基づく公開会社化義務の廃止**]
2010年5月5日の通達

証券取引法の2条CCに基づき、4億BDT以上の払込資本金を有する会社は有限公開会社（Public Limited Company）へ、5億BDT以上の払込資本金を有する会社は株式公開社（Public Listed Company）へ登記変更が必要とされていましたが、2018年10月の通達外国企業に対しては、本規定は対象外となりました。

■ **株式譲渡**

株式譲渡は会社法38条に規定されています。具体的な譲渡方法については、会社法の定める範囲で通常定款（Article of Association）に記載することも可能です。

通常、株式譲渡の際は、既存株主が優先買取権を持ちます。株式譲渡希望株主（譲渡人）が既存株主に引受意思を書面で確認し、引受意思を14日以内に書面で回答する必要があります。既存株主が購入意思を14日以内に表明できない場合は、取締役会は外部の株式引受希望者を募ることができます。その場合、外部の株式引受希望者も取締役会に対し購

321

バングラデシュ M&A

入意思を書面にて通知する必要があります。株式譲渡価格は、取締役会もしくは監査人が決定します。

株式譲渡が取締役会で承認されると、引受人は譲渡人に対し株式対価の支払いを行います。

商業登記所での株式譲渡登記において、譲渡人がバングラデシュ人（企業）、引受人がバングラデシュ人（会社）の場合、もしくは譲渡人が外国人（企業）、引受人が外国人（企業）の場合は、株式譲渡対価の支払証明の提出は必要ありませんが、譲渡人がバングラデシュ人（企業）、引受人が外国人（企業）の場合は、Encashment Certificate（株式譲渡対価のバングラデシュへの送金証明書）の提出が必要となります。また、株式譲渡時には、収入印紙代として株式額面金額の1.5%がかかります。

株式譲渡登記申請を商業登記所で行う際には、譲渡意思の確認を行うため、譲渡人が商業登記所員の面前で譲渡書類に署名する必要があります。しかし、外国人はこの規約を順守するのが困難なため、2020年会社法（Companies (2nd Amendment) Act, 2020）にて、譲渡人の本国での譲渡書類への署名の公証・認証をもって面前の署名の代替とすることができるとされました。

■ 取締役（取締役会）

【バングラデシュの取締役制度】

	非公開	公開
人数	2名以上 （公開会社の子会社の場合は3名以上）	3名以上
国籍	規定なし	同左
居住地	規定なし	同左
選任	株主総会普通決議	同左
解任	株主総会特別決議	同左
任期	最長3年	同左
取締役会の開催時期	3カ月に1度（毎期最低4回）	同左

[**取締役の人数**]

　取締役の最低人数は非公開会社の場合は2名（90条2項）、公開会社の場合は3名となっています（90条1項）。ただし、非公開会社であっても、公開会社の子会社である非公開会社の場合は、取締役の最低人数が3名となります（同条同項）。したがって、親会社が日本で上場している場合には、3名以上の取締役が必要になります。

[**取締役の国籍・居住性**]

　バングラデシュの会社法上、非公開会社、公開会社ともに、取締役の国籍や居住地についての規定はありません。したがって、日本人であっても、また日本に居住しながらバングラデシュ法人の取締役に就任することができます。さらに、国籍の規定もないため、日本人のみで取締役を占めることが可能です。

[**取締役の選任・解任**]

　株主総会に取締役を選任・解任する権限が与えられているのは、日本と同様です。非公開会社、公開会社ともに選任決議は普通決議で行い、解任決議には特別決議が要求されます（106条）。

　取締役は、別段任期が定められていない限り、任期に制限がありません。一度、株主から解任となった場合には、再度取締役に就任することができません（106条2項）

[**マネージングディレクター**]

　会社は、マネージングディレクター（MD：Managing Director）を任命することができます。MDは会社を代表して業務執行を行う権限が与えられます。

　公開会社もしくは公開会社の子会社の場合には、他の会社のMDになっている者を選任することはできません（109条）。MDの任期は5年で、延長することが可能です（110条1項3項）。

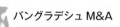
バングラデシュ M&A

[取締役会]

すべての会社は、3カ月ごとに1回（年に4回以上）、取締役会を開催しなければなりません（96条）。

取締役が、取締役会の承認を得ずに、取締役会を3回連続で欠席した場合や連続する3カ月の間に開催されたすべての取締役会を欠席した場合は、取締役の資格喪失事由となるため留意する必要があります。

■ 会計監査人

日本では上場会社や会社法上の大会社のみに会計監査人設置義務がありますが、バングラデシュでは会社の規模・業種を問わず外部監査が必須とされており、すべての会社は会計監査人を設置しなければなりません（210条1項）。

【会計監査人制度】

	バングラデシュ	日本
設置義務	すべての会社	上場会社または大会社
被選資格者	勅許会計士または監査法人	同左
選任方法	株主総会	同左
任期	1年	同左
報酬の決定	株主総会	取締役（会）

[選任・解任]

会社設立後、最初の会計監査人は、設立日後1カ月以内に取締役（会）によって選任されなければなりません（210条6項）。

以後、会計監査人の選任は株主総会の決議によって行われますが（210条1項）、任期満了前に解任する場合には株主総会の特別決議により決定する必要があります（210条9項）。また報酬も株主総会で決定されることになります（210条10項）。会計監査人に空席が生じた場合には直ちに臨時総会を招集し、新しい会計監査人を任命しなければなりません。

[**会計監査人の権限**]

　会計監査人は会社が作成する決算書の監査を行い、監査報告書にて決算書の適正性について意見表明を行います（213条3項）。監査人には監査を実施するために会計帳簿・証票類の閲覧や質問をする権限が与えられており（213条1項）、会社は監査人の求めに応じて資料の提供や質問への回答をしなければなりません（213条2項）。

　また、監査人は株主総会に出席できる権利を有しており、会社は株主総会の開催について、監査人に対して通知しなければなりません（217条）。上記義務を怠る場合には、会社に対して罰金が科されることになります（218条、219条）。

■M&Aスキーム

　日本企業とバングラデシュ企業ではコンプライアンスに関する意識に差が生じることも少なくないため、既存の会社を買収するよりも、合弁会社を設立する、もしくは新会社を設立し、経営権を譲受する形で事業を行う方が、考え方の相違から生じるトラブルを避けられるため、新設合併のスキームや事業譲渡のスキームなどがよく使われます。

　ただし、バングラデシュ企業と合弁会社を設立する際に、合弁契約書や定款の作成に十分な時間を割かずに後に問題が発生する事例も少なくないため、特に合弁契約書や定款の作成には時間をかけて準備することが望ましいです。

　なお、バングラデシュで吸収合併を行う際には、最高裁判所での手続が必要となるため注意が必要です。

バングラデシュ M&A

以下、新設合併(合弁会社設立)、既存株の株式譲渡、第三者割当増資、株式交換、事業譲渡の方法を紹介します。

【バングラデシュのM&Aスキーム】

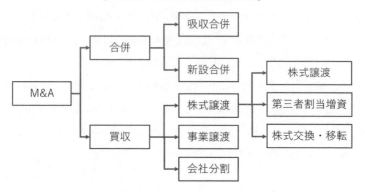

■ 新設合併(合弁会社設立)

合弁会社の設立は、現地法人の設立とほぼ同様のプロセスで設立することが可能です。バングラデシュで現地法人を登記することは比較的容易であり、法的に営業活動開始までに一番時間がかからないのはこの方法ですが、マーケットシェアを取るために一から準備を行う必要があるため事業が軌道に乗るまでには時間がかかることが想定されます。

[事前準備と留意点]

バングラデシュで日系企業とバングラデシュ企業が合弁会社を設立する際に、法人登記に関するプロセスを合弁相手のローカルパートナーに一任して進めてしまうケースが見受けられますが、ローカルパートナーが都合良く定款を作成し登記してしまい、たとえ日系企業が過半数以上を出資していても、経営決済権がローカルパートナーとなってしまっているという事例が散見されます。登記書類は法的拘束力を持つため、ローカルパートナーに一任せずに、特に合弁契約書や定款の内容を精査し合弁会社を設立することが重要になります。

[合弁会社設立のスケジュール]
　①会社商号の取得（約1週間）
　②合弁契約書や定款を含む会社書類の作成（約1カ月）
　③法人登記前銀行口座の開設（約1週間）
　④資本金の送金（約2週間）
　⑤商業登記所への登記申請（約3週間）
　⑥納税識別番号の取得（約1週間）
　⑦営業許可証の取得（約2週間）
　⑧銀行口座の開設（約3週間）
　⑨付加価値税の事業者登録（約1カ月）

■ 株式譲渡
　既存の株式を取得する場合には株式譲渡手続が必要となります。

[事前準備と留意点]
　バングラデシュは署名文化のため、手続きを行う場合には商業登記所への申請フォームに譲渡人の署名が必要となります。譲渡を約束しても実際に必要書類へ署名がされない限り手続きを行うことができないため、必要書類を事前に準備し、両者の合意が取れた後できるだけ早い段階で署名を行うのが望ましいです。

[株式譲渡手続きのスケジュール]
　①取締役会および株主総会を開催（最低1.5カ月）
　②必要書類の作成および旧株主の署名を公証役場にて公証手続（約1週間）
　③必要書類を商業登記所へ提出し株式譲渡の申請（約2カ月）
　④バングラデシュ中央銀行への通知（約1週間）
※旧株主がバングラデシュ現地の公証役場にて公証手続が不可能な場合には、当該国の公証役場で公証手続きを行い、さらに当該国のバング

ラデシュ大使館にて認証手続を行う必要があります。たとえば、日本人が株主でバングラデシュ現地の公証役場へ出頭することが難しい場合には、日本の公証役場にて公証および在日バングラデシュ大使館で認証手続を行った書類を商業登記所へ提出することになります。その場合は、手続と郵送を含めて3週間ほど時間を要します。

■ 対象企業の株式を取得する方法（第三者割当増資）

第三者割当増資は、既存の株式を移動させるのではなく、新たに増資し株式を発行することをいいます。

[**事前準備と留意点**]

新株を発行する前に授権資本枠（Authorized Capital）を確認する必要があります。バングラデシュには、資本金を受け入れるための授権資本枠と実際に資本金として株式を発行する払込資本金（Paid up Capital）の2種類の資本金が存在します。発行株式を意味する払込資本金の額は授権資本枠の額を超えることはできないため、新株を発行する枠があるかどうかを確認する必要があります。授権資本枠が足りない場合には、授権資本枠の引き上げを行うことができます。

[**授権資本枠引き上げのスケジュール**]
　①取締役会および株主総会の開催（最低1.5カ月）
　②必要書類を商業登記所（RJSC）へ提出し授権資本枠引き上げの申請（約1カ月）
　③バングラデシュ中央銀行への通知（約1週間）

[**新株の発行のスケジュール**]

授権資本枠が十分に確保されている場合には授権資本枠の引き上げを行う必要はありません。

①株主の増加と払込資本金額の増加を決議するための取締役会および株主総会を開催（最低1.5カ月）
②増資予定金額の送金（約1週間）
③新株の発行（約1週間）
④必要書類を商業登記所へ提出し払込資本金額の増加の申請（約2カ月）

※株主の数が増加する場合には、定款、合弁契約書などを更新する必要があります。

■ 対象企業の株式と自社の株式を交換する方法（株式交換）

株式交換は、対象企業の全株式を自社の一部の株式と交換し、完全子会社化する方法です。この方法は、株式を交換することで子会社化する方法であるため、買収資金を調達する必要がありません。

[**事前準備と留意点**]

対象企業を完全に子会社化することは可能ですが、バングラデシュの会社法上、株主は最低2名以上必要となるため1社で100%の株式を所有することができません。そのため、親会社となる企業の関連会社も株主とし、2社以上で100%を持つことになるため、事前に誰が株主となるのかを決めておく必要があります。

[**株式交換手続のスケジュール**]

①取締役会および株主総会を開催（最低1.5カ月）
②必要書類の作成および旧株主の署名を公証役場にて公証手続（約1週間）
③必要書類を商業登記所へ提出し株式譲渡の申請（約2カ月）
④バングラデシュ中央銀行への通知（約1週間）

※旧株主がバングラデシュ現地の公証役場にて公証手続が不可能な場合には、当該国の公証役場で公証手続きを行い、さらに当該国のバング

ラデシュ大使館にて認証手続きを行う必要があります。たとえば、日本人が株主でバングラデシュ現地の公証役場へ出頭することが難しい場合には、日本の公証役場にて公証、および在日バングラデシュ大使館にて認証手続きを行った書類を商業登記所へ提出することになります。その場合は、手続と郵送を含めて3週間ほど時間を要します。

また、株式交換と類似した方法に、株式移転があります。これは、親会社となる会社を新設し、新設した会社に既存の会社の株式を取得させる方法です。

■ 対象企業の事業を一部譲渡する方法（事業譲渡）

事業譲渡は、対象企業の既存の事業を引き継ぐ方法です。事業規模により目的が多少異なりますが、新規事業の拡大や、エリア規模の拡大などのメリットがあります。

[**事前準備と留意点**]

事業譲渡を行う場合には、まず事業譲渡契約を締結することになります。その際には、上述の合弁会社設立で記載したように、事業譲渡契約書の作成を対象企業やパートナーに一任するのではなく、内容を精査し慎重に進める必要があります。

[**事業譲渡手続のスケジュール**]

　①取締役会および株主総会を開催（最低1.5カ月）
　②事業譲渡契約書の作成/締結（約1カ月）
　③（定款内に譲渡事業が事業目的として記載されていない場合）定款変更申請書類の作成（約2週間）
　④（定款内に譲渡事業が事業目的として記載されていない場合）定款の変更申請（約3カ月）

譲受予定の事業が定款に事業目的として記載されていない場合は、当該事業を譲受することができないため、あらかじめ定款の内容を確認する必要があります。

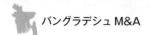
バングラデシュ M&A

関連する各種規制・法律

　M&Aを行う際に、保有ライセンスの有無により、事前許可を取得する必要がある業種があるため、事前に確認しておく必要があります。例として、対象の企業が金融機関である場合、バングラデシュ中央銀行からの事前許可が必要です。同様に、対象企業が通信業界に属する場合、合併または買収を実行するためにはバングラデシュ通信規制委員会（Bangladesh Telecommunication Regulatory Commission）からの事前許可が必要です。

　またM&A関連法規には、以下のようなものが挙げられます。
―証券取引法（The Securities and Exchange Ordinance, 1969）
―公開買付規則（Bangladesh Securities and Exchange Commission (Substantial Acquisition of Shares and Takeovers) Rules 2018）
―会社法（The Companies Act（2nd Amendment）2020）
―外国為替および外国取引法（Foreign Exchange laws Act 1947）
―競争法（The Competition Act, 2012）

■ 証券取引法／公開買付規則

　証券取引法は、同法19条および19A条にて、委員会の許可がない限り公開情報開示を禁止しています。

　本19条および19A条に違反し情報を開示し、それを内部者取引を通じて利益を得る目的で使用した場合は刑法で罰せられます。量刑は、5年以下の懲役か、50万BDT以上の罰金、もしくはその両方となります。

　上場企業の株式の10％以上を取得する意向がある場合、買収者は、その情報を企業が上場している株式取引所に開示する必要があります。関連する株式取引所からこのような開示を受け取った場合、株式取引所は即座にその開示情報をオンラインニュースで公表します。また、公開

買付規則の規定に従い、発行済株式の10％以上を取得しようとする入札者は、証券取引所から特別な許可を受けない限り、商業銀行を介し「公募買付」プロセスに準じて買付を行う必要があります。

上場企業の場合、過去6カ月の株価指数の平均値が、買収者が株式を購入する際の最低価格となります。非上場企業の場合、最低価格制限はありません。また、上場企業は、自社株式を取得させる目的で、直接または間接的に他者に対し財政支援を行うことはできません。ただし、非上場企業はこれらの制限の対象とはなりません。

上場企業の買収に関連して買収者が提出する書類の中には、以下のものがあります。

①取得する企業の名称および購入を意図している株式数
②買収の目的および提案価格に関する提案書
③買収者と対象企業との間で締結された覚書
④合併計画および/または株式譲渡の承認に関する取締役会および/または株主承認書
⑤銀行法の27A条に規定される銀行または金融機関からの異議なしの通知書（Non-Objection Certificate）
⑥資産および負債の譲渡に関連する契約書
⑦株式譲渡のための法定譲渡書類（Form-117など）
⑧株式の譲渡者による宣誓供述書

対象企業が敵対的買収提案を受けた場合、取締役は状況に応じて株主にそれを受け入れるか拒否するよう助言することができます。

■ 競争法

競争法では、直接的または間接的に独占・寡占状態を作り出す取引について規制の対象となると規定しています。特に、優位的な地位（Dominant Position）の乱用による公正な競争の妨げがそれに当たるとして

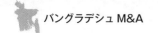

います。

　優位的な地位の濫用とは、以下のようなケースを指しています。

① 商品やサービスの購入または販売において、直接的または間接的に不公平または差別的な条件を課し、または商品やサービスの購入または販売において差別的な価格または独占的な価格を課すこと。
② 他者の市場アクセスを拒否する妨害行為を行うこと。
③ 契約締結の際に、補完的な義務を受け入れることに同意させること、契約の目的または商業の慣習において直接関連性のない補足的な義務を課すこと。
④ 自身の優越的な地位を利用して、一つの関連市場から他の関連市場に進出し、またはそれを保護すること。

　なお、優越的な地位とは、以下のような側面より判定されます。
　関連市場における企業の享受する強い地位であり、それにより、
（1）関連市場における競争力を無視して独立して運営できるか、
（2）競合他社や消費者、または関連市場に対して影響を与えることができるか。

　上記のように競争状態を阻害しているとみなされる場合、競争委員会（Bangladesh Competition Commission）は、当該関係者の調査を行い、是正措置に関する通告・罰則を科すことができます。本通告の発出は調査後60日を超えてはならないとされています。調査の結果、委員会が反競争協定を結んでいるか、または優越的な地位を濫用していると判断した場合、委員会は次のいずれか、または複数の措置を講じることができます。
(a) 当該協定または優越的な地位の濫用に関与する個人に対して、
　(ⅰ) 当該協定および優越的な地位の濫用の中止
　(ⅱ) 直近3年間の平均売上高の10％を上限とする罰金を課すことができます。

(b) 反競争協定の対象となるすべての者に対し、当該協定の対象年ごとの利益の3倍または当該協定の対象年ごとの売上高の10％、いずれか高い方を罰金として課すことができます。

(c) (a) および (b) に基づく罰金を支払わない場合、一日当たり10万BDTまでの罰金を課すことができます。

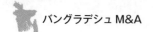バングラデシュ M&A

M&Aに関する税務

■ 株式譲渡・取得に係る税務

株式の譲渡・取得に関連する税務としては、以下があります。

①印紙法（The Stamp Act, 1899）スケジュールIの62項に基づき、譲渡額の1.5％の印紙税が課せられます。
②株式売却時のキャピタル・ゲインには、15％の税金が課せられます。（所得税法（Income Tax Act 2023）スケジュール7）

■ 固定資産取得・売却に係る税務

固定資産取得時には、源泉税およびVATが課せられます。源泉税率は固定資産の取得額によって変動し、500万BDT未満では3％、500万BDT〜2,000万BDTでは5％、それ以上の取得額の場合は7％の源泉税が課せられます。VATは7.5％が課せられます。なお土地に関しては、源泉税およびVATは課せられません。

固定資産販売時には、上記の源泉税が課せられる可能性があります。また、以下のキャピタル・ゲインおよびインカムゲインが課せられる可能性があります。

キャピタル・ゲイン：販売額が取得額よりも大きい場合、その差額に対して15％が課税されます。
インカムゲイン：取得価額よりも高額で売却した場合は、差額に対して法人税（税率：27.5％）が課税されます。なお、売却額が、取得価額よりも高い場合、インカムゲインは売却額−取得価額で算出されます。

■ **その他税務に係る規定**

［減価償却］

　M&A後の減価償却方法は、会社の意思決定に基づきますが、税務上の減価償却費は定率法で計算されるため、会計上の減価償却費と異なる場合があるため注意が必要です。

［資産の評価替え］

　M&A後、資産の評価替えを行う場合、減損処理による損失（Impairment Loss）は、損金不算入となります（所得税法第55条（t））。

［繰越欠損金］

　欠損金は6年間の繰越が可能です（所得税法第70条5項）。なお、税務上繰越可能な欠損金は、Assessment Order（税務署より発行される確定申告内容証明書）に記載されます。

エピローグ

エピローグ

クロスボーダーM&A後のPMIの重要性

■PMI（Post-Merger Integration）の目的

　PMIとは当初計画したM&A後の統合効果を最大化するための統合プロセスを指します。本来、統合の対象範囲は、「戦略の統合」「プロセスの統合」「文化の統合」の3つの範囲から構成されます。

　また、統合を行う上で、「整備」と「運用」という観点で考えていく必要があります。

　つまり、どのような仕組みを統合後の組織に備えさせるかが「整備」であり、さらに仕組みが思い描いた成果を上げられるように浸透していくことが「運用」になります。

　一般に、PMIは、これまでプロセス面での整備上の統合がフォーカスされてきました。特に、基幹システムを統一する、もしくは連結パッケージシステムを導入するというIT分野に終始してしまうケースが大半であったのです。

　しかし、いくらシステムを統合したところで、会社をどのように成長させていくのかという戦略面での意識のすり合わせや、社員に対して戦略を共有し実行させていく仕組み、さらには社員を教育して本社の経営理念や価値観に合わせていくという人事上の仕組みが整っていなければ、M&Aのシナジーは半減します。

　また、PMIはプロジェクトとして一度やれば大丈夫というものでもありません。日本の本社同様、仕組みは作るだけでなく、しっかりとそれを運用して、さらなる改善をしていくということも重要です。

【PMIで行うべき3つの統合】

統合	整備	運用
戦略の統合	海外拠点に合わせた戦略のカスタマイズ	定期的な戦略の見直し
プロセスの統合	システムの導入・統合	適切な業績評価指標によるマネジメント
文化の統合	理念・ビジョンの共有	評価システムによる継続的な教育、フィードバックの仕組み

こうした、PMIで統合すべきもの、そして整備と運用を、下記の私が考えた『価値循環モデル』を参照して説明します。

【価値循環モデル】

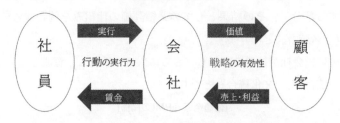

この図は、マネジメントの体系を会社（経営者・株主）・顧客・社員の3つの利害関係で考えています。

この3つが経営の中で最も重要な利害関係者であり、この3者はとかく対立してしまいます。これらの利害関係を調整していくことが経営の中で最も重要なテーマとなります。

右上の、会社から顧客への矢印は会社が与える「価値」を表します。

そして右下の顧客から会社への矢印はそれによって会社が得ることができる売上や利益を表しています。

この2つは等価交換の関係になります。

経営において、ここでいう価値は原因であり、売上・利益は結果という関係になっています。

いかなる価値を提供していくのかを決めるのが、会社の戦略であり、この戦略は長期の理念やビジョンに基づいて設定されます。ただ、この

エピローグ

　理念・ビジョンと現在の戦略が紐づいているかは定期的に問い直しをしなければなりません。

　左下の会社から社員への矢印は、支払われる給与を表します。

　左上の社員から会社への矢印は、社員が会社を通じて価値提供を行う、つまり「実行」を意味します。

　このマネジメントの体系図をPMIに当てはめると、下図のようになります。

　右上の矢印、すなわち提供する価値の中身を統合するのが、「戦略統合」になります。

　右下の矢印と左上の矢印、すなわち戦略に基づいて社員が価値提供を実行する部分と、その結果としての業績評価の仕組みを統合するのが、「プロセス統合」となります。

　最後に、会社が社員を評価し、さらに人材を教育し、育成していく仕組みの統合が、「文化統合」となります。

【価値循環とPMIの関係】

■ 戦略の統合

　まず、戦略を立てていく上で、企業が持つ理念が明確化される必要があります。理念とは企業の存在意義や目的という言葉にいい換えることができます。組織を動かしていくために、下図にもあるように、方向性というベクトルが必要になるのです。

【組織力のベクトル】

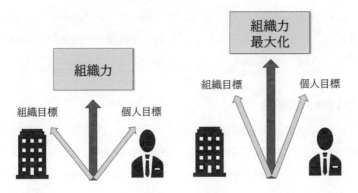

　上図の右側のように、組織の目標と個人の目標の方向性がすりあっていればいるほど組織の力は大きくなります。反対に左側のように、乖離が大きければ、なかなか組織として大きな成果を上げることは難しくなってしまいます。

　そして、その方向性に時間軸を加え、10年後、5年後、3年後といった、ある時点でのありたい姿を明確にしたものがビジョンとして必要であり、そのビジョンを達成するために具体的にどうするのかという部分が戦略となります。

　さらには、この戦略に基づいた商品戦略、製品開発戦略、市場戦略などが想起されるようになり、実際に社会や顧客に提供する付加価値の源泉になります。

　この戦略についての共通認識が、組織に落とし込まれているかが重要であり、整備の具体的な落とし込みの実例としては、経営会議などから発せられた戦略の明文化と共通認識、つまりは中長期事業計画や短期事

エピローグ

業計画が必要となり、理念から行動指針に落とし込まれたクレドでの明文化が必要になってきます。

しかし、それらの整備だけで終わらせてしまっては、絵に描いた餅で終わってしまいます。最も重要なことは、その整備したものを組織の中に落とし込んでいく過程で必要であり、この運用の部分に関して、会議体を用いて実践していくことが肝要ではありますが、PMIの現場を見るに、この整備の段階をおざなりにして、企画のない状況もあり、また企画されただけで終結してしまい、最も重要な組織への落とし込みがなされずに、プロセスの統合フェーズのみに着目している場合が散見されます。

■ プロセスの統合

プロセスの統合の具体的なイメージとしては、大手システム会社の業務管理システムや連結会計システム（SAPやDIVA）といった業務プロセスにかかわる部分を指し、このプロセスの統合をPMIの大部分として置き換える場合が多いようですが、戦略の統合があった上で、本社とのプロセスの統合を整備・運用していくことが重要です。

具体的な手順としては、戦略の統合で述べた理念・ビジョンの策定があり、社会や顧客に対する製品・商品・サービスの価値提供を通じて、等価交換で価値循環モデルの右下にあるKGI（Key Goal Indicator）を設定する必要があります。

KGIは、売上や利益などの財務上の結果指標ですが、全体の売上や利益ではなく、策定した戦略から、売上や利益に影響を与える重要な財務上の結果指標です。

たとえば、戦略商品の売上高、セールスミックス（売上構成比率）、粗利益率などです。財務の指標であり、「いくらの粗利率を設定する」「新たな市場に対する既存製品の販売量」などが挙げられます。

そして、このKGIを達成するためのKPIを設定する必要がありますが、KPI（Key Performance Indicator）重要行動指標とはKGIを達成するための行動を定量化したもので、結果に対する原因指標です。非財務指

標であり、社員の行動に結びつくので、直接コントロールできます。たとえば、顧客訪問件数、見積件数などが挙げられます。

　しかし、これらもまた設定するだけでは、目標を設定しただけに過ぎず、KPIの実行と達成をモニタリングし、KPIの量的、そして質的実行度合いと達成度合いに関してのフィードバックをマネジメント層から実施していきます。これを行なう理由としては、成果であるKGIを達成するためのそもそもの戦略が仮説に過ぎず、その原因となるKPIを時には修正する必要性があるからです。これらの関係性を数式化したものが、

成果（KGI）＝戦略×実行（KPI） となります。

　つまりは、成果が出なかった場合、戦略に問題があるのか、または実行（KPI）に原因があるのか、はたまた両方に原因があるのかを、会議体を準備して、進捗を検証する必要があります。これらのKGI・KPIプロセスの整備や運用をモニタリングし、フィードバックし、時には修正し、次のアクションプランを設定し再実行していくことによって、PDCAが循環していくこととなり、プロセスの統合が図られていくのです。

【プロセス統合におけるPDCAサイクル】

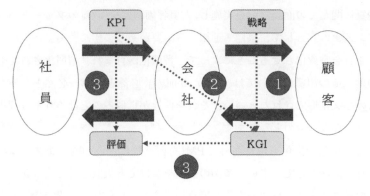

①戦略からKGIへの落とし込み
②KGI達成のためのボトルネックとして行動指標であるKPI設定
③社員へのフィードバック

エピローグ

■ 文化の統合

　上述した戦略の統合、プロセスの統合が整備され、運用されていけば、組織の理念や戦略が組織全体に落とし込まれていくことになりますが、文化の統合を成し遂げていくためには、教育のフィードバックシステムとしての人事評価が必要となってきます。

　戦略の統合においては、理念・ビジョンを設定し、それらを達成するための戦略が想起され、その戦略に基づいたKGIが決定され、KGI達成のためのKPIが実行されていくことになりますが、概念化して表すと、「①理念・ビジョン・規律（戦略の統合）→②行動（プロセスの統合）→③習慣化→④文化」の生成となります。

　ここで最も困難なことは、①と②の設定をして、頭の中での理解や共通認識を作ることだけに終わり、組織を構成する社員ひとりひとりの行動の習慣化が為されないということです。

　この②行動→③習慣化を成し遂げていくためには、企業における不可欠である人事評価制度を設計して、トップマネジメントが設定した理念・ビジョン・戦略を具体的に数値化したKGI・KPI管理を運用していくことが重要であり、さらには、ミドルマネジメント層が部下の行動量や質に関しての面談などを実施し、人事評価制度を『教育のフィードバックシステム』として、整備・運用する必要があります。

　これを常態化させることによって、習慣化が育まれ、習慣化されたものは、その組織においては、「当たり前の」必然となり、必然となったものを文化形成されたといい、それを他社が真似ることはそうそう簡単にはいかないものとなります。

　特に言語や文化も違う海外でPMIを行う際に、表面的なシステム導入だけに注力してしまい、多額の金額をかけても失敗してしまうケースが散見されます。言語や文化が違うからこそ、ビジョンの設定や、社員へのフィードバックなどが行えるような組織体制を考えながら、PMIを実施していくのが重要となります。

当社クロスボーダー M&Aサポート体制

　当社ではすべて自拠点として、新興国をメインに子会社を保有している26カ国39拠点のネットワークを使用し、現地で投資案件や売り手企業をリストアップできる体制を構築しています。特にASEAN地域では、現地で各国のローカル銀行や会計事務所、法律事務所、M&A企業とも幅広く提携し、日々投資案件が収集できる体制を拡大しています。

　また、各国で従業員として、弁護士および会計士を採用しており、買収時のコンプライアンスチェックや、企業価値算定、デュー・デリジェンスの対応も一括してワンストップでのサービス提供が可能です。

　買収時のPMIサポート、またその後の企業運営の際には、税務申告や監査、各種ライセンス取得などの手続、子会社管理サポートなどもワンストップでの提供が行える体制を取っており、M&Aの買収時のサポートのみでなく、その後、企業が海外で事業を行う際に、パートナーとしてお客様に寄り添ったサポートを行っています。

　海外進出、M&Aは現在決して大企業だけのものでありません。先行きが不透明で将来の予測が困難な状態であるVUCA時代と呼ばれている現在、中小、中堅企業も企業の生き残りをかけ、イノベーションを起こさないといけません。

　海外が遠い存在に感じる、どうやって情報を探して良いかわからないような企業の海外進出に寄り添い、安心感を与え、挑戦する機会を提供する、そんなサービス提供を行っていくことが当社の使命だと考えています。

　海外進出すべきかどうか、また、イノベーションを起こすためにM&Aを検討している企業など、海外ビジネスでお困りごとなどがありましたら、ご連絡頂ければ幸いです。

[参考資料・ウェブサイト]

実務概論
- The Institute of Company Secretaries of India編 "Handbook on Mergers Amalgamations and Takeovers Law and Practice" Jain Book Agency, 2010
- 『M&A専門誌MARR』レコフデータ
- 株式会社レコフ
  https://www.recof.co.jp/crossborder/jp/market_information/
- あずさ監査法人・KPMG編『インドの投資・会計・税務ガイドブック第2版』中央経済社、2008年
- 東京青山青木狛法律事務所ベーカー＆マッケンジー外国法事務弁護士事務所（外国法共同事業）編『クロスボーダーM&Aの実務』中央経済社、2008年
- 新日本アーンストアンドヤング税理士法人編『クロスボーダーM&Aの税務戦略』中央経済社、2009年
- プライスウォーターハウスクーパース株式会社・税理士法人プライスウォーターハウスクーパース編『アジアM&Aガイドブック』中央経済社、2010年
- デロイトトーマツFAS株式会社編『M&A統合型財務デュー・デリジェンス』清文社、2010年

タイ
日本貿易振興機構（JETRO）「タイ進出に関する基本的なタイの制度―外資に関する規制」
　http://www.jetro.go.jp/world/asia/th/invest_02/
タイ歳入局ホームページ
　https://www.rd.go.th/english/index-eng.html
タイ商務省ホームページ
　https://www.dbd.go.th/
M&A事例情報
　https://www.marubeni.com/jp/news/2023/release/00101.html
　https://www.taisho.co.jp/recruit/campus/about/group.html
　https://jp.reuters.com/article/idUSTYE961099/
　https://www.ryutsuu.biz/abroad/k092524.html

https://www.nttdata.com/global/ja/news/release/2019/092401/
https://www.nihon-ma.co.jp/news/20230322_9254-1/
https://www.nihon-ma.co.jp/news/20230907_4206-11/

インド

- Companies Act, 2013
  https://www.mca.gov.in/Ministry/pdf/CompaniesAct2013.pdf
- Department of Industrial Policy and Promotion
  http://dipp.nic.in/English/Policies/FDI_Circular_2014.pdf
- Consolidated FDI policy
  Chrome-extension://efaidnbmnnnibpcajpcglclefindmkaj/https://dpiit.gov.in/sites/default/files/FDI-PolicyCircular-2020-29October2020.pdf
- SEBI（DIP）GUIDELINES, 2000 CHAPTER XIII
  http://www.sebi.gov.in/commreport/rep245a1.html
- The Institute of Company Secretaries of India "Handbook on Mergers Amalgamations and Takeovers-Law and Practice" CCH
- 日本貿易振興機構（JETRO）
  http://www.jetro.go.jp/indexj.html
- KPMG India「インドにおけるM&A/JVの現状とその規制内容」2010年3月
  https://www.jetro.go.jp/jfile/report/07000432/india_m-a_final.pdf
- 『M&A専門誌MARR』レコフデータ
  「特集2013年の日本経済とM&A動向」2013年2月
  「特集2014年の日本経済とM&A動向」2014年2月
- あずさ監査法人、KPMG編『インドの投資・会計・税務ガイドブック』中央経済社、2008年
- 東京青山・青木・狛法律事務所、ベーカー＆マッケンジー外国法事弁護士事務所（外国法共同事業）編『クロスボーダーM&Aの実務』中央経済社、2008年
- 新日本アーンストアンドヤング税理士法人編『クロスボーダーM&Aの税務戦略』中央経済社、2009年
- プライスウォーターハウスクーパース株式会社、税理士法人プライスウォーターハウスクーパース編『アジアM&Aガイドブック』中央経済社、2010年
- デロイトトーマツFAS株式会社編『M&A統合型財務デュー・デリジェン

ス』清文社、2010年
- 新日本有限責任監査法人、新日本アーンストアンドヤング税理士法人編『インドの会計・税務・法務Q&A』税務経理協会、2011年
- M&A事例参考
M&Aマガジン
https://www.nihon-ma.co.jp/magazine/

インドネシア

- 金子圭子、松本拓「インドネシアにおけるM&A」JOI2012年5月号
file:///D:/Users/marketing-02/Downloads/Mag_201205_08_seminar3% 20(1).pdf
- 『M&A専門誌MARR』レコフデータ、2014年2月特大号
- 久野康成監修『インドネシアの投資・M&A・会社法・会計税務・労務 改訂版』TCG出版、2023年
- 黒田法律事務所編著『インドネシア進出完全ガイド』カナリア書房、2009年
- プライスウォーターハウスクーパース株式会社、税理士法人プライスウォーターハウスクーパース編『アジアM&Aガイドブック』中央経済社、2010年
- KOMISI PENGAWAS PERSAINGAN USAHA（事業競争監視委員会）Competition Law、2024年1月22日閲覧
https://eng.kppu.go.id/competition-law/
- Database Peraturan,『Peraturan Badan Koordinasi Penanaman Modal Nomor 4 Tahun 2021, Pedoman dan Tata Cara Pelayanan Perizinan Berusaha Berbasis Risiko dan Fasilitas Penanaman Modal』2024年1月22日閲覧
https://peraturan.bpk.go.id/Details/168903/peraturan-bkpm-no-4-tahun-2021

M&A事例参考
https://www.dentsu.co.jp/news/release/2017/0125-009142.html
https://www.ryutsuu.biz/strategy/mn7716-6.html
https://www.nihon-ma.co.jp/news/20231030_1-1058/
https://www.nihon-ma.co.jp/news/20230303_7958/
https://www.nihon-ma.co.jp/news/20230512_5027/
https://www.nihon-ma.co.jp/news/20230808_5444/

https://www.nna.jp/news/1830295
https://maonline.jp/news/20180105c

カンボジア
国家通貨研レポート
https://www.iima.or.jp/docs/newsletter/2022/nl2022.35.pdf
JETRO　外資に関する規制
https://www.jetro.go.jp/world/asia/kh/invest_02.html
東南アジアM&Aガイド
https://www.mayerbrown.com/-/media/files/perspectives-events/publications/2018/05/brief-guide-to-ma-in-southeast-asia/files/brief_guide_to_ma_in_se_asia/fileattachment/brief_guide_to_ma_in_se_asia_jp.pdf
Corporate M&A 2023
https://practiceguides.chambers.com/practice-guides/corporate-ma-2023/cambodia/trends-and-developments
CDC商業省
https://cdc.gov.kh/laws-and-regulations/company/
FOREIGN INVESTMENT REVIEW Cambodia
https://www.tilleke.com/wp-content/uploads/2022/02/Tilleke-2022-GTDT-Foreign-Investment-Review-Cambodia.pdf

シンガポール
- IRAS（シンガポール内国歳入庁）
  http://www.iras.gov.sg/irashome/default.aspx
- 日本貿易振興機構（JETRO）
  「シンガポール進出に関する基本的なシンガポールの制度―外資に関する規制」2014年1月
  http://www.jetro.go.jp/world/asia/sg/invest_02/
  「香港―ニュース・レポート」
  http://www.jetro.go.jp/world/asia/hk/
- SGX（シンガポール証券取引所）
  Singapore Exchange-Singapore Exchange（SGX）
  https://www.nihon-ma.co.jp/news/20180926_8032-4/
  https://www.nihon-ma.co.jp/news/20231016_6488/

https://www.nihon-ma.co.jp/news/20230126_1980/
https://www.nihon-ma.co.jp/news/20230421_9257-2/
https://www.nihon-ma.co.jp/news/20230719_9563/
https://www.nihon-ma.co.jp/news/20230608_9324-6/
https://www.nihon-ma.co.jp/news/20230511_9020-9/
https://www.nihon-ma.co.jp/news/20230601_1-923/

ベトナム
Vietnam Laws
Law on Enterprises（統一企業法）
　http://www.vietnamlaws.com/freelaws/Lw60na29Nov05Enterprises［10A pr06］.pdf
Law on Competition（競争法）
　http://www.vietnamlaws.com/freelaws/Lw27na3Dec04Competition［XV1135］.pdf
Law on Securities（証券法）
　http://www.vietnamlaws.com/freelaws/Lw70na29Jun06SecuritiesPARTI AL26July.pdf
・『M&A専門誌MARR』レコフデータ
　「特集2013年の日本経済とM&A動向」2013年2月
　「特集2014年の日本経済とM&A動向」2014年2月
・プライスウォーターハウスクーパース株式会社、税理士法人プライスウォーターハウスクーパース編著『アジアM&Aガイドブック』中央経済社、2010年
JETROベトナム外資に関する規制
　https://www.jetro.go.jp/ext_images/jfile/country/vn/invest_02/pdfs/vn7B010_houteishihonkingaku.pdf
証券法
　https://www.businesslawyers.jp/practices/1130
　https://www.jica.go.jp/Resource/project/vietnam/055/news/ku57pq00003u6rr9-att/20201126_01.pdf
　https://asia-prop.com/column/vietnam-competition-law/

フィリピン
・Chan Robles Virtual Law Library

http://www.chanrobles.com/index1.htm
- 'Philippine Laws, Statutes and Cordes--Batas Pambansa Bailang 178'
  http://www.chanrobles.com/bataspambansabilang178.htm#.UEdH-Jo3N9aZ
- フィリピン日本人商工会議所
  http://www.jccipi.com.ph/

マレーシア

- Malaysian Investment Development Authority（MIDAマレーシア投資開発庁）
  https://www.mida.gov.my/home/
  http://www.mida.gov.my/home/forms-&-guidelines/posts/
- Companies Commission of Malaysia（CCM：マレーシア会社登記所）Companies Act 2016'（会社法）
  https://www.ssm.com.my/Pages/Legal_Framework/Companies-Act-2016.aspx
- ジェトロ
  https://www.jetro.go.jp/ext_images/_Reports/02/2018/6a-b8037882890ee1/201803rp-m.pdf
- The World Bank
  https://archive.doingbusiness.org/en/rankings
- Recof
  https://www.recof.co.jp/crossborder/jp/market_information/
- 株式会社レコフ　クロスボーダーM&Aマーケット情報
- 谷山邦彦「新興国を中心としたクロスボーダーの評価：検討すべき3種類のリスク」『M&A Review 219』MIDC GROUP、2011年3月
- 小出達也、坂本直弥「外国企業買収に関する外国課税の留意点その2―フィリピンのケース」月刊国際税務、2009年3月号
- 1982年改正証券法（Revised Securities Act of 1982）
- JETRO
  https://www.jetro.go.jp/world/asia/ph/invest_03.html
- Companies Act, 2013
  https://www.mca.gov.in/Ministry/pdf/CompaniesAct2013.pdf
- Consolidated FDI policy
  https://www.meity.gov.in/writereaddata/files/FDI-PolicyCircu-

lar-2020-29October2020_0.pdf
- Securities and Exchange Board of India（Substantial Acquisition of Shares and Takeovers）Regulations, 2011
  https://www.sebi.gov.in/legal/regulations/feb-2023/securities-and-exchange-board-of-india-substantial-acquisition-of-shares-and-takeovers-regulations-2011-last-amended-on-february-07-2023-_69218.html
- FED Master Direction No.5/2018-19
  Master Direction-External Commercial Borrowings, Trade Credits and Structured Obligations
  https://www.rbi.org.in/Scripts/BS_ViewMasDirections.aspx?id＝11510
- The Competition act, 2002, 2023
  https://www.cci.gov.in/legal-framwork/act
- 日本貿易振興機構（JETRO）
  http://www.jetro.go.jp/indexj.html
- 『M&A専門誌MARR』レコフデータ
  「特集2013年の日本経済とM&A動向」2013年2月
  「特集2014年の日本経済とM&A動向」2014年2月
- あずさ監査法人、KPMG編『インドの投資・会計・税務ガイドブック』中央経済社、2008年
- 東京青山・青木・狛法律事務所、ベーカー＆マッケンジー外国法事弁護士事務所（外国法共同事業）編『クロスボーダーM&Aの実務』中央経済社、2008年
- 新日本アーンストアンドヤング税理士法人編『クロスボーダーM&Aの税務戦略』中央経済社、2009年
- プライスウォーターハウスクーパース株式会社、税理士法人プライスウォーターハウスクーパース編『アジアM&Aガイドブック』中央経済社、2010年
- デロイトトーマツFAS株式会社編『M&A統合型財務デュー・デリジェンス』清文社、2010年
- 新日本有限責任監査法人、新日本アーンストアンドヤング税理士法人編『インドの会計・税務・法務Q&A』税務経理協会、2011年
- 森・濱田松本法律事務所『インド企業法務　実践の手引』中央経済社、2016年

海外情報サイト【WIKI INVESTMENT】のご紹介

"グローバルビジネスのガイドブックをあなたのデスクに。"
海外進出？それは大企業だけのもの？

　遠い存在に感じる、どうやって情報を探して良いかわからない、何を調べれば良いかわからない、聞くだけで費用がかかりそう、世界中にある多くの企業は、海外ビジネスをまだまだ別の世界の話だと感じています。これまでは聞かないとわからない、遠い存在であった海外進出。

　そんな海外進出の情報、ノウハウ、コネクションが集約しているサイトが、WIKI INVESTMENTです。

　WIKI INVESTMENTは、すべての企業が海外進出を身近に感じ、企業戦略に海外ビジネスを組み込めるような、誰でも手に取れる、海外ビジネスに最も寄り添ったガイドブックとなるサイトです。すべての企業がより海外を身近に感じ、国を超えた人のつながりが増え、この世から戦争や貧困がなくなるような、そんなボーダーレスな世界の実現を目指します。

下記のQRコードから、Wiki Investmentのページをご覧いただけます。

https://tcg-wiki-investment.com/

■ サービス機能

①News Update
現地駐在員からのホットな情報を毎月更新！

②各国Q&A
現地駐在員によくある質問や弊社出版の海外実務シリーズQ&Aが見放題！

③TCG書籍
弊社が展開している国の実務内容が集約されている書籍"黒本シリーズ"の、出版前の本の内容が、最新情報で閲覧可能！

④質問・面談対応
国際顧問としてミーティング対応および質問対応が可能（*月5時間まで日本側で自社に寄り添ったアドバイスがほしい会社向け。

海外直接投資の実務シリーズ

バングラデシュ・パキスタン・スリランカの投資・会社法・会計税務・労務
公認会計士　久野康成監修　　　　　　　TCG出版発行
久野康成公認会計士事務所著　　　　　　体裁：A5判　並製　636ページ
株式会社東京コンサルティングファーム著　定価：7,150円（本体6,500円＋税10％）
KS International 著　　　　　　　　　　ISBN 978-4-88338-457-0

ミャンマー・カンボジア・ラオスの投資・会社法・会計税務・労務
公認会計士　久野康成監修　　　　　　　TCG出版発行
久野康成公認会計士事務所著　　　　　　体裁：A5判　並製　610ページ
株式会社東京コンサルティングファーム著　定価：7,150円（本体6,500円＋税10％）
KS International 著　　　　　　　　　　ISBN 978-4-88338-460-0

ブラジルの投資・M&A・会社法・会計税務・労務
公認会計士　久野康成監修　　　　　　　TCG出版発行
久野康成公認会計士事務所著　　　　　　体裁：A5判　並製　404ページ
株式会社東京コンサルティングファーム著　定価：3,740円（本体3,400円＋税10％）
KS International 著　　　　　　　　　　ISBN 978-4-88338-462-4

ロシア・モンゴルの投資・M&A・会社法・会計税務・労務
公認会計士　久野康成監修　　　　　　　TCG出版発行
久野康成公認会計士事務所著　　　　　　体裁：A5判　並製　528ページ
株式会社東京コンサルティングファーム著　定価：4,950円（本体4,500円＋税10％）
ISBN 978-4-88338-533-1

シンガポール・香港　地域統括会社の設立と活用
公認会計士　久野康成監修　　　　　　　TCG出版発行
久野康成公認会計士事務所著　　　　　　体裁：A5判　並製　472ページ
株式会社東京コンサルティングファーム著　定価：4,950円（本体4,500円＋税10％）
ISBN 978-4-88338-533-1

トルコ・ドバイ・アブダビの投資・M&A・会社法・会計税務・労務
公認会計士　久野康成監修　　　　　　　TCG出版発行
久野康成公認会計士事務所著　　　　　　体裁：A5判　並製　488ページ
株式会社東京コンサルティングファーム著　定価：4,950円（本体4,500円＋税10％）
ISBN 978-4-88338-534-8

クロスボーダーM&A　新興国における投資動向・法律・外資規制
公認会計士　久野康成監修　　　　　　　TCG出版発行
GGI国際弁護士法人　監修　　　　　　　体裁：A5判　並製　616ページ
久野康成公認会計士事務所著　　　　　　定価：4,950円（本体4,500円＋税10％）
株式会社東京コンサルティングファーム著　ISBN 978-4-88338-569-0

メキシコの投資・M&A・会社法・会計税務・労務

公認会計士　久野康成監修　　　　　　TCG出版発行
GGI国際弁護士法人　監修　　　　　　体裁：A5判　並製　424ページ
久野康成公認会計士事務所著　　　　　定価：3,960円（本体3,600円＋税10％）
株式会社東京コンサルティングファーム著　ISBN 978-4-88338-568-3

中国の投資・M&A・会社法・会計税務・労務

久野康成/TCG国際弁護士法人監修　　　TCG出版発行
呼和塔拉監修　　　　　　　　　　　　体裁：A5判　並製　680ページ
久野康成公認会計士事務所著　　　　　定価：5,830円（本体5,300円＋税10％）
株式会社東京コンサルティングファーム著　ISBN 978-4-88338-567-6

フィリピンの投資・M&A・会社法・会計税務・労務【第二版】

公認会計士　久野康成監修　　　　　　TCG出版発行
GGI国際弁護士法人　監修　　　　　　体裁：A5判　並製　490ページ
株式会社東京コンサルティングファーム著　定価：3,960円（本体3,600円＋税10％）
ISBN 978-4-88338-625-3

タイの投資・M&A・会社法・会計税務・労務【第二版】

公認会計士　久野康成監修　　　　　　TCG出版発行
久野康成公認会計士事務所著　　　　　体裁：A5判　並製　440ページ
株式会社東京コンサルティングファーム著　定価：3,960円（本体3,600円＋税10％）
ISBN 978-4-88338-631-4

インドの投資・M&A・会社法・会計税務・労務【全訂版】

公認会計士　久野康成監修　　　　　　TCG出版発行
久野康成公認会計士事務所著　　　　　体裁：A5判　並製　660ページ
株式会社東京コンサルティングファーム著　定価：8,250円（本体7,500円＋税10％）
ISBN 978-4-88338-657-4

マレーシアの投資・M&A・会社法・会計税務・労務

公認会計士　久野康成監修　　　　　　TCG出版発行
久野康成公認会計士事務所著　　　　　体裁：A5判　並製　344ページ
株式会社東京コンサルティングファーム著　定価：3,960円（本体3,600円＋税10％）
ISBN 978-4-88338-586-7

ベトナムの投資・M&A・会社法・会計税務・労務【改訂版】

公認会計士　久野康成監修　　　　　　TCG出版発行
久野康成公認会計士事務所著　　　　　体裁：A5判　並製　440ページ
株式会社東京コンサルティングファーム著　定価：3,960円（本体3,600円＋税10％）
ISBN 978-4-88338-690-1

カンボジア・ラオスの投資・M&A・会社法・会計税務・労務

公認会計士　久野康成監修　　　　TCG出版発行
久野康成公認会計士事務所著　　　体裁：A5判　並製　300ページ
株式会社東京コンサルティングファーム著　定価：3,960円（本体3,600円＋税10％）
ISBN 978-4-88338-680-2

インドネシアの投資・M&A・会社法・会計税務・労務【改訂版】

公認会計士　久野康成監修　　　　TCG出版発行
久野康成公認会計士事務所著　　　体裁：A5判　並製　428ページ
株式会社東京コンサルティングファーム著　定価：3,960円（本体3,600円＋税10％）
ISBN 978-4-88338-704-5

（刊行順に掲載）

著者執筆本

できる若者は3年で辞める！
伸びる会社はできる人よりネクストリーダーを育てる

久野康成著　　　　　　　　　　　出版文化社発行
体裁：四六判　並製　272ページ　定価：1,650円
ISBN 978-4-88338-360-3　　　　　（本体1,500円＋税10％）

「大きい会社」ではなく「強い会社」を作る
中小企業のための戦略策定ノート

公認会計士　久野康成著　　　　　TCG出版発行
体裁：A5判　並製　482ページ　　定価：2,970円
ISBN 978-4-88338-678-9　　　　　（本体2,700円＋税10％）

国際ビジネス・海外赴任で成功するための
賢者からの三つの教え
今始まる、あなたのヒーローズ・ジャーニー

東京コンサルティンググループ代表　TCG出版発行
久野康成著　　　　　　　　　　　定価：3,960円
体裁：四六判　並製　482ページ　（本体3,600円＋税10％）
ISBN 978-4-88338-702-1 C0030

創業26年たった1人で始めた会計事務所が
純キャッシュ31億円を貯めた仕組み
お金の戦略

東京コンサルティンググループ代表　TCG出版発行
公認会計士　久野康成著　　　　　定価：1,980円
体裁：四六判　並製　272ページ　（本体1,800円＋税10％）
ISBN 978-4-88338-718-2 C0034

やっぱり「仕組み化」

東京コンサルティンググループ代表
公認会計士　久野康成著
体裁：四六判　並製　248ページ
ISBN 978-4-88338-724-3 C0034

TCG出版発行
定価：1,980円
　　（本体1,800円＋税10％）

執筆者一覧（敬称略）

久野康成公認会計士事務所
株式会社東京コンサルティングファーム

はじめに……………………………………………………久野康成
序章…………………………………………………小林祐介・高橋周平
クロスボーダー M&A の実務概論 ………………小林祐介・高橋周平
シンガポール M&A ………………………………………………田中勇
タイ M&A ………………………………高橋周平・高土歩夢・松木祐里香
ベトナム M&A …………………………………………清水信太・三木総一郎
マレーシア M&A ……………………………………………福田　凌・飯島敦
インドネシア M&A ………………………木村真也・金目沙織・細野南美
フィリピン M&A ………………………………………………………古谷桃可
インド M&A …………………………松波優大・長山毅大・加部　新
バングラデシュ M&A ……………………………安倍史紘・谷之口大輝
エピローグ…………………………………………小林祐介・高橋周平

監修：久野康成

監修者プロフィール

久野康成（くの やすなり）

久野康成公認会計士事務所所長
株式会社東京コンサルティングファーム代表取締役会長
東京税理士法人統括代表社員
公認会計士　税理士

　1965年生まれ。愛知県出身。1989年滋賀大学経済学部卒業。1990年青山監査法人プライスウオーターハウス（現・PwC Japan有限責任監査法人）入所。監査部門、中堅企業経営支援部門にて、主に株式公開コンサルティング業務にかかわる。

　クライアントの真のニーズは「成長をサポートすること」であるという思いから監査法人での事業の限界を感じ、1998年久野康成公認会計士事務所を設立。営業コンサルティング、IPOコンサルティングを主に行う。

　現在、東京、横浜、名古屋、大阪、インド、中国、香港、タイ、インドネシア、ベトナム、メキシコほか世界26カ国にて経営コンサルティング、人事評価制度設計および運用サポート、海外子会社設立支援、内部監査支援、連結決算早期化支援、M&Aコンサルティング、研修コンサルティングなど幅広い業務を展開。グループ総社員数約350名。

　著書に『できる若者は3年で辞める！伸びる会社はできる人よりネクストリーダーを育てる』『国際ビジネス・海外赴任で成功するための賢者からの三つの教え今始まる、あなたのヒーローズ・ジャーニー』『もし、かけだしカウンセラーが経営コンサルタントになったら』『あなたの会社を永続させる方法』『海外直接投資の実務シリーズ』『「大きな会社」ではなく「強い会社」を作る中小企業のための戦略策定ノート』『お金の戦略』『やっぱり仕組み化』ほか多数。

クロスボーダー M&A
新興国における成長戦略　投資動向・外資規制

2025年3月31日　初版第1刷発行

著　　　者	久野康成公認会計士事務所
	株式会社東京コンサルティングファーム
監　　　修	久野康成
発　行　所	TCG出版
	〒160-0022　東京都新宿区新宿2-5-3AMビル7F
	TEL：03-5369-2930　　FAX：03-5369-2931
発　行　人	久野康成
発　売　所	株式会社出版文化社
	〒104-0033　東京都中央区新川1-8-8アクロス新川ビル4F
	TEL：03-6822-9200　　FAX：03-6822-9202
印刷・製本	株式会社エデュプレス

乱丁・落丁はお取り替えいたします。本書の無断複製・転載を禁じます。
本書のご注文に関するお問い合わせは、出版文化社までご連絡ください。
定価はカバーに表示してあります。
©Kuno Yasunari CPA Firm Tokyo Consulting Firm, 2025
Printed in Japan
ISBN 978-4-88338-728-1 C0034